TOEIC® L&R TEST
990点獲得
Part 5&6難問模試

MediaBeacon
メディアビーコン

無料音声
ダウンロード付

ベレ出版

はじめに

　これは本当の話です…。TOEIC で目標点数を取るためには、自分の弱点に向き合い、それを克服する方法を考え、地道に努力を重ねていくことが必要です。さらに、あなたが「満点」という高みをめざすのであれば、なおのこと。テクニックや運に頼っていては到達できない世界がそこにはあります。

　高得点者のリーディングパート対策は、Part 7 に目が行きがちですが、実は Part 5 や Part 6 が、スコアアップを阻む要因となっている場合があります。

　あなたは Part 5、6 の問題を解いていて、こんな経験はありませんか？
「選択肢に見覚えのない語句が並んでいてすぐに答えを選べなかった」、「正解の根拠に確信が持てなくて時間をかけすぎてしまった」

　このような高得点者を悩ませる学習者の弱点を突いた難問が、本番のテストで毎回数問出題されます。問題数でいうと、たった数問ですが、これらに時間をかけすぎたためにペース配分が乱れ、Part 7 を解く時間に余裕がなくなりミスをしてしまう。その結果リーディング全体の点数が伸び悩んでいるケースはめずらしくありません。

　難問を攻略するには、付け焼き刃的なテクニックでは足りません。難度の高い問題を「たくさん」「繰り返し」解き、問題のパターンを習得し、自分の弱点を克服することが地道なようで一番の近道です。

　私たちは毎回 TOEIC 公開テストを受験し、テスト傾向の分析・研究を行っています。また TOEIC のコーチングで、学習者への直接指導もしております。これらの経験から TOEIC テストに出題される問題のパターンを研究し、すべての問題を難問にした模試 10 セットをつくりあげました。

　難問をたくさん解き、自分のつまずきを確認し、抜けている知識を埋める。

　これを繰り返していけば、難問を攻略することは決して難しいことではありません。本番で難問と出会ったときに、「これはあの模試で解いた問題と同じパターンだな」と気がつくことができるようになります。本書の問題を繰り返し解き、難問パターンの一つ一つを、あなたのものにしてください。

　この本があなたの目標スコア達成の一助となることを、心から願っています。

メディアビーコン

TOEIC® L&R TEST 990 点獲得　Part 5 & 6 難問模試
［目次］

本書の使い方

　本書では、Part 5 & 6 の 10 回分の模試を収録しています。この模試を 30 日間で 3 周することで、Part 5 & 6 の対策を完成させることができます。

　下記に、各 TEST を 1 回目から 3 回目まで繰り返し説く際の、模試の取り組み方をまとめました。

1 回目

① 1TEST を 18 分間で解く

本番同様時間を計って解きましょう。Part 5 & 6 を合わせて 1TEST18 分で解いてください。Part 5 を 1 問 20 秒、Part 6 を 1 問 30 秒で解く計算です。

② 答え合わせ

解答を確認し、解説を読みます。正答が正答である理由だけでなく、間違いの選択肢が、なぜ不正解なのかを確認するのが重要です。 🔊 **ここが落とし穴** でひっかけの選択肢や、学習者がつまずきやすいところを解説していますので、確認しましょう。 語彙チェック を活用し、分からなかった単語や意味があやふやな単語を覚えてください。 Beacon's Point で問題に関連した、990 点を取るために覚えておきたい情報を紹介しているので、TOEIC 満点に必要な知識を吸収しましょう。

③ 音声を聞き、音読する

文構造も意識しながら音声を聞き、声に出して英文を読みましょう。

2 回目

① 時間を計って解く

② 答え合わせ

1 回目と比べて知識の定着を確認してください。

③ ディクテーション

音声を聞いて、書き取るトレーニングをします。固有名詞やメールアドレスなどは書かなくて構いません。それ以外の語句は全て書き取ることを目指して、音声を何度も繰り返し聞いて取り組みましょう。

3 回目

① 時間を計って解く

問題の内容を覚えた人は、正答の根拠がどうなっているかを頭の中で説明しながら解きましょう。

② 答え合わせ　苦手な文法事項や単語は再度確認してください。

990 点獲得のための
Part 5 & 6 満点への攻略法

　TOEIC のリーディングパートで満点を取るためには、Part 5 & 6 を解く際にスピードをキープしつつ、1 問も落とさない文法力、単語力、そして読解力が必要です。下記にそれを達成するための攻略法を挙げました。これらの点を意識しながら、本書の問題を解き、トレーニングを重ねてください。

1. 全文を読んで解く

　Part 5 & 6 は選択肢と空所の前後だけを確認して解くやり方をしている方も多いかもしれませんが、TOEIC 満点を目指す学習者には、文をすべて読んでから解くことをおすすめします。なぜなら、高得点者が落とす問題には、「単純な文法問題と見せかけて、実は文脈を把握しないと解けない問題」や、「空所から離れたところに解答の根拠がある問題」といったひっかけの問題が存在するためです。そういった問題を落とさないためにも、1文をすべて読むことをおすすめします。

2. 適切な時間配分を意識する

　Part 5 は 1 問あたり 20 秒、Part 6 は 1 問あたり 30 秒で解きましょう。Part 7 に十分な時間を残すために、Part 5 & 6 の解答時間は、かかっても 20 分以下に収めたいです。かといって、やみくもに速く解いて、正答率が下がってしまっては元も子もありません。全文と選択肢に目を通し、根拠をもって解くためには、前述の時間が最適となります。じっくり読むと時間をかけすぎてしまう人は、まずはスピードを重視して一通り解き、全部解き終わった後にもう一度見直す、という方法をとることもおすすめです。

3. 文法をしっかり理解する

TOEIC のどのパートの対策をする上でも文法は大切ですが、特に Part 5 & 6 は、ダイレクトに文法知識を問う問題が出題されます。分詞構文や時制の一致、後置修飾など、上級者も苦手とする文法事項も出題されることがあります。また、空所で直接問われてはいなくても、文構造が取りづらく、誤読をさそう問題も出題されます。普段から文構造を意識して英文を読む、わからない・あやふやな文法事項が出てきたらその都度調べる、ということを徹底しましょう。

4. 語彙力を上げる

Part 5 や 6 では、高得点者でも知らないような難単語が出題されることがあります。前後の文脈から意味を推測することも可能ですが、時間が掛かり過ぎてしまいます。また、Part 5 は文章が短いため、文中に一語分からない単語があるだけで命取りになってしまいます。語彙力も、地道な積み重ねが必要です。わからない単語はその都度ノートや手帳などにメモして、振り返るようにしてください。本書には、本文中で出てきた語句を覚えるための 語彙チェック も設けましたので、活用してください。

5. 問題タイプを理解する

Part 5 & 6 で出題される問題には、いくつかのパターンがあります。こうしたパターンを知っておくことは、出題の意図を把握することにつながり、問題を解く際のヒントになります。また、問題を解き終わって復習する際に、自分がどこでつまずいたのか、何の知識が足りなかったのかを分析する手掛かりにもなります。本書では p.9 で問題タイプについて解説しているほか、解説ページのすべての問題にタイプを示していますので、学習に役立ててください。

Part 5 & 6 の問題タイプと解き方

Part 5&6 に出題される問題のタイプを上級者が引っかかるポイントと合わせて解説しました。問題を解いて復習する際、自分のどういう知識が抜けていたのか、どういう理由でその問題を間違えたのかを分析するヒントとしてお使いください。

本書で紹介する「問題タイプ」には大きく分けて 2 種類あります。一つは「文法問題」タイプ、そしてもう一つは「文脈問題」タイプです。また、それぞれのタイプを掛け合わせた問題も出題されます。

■「文法問題」タイプ

文法的な知識が必要な問題。問われている知識を「知っているか、知らないか」で問題が解けるかどうかが決まります。このタイプの問題を間違えたら、知識の抜けがある可能性が大きいので、解説をよく読み、場合によっては文法書などでさらに調べ、抜けている文法知識を補うようにしましょう。

品　　詞：名詞・動詞・分詞・副詞などが並ぶ選択肢の中から、空所に合うものを選ぶ問題。文構造の把握がカギで、難しい問題では、文の倒置や分詞構文など、文構造がとりにくい文が出題される。また、文法的には適切な品詞が選択肢に 2 つ以上あり、その中から最終的に文脈に合うものを選ぶ「品詞×語彙」タイプの問題も難問パターンの一つ。

前 vs 接：前置詞と接続詞、副詞が選択肢に並ぶ。それぞれの語の意味と文法的な用法の違いで解ける問題。前置詞の後ろには名詞（句）、接続詞の後ろには節がくるということを押さえておこう。関係副詞や疑問詞なども選択肢に並ぶ場合もあるが、これらに文と文の接続機能はないので注意。

動 詞 の 態：選択肢に動詞の変化した形が並び、能動態と受動態のどちらが適切かを判断して選ぶ問題。

主述の一致：主語に対して正しい動詞の形を選ぶ問題。主語がどこからどこまでかを意識して解くようにしよう。

準 動 詞：現在分詞、過去分詞、不定詞などの知識を問う問題。苦手な人が多いポイントとしては、分詞の後置修飾や、分詞構文の問題が狙われる。

代 ／ 関：選択肢に代名詞や関係代名詞、関係副詞が並び、文脈から正しいものを選ぶ問題。Part 6 では、離れたところに代名詞が指すものがある場合もある

ので注意。Part 6 の代名詞問題には、文脈を読み解くことが必要な問題もある。

語　　法：自動詞・他動詞の違いや、その単語特有の用法や句動詞など、語句の知識から選ぶ問題。意味的には正解だが、語法の観点で不正解、という問題は、上級者がひっかかりやすいので注意しよう。

前 置 詞：空所にふさわしい意味や用法の前置詞を選ぶ問題。基本的に前置詞は複数の意味を持つので、その一つ一つの意味を押さえるようにしよう。

慣 用 表 現：「決まり文句」として使われる英語表現を問う問題。意味や文脈から類推して解くこともできるが、その表現を知っていれば、解くスピードが格段にあがる。

数　　：every、many、all など、数に関係する語を選ぶ問題。後ろに続く名詞（句）の数に注意して選ぶ。数えられる名詞、数えられない名詞などにも注意。

■「文脈問題」タイプ

一文または文章全体を読み、文の意味や文脈を理解して解く問題。このタイプの問題を間違えたら、文や節の意味を取り違えていたり、情報を見逃していたりする、つまり文章の読解力が足りていない、ということが考えられる。英文の精読や、音読のトレーニングを積み重ねて、読解力を上げるトレーニングをしていこう。TOEIC では空所と離れたところに手掛かりがある問題も出題される。情報が一文や文書の中で、どのように分散しているのかを意識して読み、解く、という解き方も体得してほしい。

語　　彙：様々な意味を持つ語の中から、文脈にふさわしい意味のものを選ぶ問題。難単語も出題されるので注意。知らない単語はその都度覚えるようにしよう。

時　　制：選択肢には動詞の様々な時制が並ぶ。ヒントとなる語が、空所から遠い位置にあることもあるので注意。

文 挿 入：Part 6 で、選択肢に文章が並び、文脈からふさわしい選択肢を選ぶ問題。難問になると、正答の根拠が薄く、迷うような問題も出題される。消去法も駆使して解くようにしよう。

■複合タイプの問題

本書に収録されている、難易度の高い問題のなかには、「見た目は品詞問題だが、実は語彙も必要な問題だった」など、複数の問題タイプを掛け合わせた問題もある。このような問題は「品詞×語彙」という形で表示している。本番でもこのような問題は出題されるので、空所だけを見て判断するだけではなく、全体を読んで正解かどうかを確かめる癖をつけよう。

■ 付属のダウンロード音声について

　本書に掲載されている模試の本文の音声をご利用いただけます。音声は、音声スピードに合わせて、本文の内容を理解しながら読むトレーニングに使用してください。

ベレ出版ホームページからの音声ダウンロード方法

　「ベレ出版」ホームページ（https://www.beret.co.jp/）よりパソコンでダウンロードできます。

① 『TOEIC L & R TEST 990 点獲得 Part 5 & 6 難問模試』の詳細ページにある「音声ダウンロード」ボタンをクリック。

　（https://www.beret.co.jp/books/detail/810）

② ダウンロードコード　3hUh7g4K　を入力して「ダウンロード」ボタンをクリック。

③ パソコンに圧縮された音声ファイルがダウンロードされます。解凍して、お使いの音声再生ソフトに取り込んでお使いください。ダウンロードされた音声は MP3 形式です。

［お願い］

＊iTunes 等の再生ソフトへの読み込み方法については、お使いの環境によって操作方法が異なるため、小社での対応が難しいことをご理解ください。

＊iPod 等の MP3 携帯プレイヤーへのファイル転送方法、パソコン、ソフトなどの操作方法については、メーカー等にお問い合わせいただくか、取扱説明書をご参照ください。

　☞音声の権利・利用については、小社ホームページ内［よくある質問］にてご確認ください。

TEST 1

解答&解説

TEST 1　正解一覧

Part 5

問題番号	正解	1	2	3
101	A	☐	☐	☐
102	B	☐	☐	☐
103	B	☐	☐	☐
104	C	☐	☐	☐
105	A	☐	☐	☐
106	D	☐	☐	☐
107	A	☐	☐	☐
108	D	☐	☐	☐
109	C	☐	☐	☐
110	D	☐	☐	☐
111	B	☐	☐	☐
112	A	☐	☐	☐
113	C	☐	☐	☐
114	D	☐	☐	☐
115	B	☐	☐	☐

問題番号	正解	1	2	3
116	D	☐	☐	☐
117	A	☐	☐	☐
118	C	☐	☐	☐
119	A	☐	☐	☐
120	B	☐	☐	☐
121	A	☐	☐	☐
122	B	☐	☐	☐
123	D	☐	☐	☐
124	D	☐	☐	☐
125	B	☐	☐	☐
126	C	☐	☐	☐
127	D	☐	☐	☐
128	B	☐	☐	☐
129	D	☐	☐	☐
130	A	☐	☐	☐

Part 6

問題番号	正解	1	2	3
131	D	☐	☐	☐
132	B	☐	☐	☐
133	C	☐	☐	☐
134	B	☐	☐	☐
135	A	☐	☐	☐
136	B	☐	☐	☐
137	A	☐	☐	☐
138	C	☐	☐	☐

問題番号	正解	1	2	3
139	D	☐	☐	☐
140	A	☐	☐	☐
141	C	☐	☐	☐
142	A	☐	☐	☐
143	D	☐	☐	☐
144	A	☐	☐	☐
145	B	☐	☐	☐
146	A	☐	☐	☐

Part 5 ▶ TRACK_001

| 101 | □□□ | 正解 A | | 品詞 |

Staying ------- by doing moderate exercise and eating a balanced diet can positively affect your mental well-being.

適度な運動をしたりバランスのよい食事をとったりすることによって健康を維持することは、精神の健康に前向きに影響します。

(A) fit
(B) fitting
(C) fitted
(D) fitness

(A) 形容詞「体の調子がよい」
(B) 動詞 fit「合う」の動名詞・現在分詞
(C) 過去形・過去分詞
(D) 名詞「適切であること、フィットネス」

Staying から diet までの名詞句がこの文の主語。stay は後ろに形容詞を伴って「ある状態のままでいる」という意味を表す。staying fit で「体の調子がよいままでいること」、すなわち「健康を維持すること」という意味になるため、(A) fit が正解。

語彙チェック □ moderate 適度な □ well-being 健康

▶ TRACK_002

| 102 | □□□ | 正解 B | | 品詞×語彙 |

The seminar packets were handed out to all the participants ------- in the first session while they were mailed to the absentees.

セミナーの冊子は第 1 セッションに出席したすべての参加者に配布され、一方で欠席者には郵送されました。

(A) presented
(B) present
(C) presents
(D) presentable

(A) 動詞 present「発表する」の過去形
(B) 形容詞「出席して」
(C) 三人称単数現在形
(D) 形容詞「人前に出せる」

空所を含む all the participants ------- in the first session はその前の前置詞 to の目的語となる名詞句である。空所には名詞 participants「参加者」を後ろから修飾する形容詞が入る。(B) present を入れて、「第 1 セッションに出席した参加者」とするのが適切。

語彙チェック □ hand out ～ ～を配布する □ participant 参加者 □ absentee 欠席者

> **ここが落とし穴**
> (A) を選んだ人…関係代名詞 who を使い、all the participants who presented「発表したすべての参加者は」とすれば文法的に正しい文となる。主格の関係代名詞は省略できないので注意。
> (D) を選んだ人…presentable は形容詞だが、「人前に出せる、見苦しくない」という意味なので、文脈に合わない。品詞問題で、同じ品詞のものが 2 つあり、語義で正答を絞る、という問題は Part 5 の難問題での頻出パターンなので押さえておこう。

▶ TRACK_003

TEST 1
TEST 2
TEST 3
TEST 4
TEST 5
TEST 6
TEST 7
TEST 8
TEST 9
TEST 10

| 103 | □□□ | 正解 B | 語彙×語法 |

In the monthly sales meeting, everyone on David's team intensively ------- the forecast for the next quarter.

月例営業会議にて、David 氏のチーム全員は、次の四半期の予測について集中的に議論をしました。

(A) talked

(A) 動詞 talk「話す」の過去形

(B) discussed

(B) 動詞 discuss「〜について議論する」の過去形

(C) dealt

(C) 動詞 deal「〜を分配する」の過去形

(D) looked

(D) 動詞 look「見る」の過去形

選択肢はすべて動詞の過去形。空所の直後が名詞句 the forecast なので、the forecast を目的語として文意の通る他動詞は、(B) discussed のみ。

語彙チェック　□ intensively　集中的に　□ forecast　予測

🍌 ここが落とし穴
(C) を選んだ人…deal は他動詞では「〜を分配する」という意味なので文意に合わない。with を伴えば deal with 〜で「〜を扱う、論じる」という意味になる。

| 104 | □□□ | 正解 C | 品詞 |

------- refrain from taking pictures of paintings in the special exhibition room.

恐れ入りますが、特別展示室内での絵画の写真撮影はお控えください。

(A) Kind

(A) 形容詞「親切な」

(B) Kinder

(B) 形容詞の比較級

(C) Kindly

(C) 副詞「恐れ入りますが」

(D) Kindness

(D) 名詞「親切」

空所は文頭にあり、直後には動詞の原形の refrain が続く。この文は命令文であるとわかる。文頭には修飾語の副詞を入れるのが適切。正解は (C)。

語彙チェック　□ refrain from 〜　〜を控える

105 □□□ 正解 A 語彙

In order to receive a reimbursement, ------- out the travel expense form and submit it online.

(A) fill

(B) come

(C) clear

(D) write

払い戻しを受けるには、旅費の支出用紙を記入し、オンラインで提出してください。

(A) fill out で「〜に記入する」

(B) come out で「外出する、出てくる」

(C) clear out で「片づける」

(D) 動詞「〜を書く」

空所の直後の out と組み合わせて目的語に the travel expense form「旅費の支出用紙」をとるものを探す。fill out は「〜を記入する」という意味なので、(A) fill が適切。なお、fill in も fill out と同義。

語彙チェック □ reimbursement　払い戻し　□ submit　〜を提出する

> **Beacon's Point**
> (D) write も write out で「〜を書き上げる」という意味があり、主に、write out a check「小切手を切る」、write out a prescription「処方箋を書く」などの使われ方をする。

106 □□□ 正解 D 語法

Mr. Hayes insisted that he ------- the meeting on Monday himself though he already had some other appointments.

(A) to attend

(B) will attend

(C) attends

(D) attend

Hayes さんは、すでにいくつか別の約束があるにもかかわらず、月曜日のミーティングに自身が参加することを主張しました。

(A) 動詞 attend「〜に参加する」の to 不定詞

(B) 助動詞 + 動詞の原形

(C) 三人称単数現在形

(D) 動詞の原形

選択肢には動詞 attend の変化形が並んでいるが、ここでは、述語動詞 insist に注目する。insist のように、要求や提案、主張を表す動詞に続く that 節の中では、動詞は原形が使われる。よって、(D) が正解。

語彙チェック □ insist　〜を主張する　□ appointment　約束

> **Beacon's Point**
> このような、that 節の中で動詞の原形が使われる用法は、仮定法現在と呼ばれる。that 節の中で仮定法現在が使われる動詞は、insist のほかにも suggest、demand、recommend、advise などがある。

107

□□□　正解 A　慣用表現

As Beach Street is currently under construction, commuters to the downtown area have to ------- a detour.

(A) take

(B) have

(C) hold

(D) get

Beach Street は現在工事中のため、中心街への通勤者は回り道をしなくてはなりません。

(A) 動詞 take「〜を取る」の原形

(B) 動詞 have「〜を持つ」の原形

(C) 動詞 hold「〜を握る」の原形

(D) 動詞 get「〜を得る」の原形

detour は「回り道」という意味。take a detour で「回り道をする」という意味を表すので、(A) take が適切。ちなみに、make a detour も同じく「回り道をする」という意味になる。

語彙チェック　□ under construction　工事中　□ commuter　通勤者　□ detour　回り道

108

□□□　正解 D　品詞

Working long hours would ------- affect not only the health of employees but also their work efficiency.

(A) advert

(B) adversity

(C) advertise

(D) adversely

長時間働くことは、従業員の健康だけでなく、彼らの作業効率にも悪影響を与えるでしょう。

(A) 動詞 advert「〜に言及する」の原形

(B) 名詞「不運」

(C) 動詞「〜を宣伝する」の原形

(D) 副詞「不利に」

助動詞 would に続く空所の後に動詞 affect の原形があるので、空所には動詞を修飾する副詞が入ると判断できる。選択肢の中では、副詞は (D) adversely のみ。

語彙チェック　□ affect　〜に影響を与える　□ efficiency　効率

Beacon's Point

adversely は「逆に、不利に」という意味の副詞で、adversely affect で「〜に悪影響を与える」という意味になる。

109 正解 C 代／関

Of the new features of the latest air conditioner from Oyson, filter self-cleaning is ------ most appealing to customers.

(A) what
(B) ones
(C) the one
(D) one of

Oyson 社の最新式エアコンの新しい機能の中で、自動フィルター洗浄が顧客にとって最も魅力的な機能の1つです。

(A) 関係代名詞
(B) 代名詞 one「〜なもの」の複数形
(C) 「〜なもの」
(D) 「〜の1つ」

最新式のエアコンの新機能について、一番魅力的なものは何かを述べている。選択肢には代名詞の働きをする語が並んでいるので、ここでは前に出てきた new features の中の限定した1つを指す (C) the one が適切。空所後の most appealing to customers「顧客にとって最も魅力的な」は、空所の the one を後ろから修飾している。

語彙チェック □ feature 機能 □ appealing 魅力的な

> **ここが落とし穴**
> (B) を選んだ人…ones は複数形なので、直前の単数形の be 動詞 is と呼応しない。
> (D) を選んだ人…one of は前置詞の of の目的語となる名詞が空所後にないので不適切。空所後は空所に入る代名詞を後ろから修飾する形容詞句である。

110 正解 D 品詞

As the executives of Qtec have seen ------- signs of economic recovery, they are quite optimistic about their business prospects.

(A) encouraged
(B) encourage
(C) encouragement
(D) encouraging

Qtec 社の幹部たちは、景気回復の明るい兆しを見て、ビジネスの展望をかなり楽観的に考えています。

(A) 動詞 encourage「〜を励ます、元気づける」の過去形・過去分詞
(B) 動詞の原形
(C) 名詞「激励」
(D) 形容詞「励みとなる」

空所は動詞 have seen と名詞 signs に挟まれているので、signs を修飾する形容詞が入ると判断する。空所に (D) encouraging を入れて encouraging signs「励みになる（明るい）兆し」とすると、文意も合うので、(D) が適切。

語彙チェック □ executive 幹部 □ optimistic 楽観的な □ prospect 展望

> **ここが落とし穴**
> (A) を選んだ人…encouraged も動詞の過去分詞と考えると名詞を修飾することができるが、signs と encourage の関係を見ると、signs が「(人を)励まし元気づける」という文意なので、signs が「励まされる」という受動の関係になる過去分詞は不適切。

111 | 正解 B | 準動詞

Ms. Wang found that she did not have enough time ------- the sales report due by the end of the month.

(A) finish

(B) to finish

(C) finished

(D) finishing

Wang さんは、月末締め切りの売上報告書を完成させる十分な時間がないことに気づきました。

(A) 動詞 finish「〜を完成させる」の原形

(B) to 不定詞

(C) 過去形・過去分詞

(D) 動名詞・現在分詞

空所の前の enough time は she did not have に続く目的語となっている。空所以降はその time を修飾すると考え、to 不定詞を続け enough time to finish the sales report とすると「売上報告書を完成させる十分な時間」となり、文意が通る。よって、(B) が正解。due は「満期の、締め切りの」という意味の形容詞。ここでは due by the end of the month「月末までに締め切りの」という形容詞句で、後ろから sales report という名詞を修飾している。

語彙チェック □ due 締め切りの

112 | 正解 A | 代／関

The new albums by Tom Brown were piled on the display table while ------ of his works were placed on the shelves.

(A) the others

(B) ones

(C) those

(D) all

Tom Brown の新しいアルバムは陳列台に積み上げられ、彼の他の作品は棚に置かれました。

(A)「ほかの全部、残りのすべて」

(B) 代名詞 one「〜なもの」の複数形

(C) 指示代名詞「それら」

(D) 代名詞「すべて」

空所の前の while は「〜だが一方…」というように、対比を表す接続詞。前半は「新しいアルバムが陳列台に積み上げられている」、後半はそれに対比して「〜は棚に置かれている」という内容。空所に (A) を入れて the others of his works「彼の他の作品」とすると、The new albums の対比となり自然な流れになる。よって、(A) が正解。

語彙チェック □ pile 〜を積み上げる

Beacon's Point
the other は「残りの 1 つ」、the others「他の全部、残りのすべて」という意味。

| 113 | ☐☐☐ | 正解 C | 慣用表現 |

Passengers were asked to store their belongings in the overhead ------- or underneath the seat during the flight.

飛行中、乗客は身の回り品を頭上の収納スペース、または座席の下に収納するよう求められました。

(A) aisle

(B) commission

(C) compartment

(D) elevation

(A) 名詞「通路」

(B) 名詞「委任」

(C) 名詞「仕切りのある区画」

(D) 名詞「上昇、高度」

選択肢には名詞が並ぶ。空所前の overhead と結びつき、overhead compartment で「旅客機の客室の天井に備え付けてある収納」という意味になる (C) が正解。他の選択肢はどれも overhead とは結びつかない。

語彙チェック ☐ store 〜を収納する ☐ belongings 身の回り品 ☐ overhead 頭上の ☐ underneath 〜の下に

| 114 | ☐☐☐ | 正解 D | 品詞×語彙 |

The development team found out that the reason for the RZZ Air Conditioner prototype not working properly was ------- a combination of multiple factors.

開発チームは、RZZ エアコンの試作品が適切に作動しなかった理由は、明らかに複数の要因の組み合わせだったということを発見した。

(A) definite

(B) definition

(C) defining

(D) definitely

(A) 形容詞「明確な」

(B) 名詞「定義」

(C) 動詞 define「〜を定義する」の動名詞・現在分詞

(D) 副詞「明確に」

空所は found out に続く that 節内に含まれている。that 節内の主語は the reason for the RZZ Air Conditioner prototype not working properly、述語動詞は was、そして空所を挟み a combination of multiple factors という名詞句が続いている。S+V+C の文の要素がそろっているので、副詞である (D) definitely が空所に入るのが適切。

語彙チェック ☐ prototype 試作品、原型

> 🔍 **ここが落とし穴**
> (C) を選んだ人…空所後の名詞句を目的語にとる S+V+O の進行形と考えると動詞の ing 形も入るが、(C) defining を入れると「複数の要因の組み合わせを定義していた」となり、文意が通らない。

115 □□□ 正解 **B** 前 vs 接

Workers in the factory are required to wear protective gear ------- the safety regulations.

工場労働者は、安全規則に従い防護服を着用することが義務づけられています。

(A) as long as

(B) in accordance with

(C) on behalf of

(D) in the event that

(A)「〜である限り」

(B)「〜に従って」

(C)「〜の代わりに」

(D)「〜である場合には」

空所の後ろには the safety regulations「安全規則」という名詞句が続いているので、前置詞の働きを持つ (B) in accordance with「〜に従って」と (C) on behalf of「〜の代わりに」が正解の候補となる。文脈を見ると、前半が「防護服を着用する義務がある」、後半が「安全規則」という流れなので、「〜に従って」という意味の (B) in accordance with が適切。(A) as long as と (D) in the event that は接続詞の働きをするので、後ろには主語と述語を持つ文が続く。

語彙チェック □ protective gear 防護服 □ regulation 規則

116 □□□ 正解 **D** 前置詞

Greenhill County has set out a plan to reduce home waste by seven percent ------- five years.

Greenhill 州は、5 年以内に 7% の家庭ごみを削減する計画を打ち出しました。

(A) about

(B) to

(C) for

(D) within

(A) 前置詞「〜について」

(B) 前置詞「〜へ」

(C) 前置詞「〜のために」

(D) 前置詞「〜以内に」

選択肢はすべて前置詞なので、文脈を見て適切なものを選ぶ。a plan to reduce home waste とあるので、(D) within を入れて「5 年以内に家庭ごみを削減する計画」とすると文意が通る。by seven percent の by は程度や差異を表す前置詞で、「7 %分」とその削減の程度を示している。

語彙チェック □ set out 〜 〜を打ち出す、立案する

| 117 | □□□ 正解 A | 前置詞 |

There was the famous Dynok lighthouse at the tip of the Lizard peninsula ------- which the tour guides of Ocean Travels led a group of tourists.

Ocean 旅行会社のツアーガイドが観光客たちを案内した Lizard 半島の先端には、有名な Dynok 灯台がありました。

(A) toward

(B) at

(C) on

(D) against

(A) 前置詞「～の方へ」

(B) 前置詞「～で」

(C) 前置詞「～の上に」

(D) 前置詞「～に対して」

which 節に主語 the tour guides of Ocean Travels と述語動詞 led があることから、この which は目的格の関係代名詞と考えられる。led は lead の過去形で、lead A toward B で「Aを B に案内する」という意味になるため、which はこの表現の toward の目的語 B の働きをしていると考えられる。よって (A) が正解。

Beacon's Point

ここでは、動詞 lead「～を案内する、導く」に着目できれば容易に正答を選択できる。lead は前置詞の to、into、toward を伴って、案内する場所、方向を表すことができる。

| 118 | □□□ 正解 C | 代／関 |

Ms. Davidson reviewed the figures carefully, especially ------- pertaining to expenses used for business trips.

Davidson さんは特に、出張に使われた経費に関係する数字を入念に調べました。

(A) everyone

(B) others

(C) those

(D) another

(A) 代名詞「みんな、すべての人」

(B) 代名詞「ほかのもの」

(C) 代名詞「～なもの」

(D) 代名詞「もう一つのもの」

カンマ前までは Davidson さんが数字を注意深く調べたという内容。especially と続いているので、特に強調したい部分を説明していると予測できる。選択肢には代名詞の働きを持つ語が並んでいるので、figures「数字」を指す指示代名詞の (C) those を入れると、「出張に使用された経費に関する数字」となり、文意が通る。よって、(C) が適切。

語彙チェック □ review ～を調べる □ figure 数字 □ pertaining to ～ ～に関する

Beacon's Point

このように those はすでに述べられた名詞の反復を避けるときに使うが、ほかに those who のように関係代名詞の who を続けて、「～の人々」という意味として使われる場合も多い。those who are present「出席者たち」、those who love music「音楽が好きな人々」、those (who are) interested「興味のある人々」など。

119

□□□ 正解 **A** 動詞の態

Customers ------- fewer than 10 items in Willow Supermarket are able to use the express lane.

(A) purchasing

(B) purchase

(C) have purchased

(D) are purchased

Willow スーパーマーケットで 10 個未満の商品を購入する客は、速いレーンを使用することができます。

(A) 動詞 purchase「〜を購入する」の現在分詞

(B) 動詞の原形

(C) 現在完了形

(D) 現在形の受動態

主語は Customers、述語動詞は are able to use、目的語は the express lane という S+V+O の文。文の要素はそろっているので、空所から Supermarket までは主語の名詞 Customers を説明する修飾句と判断する。選択肢の中で、名詞を後ろから修飾できるのは現在分詞の (A) purchasing のみ。

120

□□□ 正解 **B** 品詞×語彙

Among the ------- new artists of the twentieth century, Fleur Brooks has painted more than 5,000 artworks during her lifetime.

(A) note

(B) notable

(C) noting

(D) notably

20 世紀の注目に値する現代的な芸術家の中でも、Fleur Brooks は生涯で 5,000 点以上の作品を描きました。

(A) 名詞「覚え書き」

(B) 形容詞「注目に値する」

(C) 動詞 note「〜を書き留める」の動名詞・現在分詞

(D) 副詞「著しく」

空所の直前に冠詞の the、直後に new artists があるため、空所には形容詞 new を修飾する副詞か、new とともに名詞 artists を修飾する形容詞の働きをするものが入ると考えられる。(B)(C)(D) が候補。文意から、(B) notable「注目に値する」が正解。(C) なら「書き留めている現代的な芸術家」、(D) なら「著しく現代的な芸術家」という意味になり、どちらも不自然。

| 121 | □□□ | 正解 A | 代／関 |

Every Bowden machine comes with a warranty of one year or 2000 hours of running time, ------ comes earlier.

すべての Bowden 社の機械は、1 年間または 2000 時間分の稼働時間、いずれか早い方の保証がついています。

(A) whichever

(B) either

(C) whoever

(D) each other

(A) 複合関係代名詞「～するものならどちらでも」

(B) 代名詞「どちらでも」

(C) 複合関係代名詞「～する人なら誰でも」

(D)「お互いに」

a warranty of one year or 2000 hours of running time「1 年間または 2000 時間分の稼働時間の保証」が機械についているという内容。その文全体を修飾するのは、副詞節をつくる複合関係代名詞の whichever「どちらが～しようとも」。よって、正解は (A)。文中に or があるからといって拙速に (B) either を選んではいけない。ここでは、空所の後に comes という動詞があるので、節のなかで主語の働きをする複合関係代名詞が必要となっている。

語彙チェック　□ come with～　～がついている、～を備える　□ warranty　保証
□ running time　稼働時間

| 122 | □□□ | 正解 B | 語彙 |

The Lumbar City East Branch and the Lumbar City Southeast Branch of Lindell Corporation will be ------- to form a stronger foundation by the end of March.

Lindell 社の Lumbar City 東支店と Lumbar City 南東支店は、その基盤を強固にするために 3 月末までに統合される予定です。

(A) subordinated

(B) consolidated

(C) jeopardized

(D) itemized

(A) 動詞「～を配下に置く」の過去分詞

(B) 動詞「～を統合する」の過去分詞

(C) 動詞「～を危険にさらす」の過去分詞

(D) 動詞「～を項目別にする」の過去分詞

選択肢には動詞の過去形が並ぶので、空所直前の will be と結びついて受動態をつくるものを選ぶ。The Lumbar City East Branch and the Lumbar City Southeast Branch of Lindell Corporation と 2 つの支店が主語にあるので、(B)consolidated を入れると文意が通る。よって、(B) が正解。

123 □□□ 正解 D 語法

Some executives at Crank Motors
------- Mr. Gupta's suggestion that an
alternative supplier should be found.

(A) objected

(B) talked

(C) agreed

(D) denied

Crank 自動車会社の幹部らは、代わりとなる供給会社を見つけるべきだという Gupta 氏の提案を却下しました。

(A) 動詞 object「〜と言って反対する」の過去形

(B) 動詞 talk「話す」の過去形

(C) 動詞 agree「賛成である」の過去形

(D) 動詞 deny「〜を却下する、否認する」の過去形

文の構造を見ると、主語が Some executives at Crank Motors、動詞が空所部分、その後に Mr. Gupta's suggestion という名詞が続いているので、空所には Mr. Gupta's suggestion を目的語に取る他動詞が入ると判断できる。(B) と (C) は自動詞なので不適切。(A) object は、object that 〜「〜だと反対する」という形をとり、名詞を直接目的語にはしないので不適切。よって、(D) が正解。

語彙チェック □ executive 幹部 □ alternative 代替の、代わりの

⚠️ ここが落とし穴

(C) を選んだ人…agree は自動詞。「〜に賛成である」は〈agree with + 人〉や、〈agree on (to、about など) + もの・意見〉というように、前置詞が必要となる。

---

124 □□□ 正解 D 前 vs 接

------- caustic comments by some
renowned reviewers appeared, the
new film by Stephen Williams found
enormous success.

(A) Despite

(B) Due to

(C) Now that

(D) Although

何人かの著名評論家からの手厳しい批評はあったものの、Stephen Williams 氏による新しい映画は大きな成功を収めました。

(A) 前置詞「〜にもかかわらず」

(B)「〜のため」

(C)「今や〜なので」

(D) 接続詞「〜だけれども」

カンマの前は caustic comments by some renowned reviewers が主語、appeared が述語動詞の S+V の文、カンマの後は、the new film を主語とする S+V+C の文となっている。文と文をつなげるのは接続詞なので、接続詞の働きのある (C) と (D) が正答の候補となる。前後の関係を見ると、前半は「手厳しい批評があった」、後半は「成功を収めた」と相反する内容となっているので、譲歩を表す (D) Although が適切。

語彙チェック □ caustic 辛辣な

⚠️ ここが落とし穴

(A) (B) を選んだ人…Despite「〜にもかかわらず」と Due to「〜のため」も前後の内容をつなぐ語としての働きを持つが、それぞれ前置詞、前置詞句であるので、後ろに文は続かない。名詞句（名詞のかたまり）が続く場合にこれらを用いる。

| 125 | □ □ □ | 正解 B | 語彙 |

A thorough investigation was conducted to ------- the situation and identify the cause of the overheating problem.

(A) defy
(B) clarify
(C) purify
(D) terrify

状況を明らかにし、過熱問題の原因を特定するため、徹底的な調査が行われました。

(A) 動詞「～を無視する」の原形
(B) 動詞「～を明確にする」の原形
(C) 動詞「～を浄化する」の原形
(D) 動詞「～を怖がらせる」の原形

選択肢はすべて動詞の語彙問題。「徹底的な調査が行われた理由」としてふさわしいものを選ぶ。空所直後の the situation「状況」を目的語として文意に合う動詞は、(B) clarify。

語彙チェック　□ thorough　徹底的な　□ identify　～を特定する

| 126 | □ □ □ | 正解 C | 品詞×語彙 |

In the annual ceremony, Mr. Woodhouse and Mr. Jackson were acknowledged by the company president for their ------- to work and outstanding achievement.

(A) dedications
(B) dedicating
(C) dedication
(D) dedicated

年に一度の式典で、Woodhouse さんと Jackson さんは、仕事への献身と傑出した業績を社長に認められました。

(A) 名詞「献納式」
(B) 動詞 dedicate「～をささげる」の動名詞・現在分詞
(C) 名詞「献身、専念」
(D) 過去形・過去分詞

空所の前には所有格の代名詞 their があるので、空所には名詞の働きをするものが入る。ここでは、不可算名詞の (C) dedication「献身、専念」を入れ、for their dedication to work「彼らの仕事に対する献身」とするのが適切。

語彙チェック　□ acknowledge　～を認める

💡 ここが落とし穴
(B) を選んだ人 … (B) は動詞 dedicate「～をささげる」の動名詞・現在分詞だが、for dedicating their time to work「彼らの時間を仕事にささげたこと」のように、dedicate の目的語となる語が必要。

Beacon's Point
(A) dedications は可算名詞の複数形であるため、「献納式」という意味になり、文脈に合わない。dedication のように可算・不可算で意味が違う名詞には、ほかにも paper「(可算名詞で) 新聞、(不可算名詞で) 紙」、manufacture「(可算名詞で) 製品、(不可算名詞で) 生産」などがある。

127

□□□ 正解 **D** 語彙

E-mails offering a 20 percent discount for the first purchase were sent to ------- customers who responded to the survey.

(A) recurring

(B) foreseeable

(C) existing

(D) prospective

初回購入における 20 パーセントの割引を提供するメールが、アンケートに回答した潜在顧客に対して送られました。

(A) 形容詞「循環する」

(B) 形容詞「予測可能な」

(C) 形容詞「存在する」

(D) 形容詞「潜在的な」

選択肢はすべて形容詞のため、空所直後の名詞 customers を文意に合うように修飾するものを選ぶ。prospective customer で「見込み客、潜在顧客」という意味になる (D) が正解。

語彙チェック □ respond 回答する □ survey アンケート

🔍 ここが落とし穴

(A) (C) を選んだ人… recurring を使った recurring customer「リピート客」、existing を使った existing customer「既存顧客」という語もよく使われるが、ここでは the first purchase に対する割引と言っているので、いずれも不適切。

128

□□□ 正解 **B** 語彙

Only the employees who have signed the ------- agreement are allowed to access the exclusive area in Plum Inc.

(A) disclosure

(B) confidentiality

(C) mutuality

(D) volunteer

秘密保持契約に署名をした従業員のみが、Plum 社の専用地域へ立ち入ることが許されています。

(A) 名詞「公開」

(B) 名詞「秘密性」

(C) 名詞「相互関係」

(D) 名詞「ボランティア」

空所は冠詞 the と名詞 agreement に挟まれているので、複合名詞を形成するのにふさわしい名詞を選択する。空所の前に Only the employees who have signed「〜に署名をした従業員のみ」とあるため、(B) を入れて confidentiality agreement「秘密保持契約」とすると後半の are allowed to access the exclusive area「専用地域へ立ち入ることが許される」とも文意が合う。よって、(B) が正解。

語彙チェック □ access 〜に立ち入る、接近する □ exclusive 専用の

Beacon's Point

(A) disclosure は「公開、暴露」という意味で、information disclosure「情報公開」という形で出ることがあるので、覚えておきたい。なお、non disclosure agreement とすると、confidentiality agreement と同じ「秘密保持契約」という意味になる。

| 129 | □□□ | 正解 D | 品詞×語彙 |

Adion Corporation has a plan to develop a shopping ------- in the empty lot where Orange City University once stood.

(A) complexity
(B) complexion
(C) complexly
(D) complex

Adion 社は、かつて Orange 市立大学が建っていた更地に、複合商業施設を建設する計画をしています。

(A) 名詞「複雑さ」
(B) 名詞「顔色」
(C) 副詞「複雑に」
(D) 名詞「複合体」

空所部分は動詞 develop の目的語にあたる。空所前の shopping と組み合わせて文意が通るのは、(D) complex。shopping complex で「複合商業施設」という意味の複合名詞となる。(A) と (B) も同じく名詞だが、いずれも文意に合わない。

語彙チェック □ empty lot　更地、空き地

| 130 | □□□ | 正解 A | 品詞×語彙 |

The ultimate Eco-car recently released from Hanova boasts a substantial reduction in ------- gas emission and petrol consumption.

(A) exhaust
(B) exhausting
(C) exhausted
(D) exhaustible

Hanova 社から最近発売された究極のエコカーは、排ガスの放出とガソリン消費を大幅に削減していることを自負しています。

(A) 名詞「排気」
(B) 動詞 exhaust「疲れ果てさせる」の動名詞・現在分詞
(C) 過去形・過去分詞
(D) 形容詞「枯渇しうる」

空所の前に前置詞 in があるので、空所以降は in の目的語となる名詞句であるとわかる。空所に (A) exhaust を入れ、exhaust gas emission とすると「排ガスの放出」となり、文意も通る。(B)、(C)、(D) はどれも、名詞を修飾しうるが、ここでは文意に合わないため不適切。

語彙チェック □ boast　〜を自負する、誇りに思う　□ substantial　相当な量の　□ emission　放出　□ petrol　ガソリン

Questions 131-134 refer to the following article.

▶ TRACK_031

The much 131. Oakland Hill Observatory will finally open at the end of this month. 132.. Designed by a famed architect, John Jones, the building comprises four floors. The first floor has Oakland Hill Shop selling souvenirs. The second floor is an exhibition space featuring the works of Joanna Johnson, who has her ancestral roots in the city and is renowned for her avant-garde calligraphy style. It also has a 133. for those who want to try their hands at calligraphy themselves on the next level. Sometimes, especially on weekends, the calligrapher herself will conduct a seminar. The top floor is the breathtaking observation deck with a café. The observatory is easily 134. from Oakland City Center, and is expected to become a new tourist attraction for the city.

【和訳】

問題 131-134 は次の記事に関するものです。

長く待ち望まれていた、Oakland Hill 展望台が今月終わりについにオープンする。＊それは湾から 900 フィートに位置しており、ベイエリア全体が見渡せる。その建物は有名な建築家、John Jones により設計されており、4 つの階で構成されている。1 階にはお土産を販売する Oakland Hill Shop がある。2 階は Joanna Johnson の作品を特集している展示スペースで、彼女は当市に祖先のルーツを持ち、前衛的な書道スタイルで知られている。その次の階には、書道を自分でやってみたい人のためのワークショップもある。ときには、特に週末には、書道家である彼女自身がセミナーを行う。最上階は、カフェのある素晴らしい展望デッキがある。展望台は Oakland シティセンターから簡単にアクセスでき、市の新たな観光名所となることが期待されている。

語彙チェック ☐ observatory 展望台 ☐ famed 有名な ☐ comprise ～から成る、～を含む ☐ souvenir 土産 ☐ ancestral 祖先の ☐ avant-garde 前衛的な ☐ calligraphy 書道 ☐ try one's hand at ～ ～をやってみる ☐ level 階 ☐ breathtaking 息を飲むような

131		☐☐☐	正解 **D**	準動詞

(A) awaiting
(B) await
(C) awaits
(D) awaited

(A) 動詞 await「～を待つ」の動名詞・現在分詞
(B) 動詞の原形
(C) 三人称単数現在形
(D) 過去分詞

空所を含む The much 131. Oakland Hill Observatory はこの文の主語。空所に (D) を入れると、much awaited「長く待ち望まれていた」という意味になり、Oakland Hill Observatory を修飾する形になるので文意が通る。

TEST **1**

TEST **2**

TEST **3**

TEST **4**

TEST **5**

TEST **6**

TEST **7**

TEST **8**

TEST **9**

TEST **10**

132 ☐☐☐ 正解 **B** 文挿入

(A) This is a growing trend among young people.

(B) Situated at 900 feet above the bay, it overlooks the whole bay area.

(C) There is an eating and drinking establishment on the first floor.

(D) It has been a popular site for citizens to do workouts.

(A) これは若者の間で広まりつつあるトレンドである。

(B) それは湾から 900 フィートに位置しており、ベイエリア全体が見渡せる。

(C) 1 階には飲食ができる場所がある。

(D) そこは市民が運動をするのに人気な場所である。

空所の前の文では、Oakland Hill 展望台がオープンする予定であることが述べられており、この記事全体でその展望台についての話が展開されている。空所以降で建物の各階について説明されているので、それ以外の特徴を述べた (B) を空所に入れるのが適切。it は前文の Oakland Hill Observatory を指す。

語彙チェック ☐ workout トレーニング、体力作り

133 ☐☐☐ 正解 **C** 語彙

(A) reception

(B) garden

(C) workshop

(D) facilitation

(A) 名詞「受付」

(B) 名詞「庭」

(C) 名詞「ワークショップ」

(D) 名詞「促進」

空所を含む文は建物の 3 階について説明をしている。空所の後ろに for those who want to try their hands at calligraphy themselves「書道を自分でやってみたい人のための」とあるので、文意に合うのは (C) workshop のみ。

134 ☐☐☐ 正解 **B** 品詞

(A) accessed

(B) accessible

(C) accessibility

(D) accessibly

(A) 動詞 access「〜に行く」の過去形・過去分詞

(B) 形容詞「行くことができる」

(C) 名詞「行きやすさ」

(D) 副詞「行きやすく、利用しやすく」

空所の前に be 動詞と副詞 easily があるので、空所には形容詞の働きをするものが入ると考えられる。be easily accessible from 〜で「〜から行きやすい、アクセスしやすい」という意味になる (B) accessible が正解。

To: All employees
From: LindaCho@greatsoftware.co.au
Subject: Special Breakfast for Sky Project
Date: 4 May

To appreciate and encourage all our employees for their diligence and dedication to complete the Sky Project on time, a complimentary breakfast will be served from 8 A.M. to 10 A.M. every morning starting from next Monday, 10 May. Daily breakfast boxes will be prepared and delivered to our lounge by Yellow Flower Bakery, 135. for its nutritious organic sandwiches. The boxes will contain an assortment of sandwiches, fruit, dairy, and the like. 136.. Freshly brewed coffee, tea, and other various hot and cold beverages will also be available. You can enjoy free 137. to take to your office. Please bring your own cups for environmental sustainability. We hope this special breakfast 138. your minds and bodies as well as facilitate communication with your colleagues.

【和訳】

問題 135-138 は次の E メールに関するものです。

受信者 : 全従業員
送信者 : Linda Cho@greatsoftware.co.au
件名 : Sky プロジェクトのためのスペシャル朝食
日付 : 5 月 4 日

Sky プロジェクトを期限通りに完成させるための勤勉と献身に関して当社のすべての従業員に感謝し、そして激励するために、無料の朝食が毎朝 8:00 から 10:00 まで、来週の月曜日の 5 月 10 日から提供されます。栄養豊富なオーガニックのサンドイッチが称賛されている Yellow Flower ベーカリーにより、日替わりの朝食弁当が用意され当社のロビーに届けられます。弁当にはサンドイッチ、フルーツ、乳製品などの詰め合わせが入っています。* もちろん、ベジタリアン向けの選択肢もあります。いれたてのコーヒー、紅茶、その他の様々な温かい飲み物や冷たい飲み物もあります。オフィスに持っていくための無料のおかわりもお楽しみいただけます。環境維持のためにご自分のカップをお持ちください。このスペシャル朝食が同僚とのコミュニケーションを促進するだけでなく、あなた方の心と体を活性化させることを願っています。

語彙チェック □ diligence 勤勉 □ dedication 献身 □ dairy 乳製品
□ and the like 同様のもの □ brew (コーヒーなど)をいれる
□ facilitate ～を促進する

135　正解 A　語彙

(A) acclaimed	(A) 形容詞「称賛されて」
(B) qualified	(B) 形容詞「資格がある」
(C) indispensable	(C) 形容詞「欠かせない」
(D) motivated	(D) 形容詞「やる気のある」

空所はカンマの後にあり、カンマ以降は前に置かれた Yellow Flower Bakery を説明していると考えられる。空所に (A) が入ると、acclaimed for its nutritious organic sandwiches「栄養豊富なオーガニックのサンドイッチが称賛されている」という意味になり、Yellow Flower ベーカリーの説明になる。よって、(A) が正解。

🖋 ここが落とし穴

(B) を選んだ人…qualified for ～「～の資格がある、～に適任の」という表現もあるが、目的語には資格や仕事などが入ることに注意。また、qualify の派生語の quality には、形容詞で「優良な、高級な」という意味がある。quality organic sandwiches「高級なオーガニックサンドイッチの」のように使われるので覚えておこう。

136　正解 B　文挿入

(A) Be careful while handling cargo, for the contents are fragile.	(A) 中の物が壊れやすいので、積み荷を扱うときは注意してください。
(B) Of course, there will be vegetarian options.	(B) もちろん、ベジタリアン向けの選択肢もあります。
(C) Customers can easily prepare meals themselves.	(C) お客様自身で簡単にお食事をご用意いただけます。
(D) During breaks between sessions, feel free to help yourself.	(D) セッションの間の休憩時間は、ご自由にしてください。

空所の前の文では朝食弁当の中身について、次の文では飲み物について説明されている。前の文の内容に続いて、弁当の中身について説明をしている (B) を空所に入れると、自然な話の流れになる。

語彙チェック　□ cargo　積み荷　□ fragile　壊れやすい

137　正解 A　語彙

(A) refills	(A) 名詞「おかわり」
(B) coupons	(B) 名詞「クーポン」
(C) tickets	(C) 名詞「チケット」
(D) boxes	(D) 名詞「箱」

空所は動詞 enjoy に続く目的語の部分にあり、直前の形容詞 free「無料の」に修飾される。1 つ前の文で飲み物について述べており、空所の後ろには to take to your office「オフィスに持っていくための」とあるので、空所に (A) が入ると free refills「無料のおかわり」となり意味も通る。

138　正解 C　時制

(A) invigorate	(A) 動詞 invigorate「～を活性化させる」の原形
(B) invigorated	(B) 過去形・過去分詞
(C) will invigorate	(C) 助動詞 + 動詞の原形
(D) have invigorated	(D) 現在完了形

空所は、この文の述語動詞 hope「～を願っている」の目的語にあたる節の中にある。hope 以降の節の主語は this special breakfast、空所は述語動詞にあたる。本文の 1 文目から、朝食の提供は次の月曜日から始まるとわかるので、空所には未来形の (C) が入る。

Notice of Extended Office Hours

Thank you for being our valued clients. We would like to announce that we will extend our business hours. This change is to 139. your impending needs in a timely manner during the busiest time of the fiscal year. Starting from next Monday, January 25, we will be available for consultations from 7 A.M. to 7 P.M. on Mondays through Fridays until April 15. We believe this change will be 140. to you.

Please do not hesitate to contact us if you have any questions or would like to make an appointment. Call us at 800-555-863, or e-mail us at customer-service@harumi.com. 141., you can just drop by our office at Kingstone Street. 142..

Harumi Tax & Accounting

【和訳】

問題 139-142 は次のお知らせに関するものです。

営業時間延長のお知らせ

大切なお客様でいてくださることに感謝します。当事務所の営業時間が延長されることをお伝えしたいと思っております。この変更は、会計年度で一番忙しい時期にお客様の差し迫ったニーズに迅速に応じるためです。来週月曜日の 1 月 25 日から 4 月 15 日までの間、当事務所は月曜日から金曜日まで朝 7 時から夜 7 時までご相談に対応可能です。この変更がお客様のためになればと思っております。

ご質問がある、もしくはご予約をされたい場合はどうぞ遠慮なくご連絡ください。800-555-863 までお電話をいただくか、customer-service@harumi.com に E メールをお送りください。あるいは Kingstone 通りの当事務所にお立ち寄りいただくこともできます。* いつでもお客様をお手伝いいたします。

Harumi 税務会計事務所

語彙チェック ☐ impending 差し迫った ☐ in a timely manner 迅速に
☐ fiscal year 会計年度

139 | □□□ 正解 D | 語彙

(A) comprehend
(B) stimulate
(C) associate
(D) accommodate

(A) 動詞「〜を理解する」の原形
(B) 動詞「〜を刺激する」の原形
(C) 動詞「〜を連想する」の原形
(D) 動詞「〜を満たす」の原形

空所を含む文の主語の This change とは、前文にある営業時間の延長を指す。後ろに your impending needs と続くので、accommodate を入れると文意が通る。よって (D) が正解。accommodate は「〜を収容する」という意味のほかに、「(要望など)を満たす」という意味がある。

140 | □□□ 正解 A | 語彙

(A) beneficial
(B) tolerant
(C) optimistic
(D) negotiable

(A) 形容詞「有益な」
(B) 形容詞「寛容な」
(C) 形容詞「楽観的な」
(D) 形容詞「交渉の余地がある」

空所のある文は We believe this change will be 140. to you.「この変更がお客様にとって〜になればと思っております」という意味。this change は営業時間の延長のことなので、文脈に合うのは (A)。

141 | □□□ 正解 C | 語彙

(A) Therefore
(B) Nevertheless
(C) Alternatively
(D) Namely

(A) 副詞「それゆえ」
(B) 副詞「それにもかかわらず」
(C) 副詞「あるいは」
(D) 副詞「つまり」

選択肢には、接続副詞が並ぶ。第 2 段落 1 文目 Please do not 〜では、遠慮なく連絡するように促しており、次に続く文 Call us 〜で連絡方法として電話と E メールを挙げて説明している。空所の後には、事務所に立ち寄ってもらうこともできると述べられており、これも連絡方法の 1 つであると言える。よって、空所に入るのは (C) Alternatively。

142 | □□□ 正解 A | 文挿入

(A) We are always here to help you.
(B) Your cooperation is highly appreciated.
(C) We are looking forward to seeing you at the job interview.
(D) The shipping fee is subject to change.

(A) いつでもお客様をお手伝いいたします。
(B) ご協力いただけると大変ありがたいです。
(C) 面接でお会いできるのを楽しみにしております。
(D) 送料は変わることがあります。

空所は第 2 段落の最後の一文。第 2 段落では、質問や予約をするときの連絡先について述べているので、(A) を入れると、この段落を締めくくる文となり適切。

語彙チェック □ be subject to〜 〜の対象となる

🖉 ここが落とし穴
(B) を選んだ人…文書は営業時間延長のお知らせであり、顧客に協力を促しているものではない。

A local home electronics giant, Mountfield Co. will invest approximately 2 million dollars in its Stamford assembly plants. Mountfield Co. announced Wednesday that two 143. outdated plants will be demolished and reconstructed to be one larger, state-of-the-art facility. 144.. The Mayor, Steven Adomo commented that he welcomes this job creation opportunity as it will 145. the economic growth of the town. They are now in the process of 146. the old plant, which is to be completed within the next month. The new plant is expected to be in operation in two years.

【和訳】

問題 143-146 は次の記事に関するものです。

地元の家電大手である Mountfield 社が Stamford の組立工場に約 200 万ドルを投資する予定である。Mountfield 社は、より大きな最新式の 1 つの施設にするために、既存の時代遅れの工場 2 つを取り壊して再建することを水曜日に発表した。* 企業は、約 4000 人の新規従業員を雇う予定だ。市長の Steven Adomo 氏は、この雇用創出の機会が市の経済成長を促進することから、喜んでそれを受け入れるとコメントした。現在は古い工場の撤去の最中で、来月中に完了することになっている。新しい工場は 2 年後には操業している予定だ。

語彙チェック　☐ giant　大企業　☐ invest　〜を投資する　☐ assembly plants　組立工場
　　　　　　　　☐ state-of-the-art　最新式の

143 □□□ 正解 D 品詞

(A) existed
(B) exist
(C) existence
(D) existing

(A) 動詞 exist「存在する」の過去形・過去分詞
(B) 動詞の原形
(C) 名詞「存在」
(D) 形容詞「既存の」

空所は、この文の述語動詞 announced に続く that 節の中にある。that 節の主語は、two 143. outdated plants「2 つの～時代遅れの工場」の部分にあたる。空所に outdated plants を修飾する (D) existing が入ると、two existing outdated plants「2 つの既存の時代遅れの工場」となり意味が通る。

144 □□□ 正解 A 文挿入

(A) The company intends to hire around 4,000 new employees.
(B) All manufacturing operations at the site will be suspended for a week.
(C) This foray into a new market led to further success for the company.
(D) The construction will not commence until December next year.

(A) 企業は、約 4000 人の新規従業員を雇う予定だ。
(B) 現場でのすべての製造業務は 1 週間、一時停止される。
(C) この新市場への進出は、同社のさらなる成功につながった。
(D) 建設作業は来年の 12 月まで始まらない。

空所の次の文に、The Mayor, Steven Adomo commented that he welcomes this job creation opportunity「市長の Steven Adomo 氏は、喜んでこの雇用創出の機会を受け入れるとコメントした」とある。よって、雇用について述べている (A) が空所に入る。

語彙チェック □ intend to *do* ～するつもりである □ foray 進出 □ commence 始まる

145 □□□ 正解 B 語彙

(A) foresee
(B) accelerate
(C) commemorate
(D) advocate

(A) 動詞「～を予見する」の原形
(B) 動詞「～を促進する」の原形
(C) 動詞「～を祝う」の原形
(D) 動詞「～を提唱する」の原形

空所は接続詞 as に続く節にあり、as it will 145. the economic growth of the town「それは市の経済成長を～するため」という意味になる。as の前には、市長が雇用創出の機会を喜んで受け入れるといった内容が書かれており、as 以降がその理由となるようにする。空所に (B) accelerate を入れると「市の経済成長を促進するため」となり文意に合う。

146 □□□ 正解 A 語彙

(A) dismantling
(B) refurbishing
(C) expediting
(D) endorsing

(A) 動詞 dismantle「～を取り除く、～を分解する」の動名詞
(B) 動詞 refurbish「～を改装する」の動名詞
(C) 動詞 expedite「～を促進する、～をはかどらせる」の動名詞
(D) 動詞 endorse「～を是認する」の動名詞

空所を含む文の前半は、They are now in the process of 146. the old plant「現在は古い工場を～している最中である」という意味になる。2 文目より、既存の 2 つの工場を 1 つの施設にすることが計画されているので、古い工場は解体されるのだと考えられる。よって、(A) が入る。

ここが落とし穴

(B) を選んだ人…refurbish は「～を改装する」という意味で、建物の構造自体を変える場合には使われない。

TEST 2

解答＆解説

TEST 2　正解一覧

Part 5

問題番号	正解	1	2	3		問題番号	正解	1	2	3
101	D	☐	☐	☐		116	B	☐	☐	☐
102	D	☐	☐	☐		117	B	☐	☐	☐
103	B	☐	☐	☐		118	C	☐	☐	☐
104	D	☐	☐	☐		119	C	☐	☐	☐
105	D	☐	☐	☐		120	D	☐	☐	☐
106	D	☐	☐	☐		121	C	☐	☐	☐
107	A	☐	☐	☐		122	D	☐	☐	☐
108	C	☐	☐	☐		123	C	☐	☐	☐
109	B	☐	☐	☐		124	D	☐	☐	☐
110	A	☐	☐	☐		125	C	☐	☐	☐
111	B	☐	☐	☐		126	D	☐	☐	☐
112	B	☐	☐	☐		127	A	☐	☐	☐
113	C	☐	☐	☐		128	A	☐	☐	☐
114	C	☐	☐	☐		129	A	☐	☐	☐
115	A	☐	☐	☐		130	B	☐	☐	☐

Part 6

問題番号	正解	1	2	3		問題番号	正解	1	2	3
131	D	☐	☐	☐		139	A	☐	☐	☐
132	A	☐	☐	☐		140	D	☐	☐	☐
133	C	☐	☐	☐		141	B	☐	☐	☐
134	B	☐	☐	☐		142	C	☐	☐	☐
135	B	☐	☐	☐		143	B	☐	☐	☐
136	C	☐	☐	☐		144	C	☐	☐	☐
137	A	☐	☐	☐		145	D	☐	☐	☐
138	D	☐	☐	☐		146	A	☐	☐	☐

Part 5   ▶ TRACK_035

| 101 | □□□ | 正解 D | 語彙 |

Parcel shipping prices may ------- according to size and preferred shipping method.

(A) depend

(B) update

(C) enlarge

(D) vary

サイズとお好みの発送方法によって、小包の送料は異なります。

(A) 動詞「（depend on で）～次第である」の原形

(B) 動詞「～を更新する」の原形

(C) 動詞「大きくなる」の原形

(D) 動詞「異なる」の原形

この文の主語は Parcel shipping prices「小包の送料」。according to size and preferred shipping method「サイズとお好みの発送方法によって」とあるので、空所には (D) vary「異なる、変わる」を入れると文意が通る。

語彙チェック □ preferred　希望の

ここが落とし穴

(C) を選んだ人…自動詞の enlarge は「大きくなる」という意味だが、物のサイズが大きくなるときに使われ、価格の上昇を表すときには使われない。代わりに、go up や rise を使うと正解となりうる。

▶ TRACK_036

| 102 | □□□ | 正解 D | 代／関 |

During the third session of the Home Appliance Trade Show, Greg Woo demonstrated the features of the ZDD23 refrigerator -------.

(A) him

(B) he

(C) his

(D) himself

家電展示会の第 3 部に、Greg Woo は ZDD23 冷蔵庫の機能を彼自身で実演しました。

(A) 目的格の代名詞「彼を（に）」

(B) 主格の代名詞「彼は」

(C) 所有格の代名詞「彼の」

(D) 再帰代名詞「彼自身」

主語は Greg Woo、述語動詞は demonstrated、目的語は the features of the ZDD23 refrigerator という完全文なので、空所には強調の意味を表す再帰代名詞の (D) が正解。

語彙チェック □ feature　機能

103	□□□ 正解 B	語彙

Corporate members are ------- from the entrance fee to Woods Botanical Garden and Museum as part of company benefits.

福利厚生の一部として、社員は Woods 植物園と博物館の入場料を免除されています。

(A) different	(A) 形容詞「異なった」
(B) exempt	(B) 形容詞「免除されて」
(C) overseen	(C) 動詞 oversee「～を監督する」の過去分詞
(D) discarded	(D) 動詞 discard「～を処分する」の過去分詞

選択肢には形容詞の働きを持つ語が並ぶ。空所直後の from the entrance fee と結びつくのは (B) のみ。be exempt from ～で「～を免除されて」という意味になる。文の最後にある as part of company benefits「福利厚生の一部として」からも、(B) が正答と判断できる。

語彙チェック □ company benefits　福利厚生

⚠ ここが落とし穴
(A) を選んだ人…空所の前後の be 動詞と前置詞 from を見て、(A) different「異なった」に飛びついてしまってはいないだろうか。空所の前後のみを見るとコロケーションから入りそうな語も、文全体を読むと不適切な場合がある。語彙問題は必ず文脈から判断するようにしよう。

104	□□□ 正解 D	語彙×慣用表現

The copier by BP4 Machinery is currently out of ------- because of its popularity among Asian companies.

BP4 Machinery 社のコピー機は、アジアの企業の間で人気のため、現在在庫切れです。

(A) print	(A) 名詞「印刷」
(B) order	(B) 名詞「注文」
(C) place	(C) 名詞「場所」
(D) stock	(D) 名詞「在庫」

The copier by BP4 Machinery「BP4 Machinery 社のコピー機」が文の主語。because of 以降で、「アジアの企業の間で人気のため」と述べられているので、人気が高く需要がありコピー機が在庫切れしていると推測できる。(D) stock「在庫」を入れて out of stock「在庫切れの」とすると文意が通る。

語彙チェック □ popularity　人気

⚠ ここが落とし穴
(A) を選んだ人…out of print で「(本が) 絶版になって」を意味するが、文意に沿わない。
(B) を選んだ人…out of order で「故障して」となるが、ここでは文意が通らない。

105 □□□ 正解 D 語彙

When you purchase a ticket via KnowliTickets.com, you are ------- to use one of the 20 international airport lounges for free of charge.

KnowliTickets.com から航空券を購入すると、20 ある国際空港ラウンジのうち 1 つを無料で利用する権利を与えられます。

(A) acknowledged

(B) guaranteed

(C) afforded

(D) entitled

(A) 動詞 acknowledge「〜を認める」の過去分詞

(B) 動詞 guarantee「〜を保証する」の過去分詞

(C) 動詞 afford「〜を与える」の過去分詞

(D) 動詞 entitle「〜に権利を与える」の過去分詞

選択肢には過去動詞が並ぶ。be entitled to *do* で「〜する権利がある」を意味し、空所以降の to use one of the 20 international airport lounges for free of charge「20 ある国際空港ラウンジのうち 1 つを無料で利用すること」に対しての権利が与えられている、という文をつくる (D) entitled が適切。

語彙チェック □ free of charge 無料で

> **💡 ここが落とし穴**
> (A) を選んだ人…acknowledge には「〜を認める」という意味があるが、これは「価値や重要性を認める」というニュアンス。She is acknowledged to be a famous singer.「彼女は有名な歌手として認められている」といった使い方をする。
> (B) を選んだ人…be guaranteed to *do* で「きっと〜する」という意味になるが、ここでは文意に合わない。

106 □□□ 正解 D 品詞×語彙

Through decades of research, Dr. Collins has been one of the leading ------- on water purification.

何十年もの研究を終えて、Collins 教授は水質浄化に関する主要な専門家の一人となっています。

(A) expert

(B) expertise

(C) expertly

(D) experts

(A) 名詞「専門家」

(B) 名詞「専門知識」

(C) 副詞「専門的に」

(D) 名詞「専門家」の複数形

〈one of the ＋ 名詞の複数形〉で「〜のうちの一人、一つ」という意味を表す。主語は Dr. Collins という〈人〉なので、(D) experts が正解。expert(s) on 〜で「〜に関する専門家」という意味。

語彙チェック □ decade 10 年間 □ purification 浄化

107 正解 A 前 vs 接

A 10 percent discount will be applied to products ------- membership cards in either digital or paper form are presented.

(A) as long as

(B) instead of

(C) as with

(D) now that

デジタルか紙のいずれかの形式で会員証が提示されれば、10パーセント割引が製品に適用されます。

(A)「〜する限りは」

(B)「〜の代わりに」

(C)「〜と同様に」

(D)「今や〜なので」

文構造を見ると、空所の前は A 10 percent discount が S、will be applied が V の節で、空所の後ろも membership cards が S、are presented が V の節である。選択肢のうち節と節をつなぐのは、接続詞の働きをする (A) と (D) である。空所後の内容が空所前の内容の条件になっていると考え、(A) as long as が適切。

ここが落とし穴
(B)(C) を選んだ人…どちらも後ろに名詞または動名詞をとる前置詞句なので、ここでは不正解。

108 正解 C 語彙

According to Bestscares Dealers, car batteries are not covered under ------- warranty.

(A) secured

(B) associated

(C) extended

(D) solicited

Bestscares 販売業者によると、車のバッテリーは長期保証に含まれていません。

(A) 動詞 secure「〜を確保する」の過去分詞

(B) 動詞 associate「〜を関連づける」の過去分詞

(C) 動詞 extend「〜を延長する」の過去分詞

(D) 動詞 solicit「〜を求める」の過去分詞

選択肢には形容詞の働きを持つ語が並ぶ。extended warranty で「長期保証」を意味する熟語となる (C) extended を入れると文意に合う。

109

□□□ 正解 B 語彙

In order to get a refund, goods will need to be returned by ------- service at your own expense.

(A) customer

(B) courier

(C) security

(D) network

払い戻しを受けるためには、宅配業者サービスを自費で利用し商品を返品する必要があります。

(A) 名詞「顧客」

(B) 名詞「宅配業者」

(C) 名詞「セキュリティー」

(D) 名詞「ネットワーク」

選択肢はすべて名詞なので、空所直後の名詞 service と組み合わせ、複合名詞を形成する語を選ぶ。文頭の In order to get a refund「払い戻しを受けるために」や、goods will need to be returned「商品を返品する必要がある」などから、返品方法に関して述べられている文と判断できる。空所に (B) を入れ、by courier service とすると、「宅配業者のサービスによって」となり文意が通る。

語彙チェック □ at one's expense ～の費用で

110

□□□ 正解 A 前 vs 接

------- you make a purchase over $100, we offer you a $5 voucher to use on your next purchase.

(A) Whenever

(B) Whoever

(C) Which

(D) How

100 ドルを超える会計の際はいつでも、次の会計時に使える 5 ドルのクーポンを差し上げます。

(A) 接続詞「～するときはいつでも」

(B) 関係代名詞「～する人なら誰でも」

(C) 疑問詞「どの」

(D) 疑問詞「どのように」

カンマを挟んで、2 つの節が並んでいることから、空所には 2 つの節をつなぐ接続詞の働きをする語が入るとわかる。(A) Whenever「～するときはいつでも」を入れると「100 ドルを超える会計の際はいつでも」という意味になり、後半の節のクーポンの内容と自然につながる。よって、(A) が正解。

語彙チェック □ voucher クーポン

111 ☐☐☐ 正解 B 語彙

Due to its ------- to the airport, Sunnfield 22 was chosen as the ideal venue for the annual international convention for Animal Protection.

空港への近さから、Sunnfield 22 は Animal Protection の国際年次総会の理想的な会場として選ばれました。

(A) transit

(B) proximity

(C) outlet

(D) amenity

(A) 名詞「乗り継ぎ」

(B) 名詞「近いこと」

(C) 名詞「出口」

(D) 名詞「快適な設備」

文頭の Due to ～は「～の理由で」という意味の前置詞句。カンマ以降の「国際年次総会の理想的な会場として選ばれた」という結果に対してふさわしい理由となるものを選択肢より選ぶ。空所の後に to the airport とあるので、(B) を入れ proximity to the airport「空港へ近いこと」とするのが適切。

112 ☐☐☐ 正解 B 準動詞

Employees should submit receipts and a detailed itinerary to the accounting department ------- for travel expenses.

出張費用の払い戻しを受けるためには、社員は領収書と詳細な旅程表を経理部に提出しなければなりません。

(A) will reimburse

(B) to be reimbursed

(C) reimburses

(D) to have reimbursed

(A) 助動詞＋動詞 reimburse「～を払い戻す」の原形

(B) to 不定詞の受動態

(C) 三人称単数現在形

(D) to 不定詞の現在完了

選択肢には動詞 reimburse の変化形が並ぶ。空所までの文は「従業員は領収書等を提出しなければならない」という内容で、目的を表す不定詞を用いた (B) to be reimbursed を入れると、「出張旅費の払い戻しを受けるため」という意味となり、全体の文意が通る。

語彙チェック ☐ submit ～を提出する ☐ accounting department 経理部

113 □□□ 正解 C 慣用表現

Concerns raised by our shareholders are high on the ------- for the operational meeting.

(A) panel
(B) input
(C) agenda
(D) council

私たちの株主による問題提起は、運営会議の議題の優先事項です。

(A) 名詞「委員会」
(B) 名詞「入力」
(C) 名詞「議題」
(D) 名詞「議会」

選択肢はすべて名詞。空所に (C) agenda「議題」を入れると、high on the agenda「議題の中で優先度の高い」という意味になり文意が通る。よって、(C) が正解。

語彙チェック □ shareholder 株主

114 □□□ 正解 C 準動詞

------- the sales in Europe would increase, the board members of Truth Shoppers agreed to open a new office in Germany.

(A) Assumption
(B) To assume
(C) Assuming
(D) Assumed

ヨーロッパでの売り上げが増加すると推定した Truth Shoppers 社の役員たちは、ドイツに新しい店舗を開くことに同意しました。

(A) 名詞「推測」
(B) 動詞 assume「〜を推測する」の to 不定詞
(C) 現在分詞
(D) 過去形・過去分詞

選択肢には動詞 assume の変化形が並ぶ。カンマの前後が完全文の形だが、接続詞がないので、分詞構文と考える。assume「推測する」のはカンマ以降の文の主語 the board members であると考えられるので、能動の意味を表す現在分詞を入れるのが適切。よって、正解は (C)。

語彙チェック □ board member 役員

> **ここが落とし穴**
> (B) を選んだ人… 副詞と同じ働きをする to 不定詞句をつくることができるが、「〜売り上げが増加すると推定するために、新しい店舗を開店することに同意した」と、不自然な意味になるため不適切。

TRACK_049

TEST 1
TEST 2
TEST 3
TEST 4
TEST 5
TEST 6
TEST 7
TEST 8
TEST 9
TEST 10

115 | 正解 A | 語彙

Although the ------- program has been introduced to our Yoga courses for three months, none of our current customers has shown up with their acquaintance.

ヨガコースに紹介プログラムが導入されて 3 か月になりますが、現在の顧客の誰一人として、知り合いと共に現れません。

(A) referral
(B) security
(C) education
(D) internship

(A) 名詞「紹介」
(B) 名詞「安全」
(C) 名詞「教育」
(D) 名詞「インターンシップ」

空所直後の名詞 program と組み合わさり、複合名詞を形成する語を選ぶ。「～プログラムが導入されているが、誰も知り合いと共に現れない」とあるので、(A) を入れ、知人を紹介する制度である referral program「紹介プログラム」とするのが適切。

語彙チェック □ show up with ～ ～を連れて現れる □ acquaintance 知人

TRACK_050

116 | 正解 B | 品詞×語彙

Takeshi Sugawara worked as an engineer at a wholly-owned ------- in Singapore prior to his job at Sainge Holdings.

Takeshi Sugawara は Sainge Holdings 社で働く前に、シンガポールの完全所有子会社でエンジニアとして働いていました。

(A) subside
(B) subsidiary
(C) subsidence
(D) subsidiarily

(A) 動詞 subside「静まる」の原形
(B) 名詞「子会社」
(C) 名詞「陥没」
(D) 副詞「補助的に」

空所の前に冠詞 a と形容詞 wholly-owned があることから、空所に入るのは名詞の単数形。名詞は (B) または (C) だが、文意より (B) を入れ a wholly-owned subsidiary「完全所有子会社」とするのが適切。

語彙チェック □ wholly-owned 100%所有された □ prior to ～ ～より前に

117 ☐☐☐ 正解 B 品詞×慣用表現

During the press conference, the CEO of Lallala Motors avoided commenting on the plans for the automobile in -------.

記者会見の間、Lallala Motors 社の最高経営責任者は話題となっている自動車の計画について発言することを避けました。

(A) questioning

(B) question

(C) questionnaire

(D) questioned

(A) 動詞「〜を質問する」の動名詞・現在分詞

(B) 名詞「問題」

(C) 名詞「アンケート」

(D) 過去形・過去分詞

(B) question を入れると、in question「話題、問題となっている」という意味になり、「話題となっている自動車の計画について発言することを避けた」という意味の文が成立する。よって、(B) が適切。

語彙チェック ☐ press conference 記者会見

🍯ここが落とし穴
(A) を選んだ人…question は他動詞なので、後に目的語が必要。

118 ☐☐☐ 正解 C 語彙

Customers who bought Picbal Camera will be invited to the workshop where you can get ------- with the function of your new camera.

Picbal カメラを購入したお客様は、新しいカメラの機能についてよく知ることができるワークショップに招待されます。

(A) sophisticated

(B) instructed

(C) acquainted

(D) granted

(A) 形容詞「洗練された」

(B) 動詞 instruct「〜を指示する」の過去分詞

(C) 形容詞「よく知っている」

(D) 動詞 grant「〜を認める」の過去分詞

関係副詞の where 以降が直前の workshop「ワークショップ」の内容を説明している。get acquainted with 〜で「〜のことがよくわかるようになる」という意味を表す (C) が正解。

語彙チェック ☐ function 機能

119 | □□□ 正解 C | 品詞×語彙

Eugene Park, consultant of Owlly Electronics, left ------- to pursue a career in logistics.

(A) voluntary

(B) volunteers

(C) voluntarily

(D) volunteering

Owlly Electronics 社のコンサルタントである Eugene Park は、物流業でキャリアを追求するために自発的に会社を辞めました。

(A) 形容詞「自発的な」

(B) 名詞「ボランティア」の複数形

(C) 副詞「自発的に」

(D) 動詞 volunteer「ボランティア活動をする」の動名詞・現在分詞

述語動詞の leave を「退職する」という意味の自動詞として捉え、副詞の (C) voluntarily「自発的に」を入れると、空所以降の不定詞句「物流業でのキャリアを追求するために」という内容とも合う。よって、(C) が正解。述語動詞 leave には他動詞と自動詞としての用法があり、他動詞であれば空所には目的語となる名詞が入るが、選択肢中の名詞 (B) volunteers や動名詞の (D) volunteering を空所に入れても意味をなさない。

語彙チェック □ pursue ～を追求する □ logistics 物流

120 | □□□ 正解 D | 準動詞

------- more than 25 years ago, Heastingsons continues to be one of the best-selling bookstores in London.

(A) To be founded

(B) Found

(C) Founding

(D) Founded

25 年以上前に設立され、Heastingsons 書店はロンドンで最も売り上げが高い書店の 1 つであり続けています。

(A) 動詞 found「～を設立する」の to 不定詞の受動態

(B) 動詞の原形

(C) 動名詞・現在分詞

(D) 過去分詞

空所からカンマまでは、情報を追加している副詞句と考える。空所には動詞 found の過去分詞である (D) Founded を入れると、「(Heastingsons 書店は) 25 年前に設立されているが」と、譲歩を表す分詞構文になり、文意にも合う。よって、(D) が正解。

語彙チェック □ best-selling 最も売れている

Beacon's Point

文中に出てくる found「～を設立する」は、動詞 find「～を見つける」の活用形と混乱する人が多い。found は found – founded – founded、find は find - found – found と活用する。さらに関連して、自動詞 lie「横たわる」と他動詞 lay「～を横たえる」の活用形も押さえておきたい。自動詞 lie は lie – lay – lain、他動詞 lay は lay – laid – laid と活用する。紛らわしい活用について、ここできちんと整理しよう。

121

□□□ 正解 **C** 語彙

Shin Kim and Barbara Sanchez, who had completed their undergraduate courses together, were promoted to the regional manager and sales manager of the Nachos Times Co. -------.

Shin Kim と Barbara Sanchez は、学士課程を一緒に修了しましたが、それぞれ Nachos Times 社の地域マネージャーと営業マネージャーに昇進しました。

(A) closely

(B) entirely

(C) respectively

(D) continuously

(A) 副詞「接近して」

(B) 副詞「完全に」

(C) 副詞「それぞれ」

(D) 副詞「連続して」

選択肢はすべて副詞なので、文意に合うものを選ぶ。Shin と Barbara の 2 人の人物が登場しているので、それぞれ同じ会社の regional manager と sales manager になったという内容になる (C) respectively「それぞれ」を入れると文意が通る。

語彙チェック □ undergraduate　学部の　□ regional　地域の

122

□□□ 正解 **D** 品詞

The personnel department ------- essential educational programs directed at newly hired assistants.

人事部は、新しく雇用された助手を対象とする重要な教育プログラムを管理しています。

(A) administration

(B) administrative

(C) administrators

(D) administers

(A) 名詞「管理」

(B) 形容詞「管理の」

(C) 名詞「管理者」の複数形

(D) 動詞 administer「〜を管理する」の三人称単数現在形

選択肢には動詞 administer の派生語が並ぶ。この文では、空所前の The personnel department が主語で、目的語 essential educational programs「重要な教育プログラム」を directed 以下が後ろから修飾している。ここから、この文には述語動詞が欠けているとわかるので、動詞の三人称単数現在形の (D) administers が正解。

語彙チェック □ essential　重要な　□ directed at 〜　〜を対象とした
□ newly hired　新規採用の

123　正解 C　主述の一致

The marketing research report revealed that few of the visitors to Aderrs City Complex ------- a paper map upon arrival.

市場調査報告書は、Aderrs 市立複合施設を訪れる人のうち、到着時に紙の地図を要求する人はほとんどいないことを明らかにしました。

(A) requesting

(A) 動詞 request「〜を要求する」の動名詞・現在分詞

(B) to request

(B) to 不定詞

(C) request

(C) 現在形

(D) requests

(D) 三人称単数現在形

文の構造を見ると、主語は The marketing research report、述語動詞は revealed、目的語は that が導く節となっている。that 節の中には述語動詞がないので空所に必要。that 節の主語 few of the visitors は複数扱いなので、(C) request が正解。主節の述語動詞は revealed と過去形であるが、ここでは、調査結果の内容は現在も引き続いていると考えられるため、時制の一致は不要。

語彙チェック □ upon arrival　到着時に

124　正解 D　前 vs 接

------- its stores being located in large populated cities, Mottos Houseware provides delivery service to locals who live in remote areas.

店舗が人口の多い都市に位置しているにもかかわらず、Mottos 日用品社は遠隔地に住む人々に配達サービスを提供しています。

(A) In the event of

(A)「〜の場合には」

(B) In that

(B)「〜という点において」

(C) Even though

(C)「〜だけれども」

(D) Despite

(D) 前置詞「〜にもかかわらず」

選択肢には、前置詞の働きをする (A) In the event of と (D) Despite、接続詞の働きをする (B) In that と (C) Even though が並んでいる。空所の後ろは its stores being located in large populated cities「人口の多い都市に位置している店舗」という名詞句なので、空所には前置詞の働きをするものが入る。カンマ前で「人口の多い都市に位置する」、カンマ後に「遠隔地の人へのサービスを提供する」という内容なので、譲歩の意味を表す (D) Despite が正解。

語彙チェック □ populated　人口の多い　□ remote　離れた

125 □□□ 正解 C 語彙

At Sleepchucker Manufacturers, checking the factory equipment daily before work and ensuring them to be in good condition is ------- for the machine operators.

Sleepchucker 製造会社では、毎日業務前に工場設備を点検し、良い状態にあることを確認することが機械操縦士の義務です。

(A) motivated
(B) accounted
(C) mandatory
(D) tolerant

(A) 形容詞「意欲的な」
(B) 動詞 account「説明する」の過去分詞
(C) 形容詞「必須の」
(D) 形容詞「寛容な」

選択肢はすべて形容詞の働きを持つ語。checking から condition までが主語、is が述語動詞となる。「業務前に工場設備を点検し、よい状態にあることを確認すること」が、machine operator「機械操縦士」にとって何であるかを考える。be mandatory for ～で「～にとって必須である」という意味になる、(C) mandatory が適切。

語彙チェック □ ensure　～を確実にする　□ be in good condition　よい状態にある

126 □□□ 正解 D 前置詞×語法

Conforming ------- ethical and legal standards is essential to keep a positive image of the company.

倫理的、法的な基準に従うことは、会社の肯定的なイメージを維持するために必要不可欠です。

(A) on
(B) from
(C) both
(D) with

(A) 前置詞「～の上に」
(B) 前置詞「～から」
(C) 副詞「(both A and B で) A と B の両方」
(D) 前置詞「～に」

空所直前に動詞 conform の動名詞があるので、空所に (D) with を入れ conform with ～「～に従う」という形にするのが適切。Conforming with ethical and legal standards「倫理的、法的な基準に従うこと」が主語となっている。

語彙チェック □ ethical　倫理的な

💡 **ここが落とし穴**

(C) を選んだ人 … 空所前の conform は自動詞であり、目的語の前に前置詞が必要。conforming with (to) both ethical and legal standards「倫理的、法的な基準の両方に従う」であれば成り立つ。

---

127 | □□□ 正解 A | 語彙

Please make a reservation ------- when you plan to use one of the meeting rooms.

(A) beforehand

(B) previously

(C) ultimately

(D) often

会議室を使う予定がある場合は、前もって予約をしてください。

(A) 副詞「事前に」

(B) 副詞「過去に」

(C) 副詞「最後に」

(D) 副詞「しばしば」

選択肢はすべて副詞なので、文意の合うものを選ぶ。(A) を入れると make a reservation beforehand で「事前に予約をする」という意味になり、文意が通る。

128 | □□□ 正解 A | 品詞×語彙

Activepower Publishers uploads all back issues it has published including its latest -------, *In The Sun*, on its Web page.

(A) periodical

(B) period

(C) periodically

(D) periodic

Activepower 出版社は、最新の刊行物である『In The Sun』を含む、これまでに出版したすべての既刊号を、ウェブページにアップロードしています。

(A) 名詞「定期刊行物」

(B) 名詞「期間」

(C) 副詞「定期的に」

(D) 形容詞「定期的な」

空所の前にある including は前置詞で「〜を含めて」という意味。空所直前の latest「最新の」は形容詞なので、空所には名詞が入るとわかる。 (A) と (B) が名詞だが、(A) periodical を入れると「最新の刊行物を含む」という意味になり文意が通る。よって、(A) が正解。

語彙チェック □ upload 〜をアップロードする □ back issue 既刊号

129 | 正解 A | 代／関

Regional managers are given the
discretion to promote or give raises to
------- they think have contributed to
company growth.

(A) those

(B) what

(C) other

(D) them

地域部長には、会社の成長に貢献したと彼らが
考える社員に対し昇進あるいは昇給させる決定
権が与えられています。

(A) 代名詞「〜する人々」

(B) 関係代名詞

(C) 形容詞「他の」

(D) 目的格の代名詞「彼らを」

空所までは「地域部長には、〜に対し昇進あるいは昇給させる決定権が与えられている」とい
う意味。空所には昇進や昇給の対象者となる語が入ると考えられる。those は「〜する人々」
を表す代名詞で、前置詞 to の後に入れると「会社の成長に貢献したと地域部長たちが考え
る人々」という意味となり、文意が通る。よって、正解は (A)。

語彙チェック ☐ give *A* discretion to *do* A に〜する裁量権を与える ☐ raise 昇給

Beacon's Point

文中の those の後には、those (who) they think have contributed…のように、主格の関係
代名詞 who が省略されている。those who「〜する人々」の形でも出題される。また、この
they think は挿入句。

130 | 正解 B | 数

The Alali Fund defines the project topic
very specifically, allowing only a -------
to be eligible for the program.

(A) nothing

(B) few

(C) little

(D) something

Alali 基金ではプロジェクトのトピックを非常に
具体的に定義しており、プログラムの対象となる
のはごく少数に限られています。

(A) 代名詞「何も〜ない」

(B) 代名詞「(a few で) 少数の人、もの」

(C) 代名詞「(a little で) 少しのもの」

(D) 代名詞「何か」

空所の前の冠詞 a に続けることができるのは (B) few もしくは (C) little。ここではカンマの前
の the project topic を指すことができる (B) few が正解。only a few で「ほんの少しだけの人、
もの」という意味を表す。

語彙チェック ☐ be eligible for 〜 〜の資格がある

ここが落とし穴
(C) を選んだ人…only a little 〜で「ほんの少しの〜」という意味を表すが、通例不可算名詞
を修飾する。

TEST 1

TEST 2

TEST 3

TEST 4

TEST 5

TEST 6

TEST 7

TEST 8

TEST 9

TEST 10

Questions 131-134 refer to the following letter.

▶ TRACK_065

Bryce and Opdyke Building Supplies
737 Vandelay Road, Beaumont, IL 61384
Phone: 847-555-6565
www.bryceopdykehs.com

June 8

Paul O'Brien
82 Nutbush Street
Beaumont, IL 61384

Dear Mr. O'Brien:

Our order management software has alerted me that you were overcharged for an order last month. 131.. I 132. calling you to discuss the matter this morning. However, you were unavailable. As this is such a rare occurrence, we do not have an official policy in place to 133. the situation. We could arrange a bank transfer for $270. 134., I can offer you a credit in that amount toward your next bill. Please let me know how you would like to proceed.

Sincerely,
Kate Bishop
Customer Service — Bryce and Opdyke Building Supplies

【和訳】

問題 131-134 は次の手紙に関するものです。

Bryce and Opdyke 建材会社
ヴァンデレー通り 737 番地、ビューモント、IL 61384
電話番号：847-555-6565
www.bryceopdykehs.com

6 月 8 日

Paul O'Brien
ナットブッシュ通り 82 番地
ビューモント、IL 61384

O'Brien 様

当社の注文管理ソフトウェアから、あなたの先月の 1 件のご注文に対し、過剰請求が行われていたとの警告がありました。 *あなたが注文に対して行った修正が、請求書に反映されていなかったのです。この問題について話し合うために、私は今朝あなたに電話をかけました。しかしながらご不在でした。このようなことはめったに起こりませんので、私たちはその状況を是正するための、既存の公式の方針を持っておりません。私たちは 270 ドルを銀行振り込みで手配することができます。そうでなければ、あなたの次回の請求に対して、その金額を充当することもできます。どのように対処されたいかをお知らせください。

敬具

Kate Bishop
カスタマーサービス―Bryce and Opdyke 建材会社

語彙チェック ☐ overcharge ～に通常より高い額を請求する
☐ occurrence （事件などが）起こること、出来事 ☐ in place 機能している
☐ transfer 振り込み

131 | 正解 D | 文挿入

(A) Unfortunately, your home address is the only contact information we have.
(B) I will calculate the exact amount and have it delivered to your office.
(C) The faulty products will be picked up by our driver this afternoon.
(D) An amendment you made to the order was not reflected in the bill.

(A) 残念ながら、あなたの自宅の住所は、私たちが所有している唯一の連絡先情報です。
(B) 私はその正確な金額を計算して、それをあなたの事務所に配達してもらいます。
(C) その欠陥品は今日の午後、私たちの運転手によって回収されます。
(D) あなたが注文に対して行った修正が、請求書に反映されていなかったのです。

空所の前の文では、手紙の受け取り手である O'Brien さんがした注文に関して、余分に請求されていたという内容が伝えられている。選択肢の (D) を入れると、余分に請求された理由を表す内容となり話の流れが自然。よって (D) が正解。

語彙チェック □ calculate 〜を計算する □ faulty 欠陥のある □ amendment 修正

132 | 正解 A | 時制

(A) tried
(B) will try
(C) have been tried
(D) was tried

(A) 動詞 try「〜を試みる」の過去形
(B) 助動詞＋動詞の原形
(C) 現在完了の受動態
(D) 過去形の受動態

空所に適切な述語動詞を入れる。次の文に However, you were unavailable「しかしながら、あなたはご不在でした」とあるので、この手紙の書き手は O'Brien さんにすでに電話をしたということがわかる。よって、過去形の (A) を選ぶ。try *doing* で「試しに〜してみる」という意味になる。

133 | 正解 C | 語彙

(A) determine
(B) offset
(C) rectify
(D) accumulate

(A) 動詞 determine「〜を決める」の原形
(B) 動詞 offset「〜を補う」の原形
(C) 動詞 rectify「〜を是正する」の原形
(D) 動詞 accumulate「〜を蓄積する」の原形

選択肢には動詞の原形が並んでおり、空所の前には to があるため、to 不定詞の形になるとわかる。請求書のエラーを謝罪する文脈の中で、空所を含む一文では、「既存の公式の方針がない」という内容が述べられている。空所に (C) が入ると、to 以下は official policy を修飾し、「その状況を是正するための公式の方針」という意味になるので、文意に合う。

134 | 正解 B | 語彙

(A) Therefore
(B) Otherwise
(C) Accordingly
(D) In contrast

(A) 副詞「それゆえに」
(B) 副詞「そうでなければ」
(C) 副詞「したがって」
(D)「対照的に」

空所以降では、余分に請求された金額を次の請求で充当することもできると述べられている。また、1 つ前の文では、銀行振り込みを手配することもできるとある。つまり、ここでは過剰請求に対処するための 2 つの方法を説明している。よって、(B) が適切。

To: Section Supervisors
From: Gloria Pyke, CEO
Date: March 23

Attention all Section Supervisors:

At yesterday's meeting, some of you mentioned that the yearly entertainment budget was insufficient. 135.. However, such spending must be 136. to the business' financial performance. This morning I spoke with Mr. Townsend in the accounting department. 137. informed me that we can afford to offer each section a 20 percent increase. How these 138. are used is completely at the discretion of each section's supervisor. Nevertheless, I would advise that you plan any events after consulting with your section members.

Gloria Pyke
Pyke Holdings — CEO

【和訳】

問題 135-138 は次のメモに関するものです。

宛先：部門責任者
差出人：Gloria Pyke、最高経営責任者
日付：3 月 23 日

すべての部門責任者宛て

昨日の会議で、あなた方の何人かは、年間の娯楽予算が不十分であると述べました。＊私は従業員の士気のために、社交的な行事が重要であることを理解しています。しかしながら、そのような支出は企業の財政的な業績に釣り合っていなければなりません。今朝私は経理部の **Townsend** さんと話をしました。彼は、それぞれの部門に 20％の増加を提供する余裕があると知らせてくれました。これらの資金がどのように使われるかは、完全に各部門の責任者の自由裁量です。それでも、私はあなた方が部門のメンバーと相談した上で、いかなる行事も計画することを勧めます。

Gloria Pyke
Pyke ホールディングス — 最高経営責任者

語彙チェック □ insufficient 不十分な □ discretion 自由裁量、決定権

TEST 1
TEST 2
TEST 3
TEST 4
TEST 5
TEST 6
TEST 7
TEST 8
TEST 9
TEST 10

135 ☐☐☐ 正解 B 文挿入

(A) We are unable to do anything about this situation.

(B) I understand the importance of social events for employee morale.

(C) You must consult with me before making any entertainment plans.

(D) Only sections that voiced concern will receive any assistance.

(A) 私たちはこの状況に関して何もすることができません。

(B) 私は従業員の士気のために、社交的な行事が重要であることを理解しています。

(C) いかなる娯楽計画を立てる前にも、あなた方は私に相談しなければなりません。

(D) 懸念を表明した部門だけが、何か支援を受けるでしょう。

1文目では、「年間の娯楽予算が不十分であるという意見があった」と述べられている。空所に続く3文目は逆接の however で始まり、「娯楽への支出は業績に釣り合っていなければならない」とあるので、娯楽である social events「社交的な行事」に対するポジティブな内容を表す (B) が空所に入ると文の流れが自然。

語彙チェック ☐ morale 士気 ☐ voice 〜を表明する

136 ☐☐☐ 正解 C 語彙

(A) proportioning

(B) proportion

(C) proportional

(D) proportionally

(A) 動詞 proportion「〜を釣り合わせる」の動名詞・現在分詞

(B) 動詞の原形、名詞「割合」

(C) 形容詞「釣り合った、比例した」

(D) 副詞「釣り合って、比例して」

空所の前には be、後ろには to がある。be proportional to 〜で「〜と釣り合っている」という意味になり、文意にも合うため (C) が正解。(A) は他動詞のため後ろに目的語が必要。

137 ☐☐☐ 正解 A 代／関

(A) He

(B) They

(C) You

(D) It

(A) 主格の代名詞「彼は」

(B) 主格の代名詞「彼らは」

(C) 主格の代名詞「あなた(たち)は」

(D) 主格の代名詞「それは」

選択肢はすべて主格の代名詞で、空所にはこの文の主語にあたる。前の文の Mr. Townsend を指す (A) He が入ると文意に合う。

138 ☐☐☐ 正解 D 語彙

(A) departments

(B) accommodations

(C) commissions

(D) funds

(A) 名詞「部署」の複数形

(B) 名詞「宿泊施設」の複数形

(C) 名詞「委員会」の複数形

(D) 名詞「資金」の複数形

空所は、この文の主語である How these 138. are used「どのようにこれらの〜が使われるか」に含まれる。前文で述べられている各部門への追加の予算を funds「資金」と言い換えた (D) が正解。

To: Wi Ying Wu <wyw@constantineinn.com>
From: Ralph Day <rday@dayplanningco.com>
Date: September 12
Subject: Lost item

Dear Ms. Wu,

Thank you for contacting me about the glasses found in the guest room 139.
by members of my group on September 10. I have sent an e-mail to the people
involved with the 140.. Unfortunately, 141. have gotten back to me about the lost
property. I suspect that the glasses may have been left in the room by a previous
guest. If you believe that that is unlikely, you can send them to me at 12 Brookshire
Road, Hornby. 142..

Finally, I would like to take this opportunity to thank the staff at Constantine Inn for
their wonderful hospitality. You helped make the convention a resounding success.

Sincerely,
Ralph Day

【和訳】

問題 139-142 は次の E メールに関するものです。

受信者：Wi Ying Wu <wyw@constantineinn.com>
送信者：Ralph Day <rday@dayplanningco.com>
日付：9 月 12 日
件名：遺失物

Wu 様

9 月 10 日に私の団体のメンバーによって使われていた客室で発見された眼鏡について、ご連絡くださ
りありがとうございます。私は会議に参加した人たちに E メールを送りました。残念ながら、その忘れ
物について、誰も私に返信しておりません。その眼鏡は私たちより前のお客様によって、その部屋に置
き忘れられたのではないかと思っております。もしその可能性が低いと思われる場合は、Brookshire 通
り 12 番地、Hornby の私宛てに、それを送っていただくことが可能です。＊誰かが突然それを置き忘れ
たことを思い出すといけないので、私はそれをこちらで保管しておきます。

最後になりましたが、この機会に、私は素晴らしいおもてなしの精神に対して Constantine ホテルのスタッ
フの皆様にお礼を申し上げます。皆様方のおかげで、会議は顕著な成功を収めました。

敬具
Ralph Day

語彙チェック ☐ property 所有物 ☐ unlikely ありそうもない ☐ hospitality おもてなし
☐ resounding 顕著な

TEST 1
TEST 2
TEST 3
TEST 4
TEST 5
TEST 6
TEST 7
TEST 8
TEST 9
TEST 10

139 　　　 正解 A 　　品詞

(A) occupied
(B) occupation
(C) occupant
(D) occupying

(A) 形容詞「使用された」
(B) 名詞「占拠」
(C) 名詞「占有者」
(D) 動詞 occupy「〜を使用する、占拠する」の動名詞・現在分詞

空所の前には the guest room という名詞句があり、後ろには by members of my group と続いている。the guest room を後ろから修飾する (A) occupied が適切。

Beacon's Point

occupy は「〜を占有する」という意味のほか、「〜を使用する」という意味でも使われ、特に受け身の形で使われることが多い。Part 1 でもよく出てくる表現だ。

140 　　　 正解 D 　　語彙

(A) training
(B) interview
(C) contest
(D) conference

(A) 名詞「研修」
(B) 名詞「面接」
(C) 名詞「コンテスト」
(D) 名詞「会議」

空所のある文では、involved 以降が the people を修飾しており、the people involved with the 140.「〜に参加した人たち」となる。第 2 段落の最終文より、書き手は the convention「会議」の運営のためにこのホテルに滞在していたことがわかるので、これを言い換えた (D) conference が正解。

141 　　　 正解 B 　　代／関

(A) few
(B) none
(C) some
(D) many

(A) 代名詞「ほとんど〜ない」
(B) 代名詞「誰も〜ない」
(C) 代名詞「何人かの人」
(D) 代名詞「多くの人」

前の文には Day が参加者にメールを送ったとあるが、それまでの内容より、忘れ物の眼鏡に心当たりがあるかを聞いたと考えられる。また、空所を含む文の次の文で、「眼鏡は私たちより前のお客様によって、部屋に置き忘れられたのではないか」と述べている。よって、(B) none を入れて、「誰も返信していない」という意味にするのが適切。

142 　　　 正解 C 　　文挿入

(A) I will forward them to the guests when they get back from their trip.
(B) We will be staying here until the construction work is over.
(C) I will keep them here in case someone suddenly remembers leaving them behind.
(D) Guests will be glad to know that they have been found.

(A) 旅行から戻ったときに、それをそのお客様にお送りします。
(B) その建設工事が終わるまで、私たちはここに滞在する予定です。
(C) 誰かが突然それを置き忘れたことを思い出すといけないので、私はそれをこちらで保管しておきます。
(D) お客様はそれが見つかったと知って喜ぶでしょう。

第 1 段落 4、5 文目より、以前の客の忘れ物という可能性がないようなら、その眼鏡を自分のところに送るようにと Day は伝えている。よって、そうする理由を述べている (C) が最も自然。

語彙チェック □ forward 〜を送る □ in case 〜だといけないから

Local Company Receives National Recognition
by Con Carpenter

10 September—A Strathpine company 143. with this year's Community Service Award from the Association for Ethical Business and Industry (AEBI). Cleese Construction CEO, Tennyson Cleese, accepted the award 144. behalf of the entire company at a ceremony at the Pellegrino Hotel in Melbourne. Cleese had been contracted to develop some land on Freeman Street for a much-needed community center here in Strathpine. During a survey, workers discovered a rare species of bird on the land. Cleese Construction immediately alerted 145. groups. 146.. With no other suitable locations available, Cleese Construction donated some of its own land for the project.

【和訳】

問題 143-146 は次の記事に関するものです。

地元企業、全国的な認知を得る
Con Carpenter

9 月 10 日—Strathpine のある企業が、倫理的な企業と産業の協会 (AEBI) から、今年のコミュニティサービス賞を授与された。Cleese 建設の最高経営責任者である Tennyson Cleese は、メルボルンにある Pellegrino ホテルでの式典にて、企業全体の代表としてその賞を受賞した。Cleese は、ここ Strathpine で待ち望まれていたコミュニティセンターのために、Freeman 通りにある土地を開発することを請け負っていた。調査の間に、作業員たちがその土地で珍しい種の鳥を発見した。Cleese 建設はすぐに環境保護団体に伝えた。*議会は建設を中止させることを強いられた。他に利用可能な、適した場所がないので、Cleese 建設はそのプロジェクトのために自身の土地の一部を寄付した。

語彙チェック　□ contract to ~　~することを請け負う　□ much-needed　待望の

TEST 1
TEST 2
TEST 3
TEST 4
TEST 5
TEST 6
7
TEST 8
TEST 9
TEST 10

143 　　　正解 B　　動詞の態×時制

(A) will be presented
(B) was presented
(C) presented
(D) has been presenting

(A) 助動詞＋動詞 present「～を授与する」の受動態
(B) 過去形の受動態
(C) 過去形・過去分詞
(D) 現在完了進行形

空所に入るのはこの文の述語動詞。空所の後の with には賞の名前が続いており、主語は賞を受け取る側の a Strathpine company「Strathpine の企業」なので、述語動詞は受動態にするのが適切。以降では過去形が使われていることから、賞を授与されたのは過去のことだとわかる。よって、(B) が正解。

144 　　　正解 C　　慣用表現

(A) in
(B) for
(C) on
(D) to

(A) 前置詞「～の中に」
(B) 前置詞「～のために」
(C) 前置詞「～の上に」
(D) 前置詞「～へ」

空所の後には behalf of と続いている。空所に (C) が入ると、on behalf of ～で「～の代表として」という表現になる。on behalf of the entire company「企業全体の代表として」という意味になり文意にも合うので、(C) が正解。

145 　　　正解 D　　語彙

(A) enthusiast
(B) gardening
(C) financial
(D) environmental

(A) 名詞「熱心な人」
(B) 名詞「園芸」
(C) 形容詞「財務上の」
(D) 形容詞「環境保護の」

空所の前には動詞 alert「～に知らせる」があるので、続く 145. groups「～団体」が目的語となる。1つ前の文では、珍しい種の鳥を発見したことが述べられているので、空所に (D) を入れて environmental groups「環境保護団体」とすると意味が通る。

146 　　　正解 A　　文挿入

(A) The council was forced to halt construction.
(B) This enabled the work to start early.
(C) The Pellegrino Hotel was relocated to a safe area.
(D) A local resident complained to the council.

(A) 議会は建設を中止させることを強いられた。
(B) これにより、その作業を早く始めることができた。
(C) Pellegrino ホテルは安全な地域に移動させられた。
(D) ある地域住民は、議会に苦情を入れた。

空所の前では、開発予定の土地で珍しい種の鳥が発見され、それが環境保護団体に報告されたことが述べられている。空所の後には、With no other suitable locations available「他に利用可能な、適した場所がないので」とあり、代わりに自身の土地の一部を寄付したとあるので、鳥の発見により建設の中止が検討されたと考えられる。よって、(A) が正解。

語彙チェック　□ halt　～を中止させる

TEST 3

解答&解説

TEST 3 正解一覧

Part 5

問題番号	正解	1 2 3		問題番号	正解	1 2 3
101	D	☐☐☐		116	B	☐☐☐
102	B	☐☐☐		117	A	☐☐☐
103	D	☐☐☐		118	C	☐☐☐
104	B	☐☐☐		119	B	☐☐☐
105	D	☐☐☐		120	B	☐☐☐
106	C	☐☐☐		121	D	☐☐☐
107	B	☐☐☐		122	C	☐☐☐
108	C	☐☐☐		123	B	☐☐☐
109	B	☐☐☐		124	D	☐☐☐
110	B	☐☐☐		125	D	☐☐☐
111	C	☐☐☐		126	B	☐☐☐
112	B	☐☐☐		127	C	☐☐☐
113	B	☐☐☐		128	B	☐☐☐
114	B	☐☐☐		129	A	☐☐☐
115	A	☐☐☐		130	C	☐☐☐

Part 6

問題番号	正解	1 2 3		問題番号	正解	1 2 3
131	C	☐☐☐		139	B	☐☐☐
132	A	☐☐☐		140	D	☐☐☐
133	C	☐☐☐		141	A	☐☐☐
134	C	☐☐☐		142	B	☐☐☐
135	C	☐☐☐		143	C	☐☐☐
136	B	☐☐☐		144	A	☐☐☐
137	B	☐☐☐		145	C	☐☐☐
138	C	☐☐☐		146	B	☐☐☐

Part 5 ▶TRACK_069

| 101 | □□□ | 正解 D | 準動詞 |

------- to this e-mail is our company leaflet which outlines the range of services we offer.

(A) Attachment
(B) Attach
(C) Attaching
(D) Attached

(A) 名詞「取り付け」
(B) 動詞 attach「〜を添付する」の原形
(C) 動名詞・現在分詞
(D) 過去分詞

このEメールに添付されているのは当社が提供するサービスの範囲を概説したパンフレットです。

主語と補語が倒置されていることを見抜くことがポイント。ここでは is が述語動詞、それ以降の部分が主語にあたる。空所は補語となる形容詞句になるため、正解は (C) か (D) に絞られる。パンフレットは「添付される」ものなので、正解は過去分詞の (D)。

語彙チェック □ outline 〜を概説する

▶TRACK_070

| 102 | □□□ | 正解 B | 品詞×語法 |

Anderson & Associates is seeking an experienced corporate attorney with ------- in license agreement and company merger.

(A) expert
(B) expertise
(C) most expert
(D) expertly

(A) 名詞「専門家」
(B) 名詞「専門知識」
(C) 形容詞 expert「熟練した」の最上級
(D) 副詞「専門的に」

Anderson & Associates はライセンス契約や企業合併の専門知識を有する、熟練の企業弁護士を探しています。

選択肢に異なる品詞が並ぶ品詞問題。空所は前置詞 with と in に挟まれている。この位置に入ることができるのは名詞であり、空所の前に冠詞などがないことから不可算名詞が入るとわかる。よって、正解は (B)。with expertise in 〜で「〜の専門知識を持った」という意味。

ここが落とし穴
(A) を選んだ人… expert は可算名詞なので、空所の前に冠詞が必要。

TEST 1
TEST 2
TEST 3
TEST 4
TEST 5
TEST 6
TEST 7
TEST 8
TEST 9
TEST 10

⏵ TRACK_071

| 103 | □□□ | 正解 D | 品詞×語法 |

The customer support team of Printerstech Ltd. has drawn up ------- for dealing with the various issues that users report.

(A) guide

(B) guideline

(C) guiding

(D) guidelines

Printerstech 有限会社の顧客サポートチームは、ユーザーが報告する様々な問題に対処するための指針をたてました。

(A) 名詞「案内人、ガイド」

(B) 名詞「指針」

(C) 形容詞「指導的役割を果たす」

(D) 名詞の複数形

選択肢に異なる品詞が並ぶ。空所は動詞句 drawn up と前置詞 for に挟まれていることから、drawn up の目的語になる名詞が入るとわかる。空所前には冠詞がないことから、複数形の (D) が正解。

語彙チェック □ draw up 〜　（文書・リストなど）を作成する

⏵ TRACK_072

| 104 | □□□ | 正解 B | 語彙 |

As a professional driver, it is important to drive with care so that all parcels can be delivered -------.

(A) complete

(B) intact

(C) neat

(D) usable

プロのドライバーとして、すべての荷物が無傷で配達されるよう注意して運転することが重要です。

(A) 形容詞「完全な」

(B) 形容詞「無傷の」

(C) 形容詞「きちんとした」

(D) 形容詞「使用できる」

選択肢はすべて形容詞。so that 以降の節は all parcels が主語、can be delivered が動詞。空所には補語のような働きをし、文意に合う (B) intact「無傷の」を入れるのが適切。この形容詞 intact は、deliver「届ける」という動作をした後に、荷物がどのような状態であるかを説明する補語のような働きをしている。deliver O intact で「O を無傷の状態で届ける」という意味。

| 105 | □□□ | 正解 D | 品詞×慣用表現 |

Ms. Richmond has been in ------- with New Tech for over a month about the matter concerning the new accounting software.

(A) corresponding

(B) corresponded

(C) correspondent

(D) correspondence

Richmond さんは新たな会計ソフトに関する件について、New Tech と 1 か月以上にわたって連絡を取っています。

(A) 形容詞「一致する」

(B) 動詞 correspond「一致する」の過去形・過去分詞

(C) 名詞「特派員」

(D) 名詞「通信、文通」

空所は前置詞 in と with に挟まれている。この位置に入ることができるのは名詞であり、かつ in correspondence with ～で「～と連絡を取っている」という意味になる (D) が正解。

語彙チェック □ concerning　～に関する

| 106 | □□□ | 正解 C | 品詞 |

Enlarged ------- a decade ago, Hattingson Hotel accommodates the largest number of guests among all the hotels in the city.

(A) considerable

(B) considerate

(C) considerably

(D) considering

10 年前に大幅に増築され、Hattingson ホテルは市内のホテルの中で最も多くの宿泊客を収容します。

(A) 形容詞「かなりの」

(B) 形容詞「思いやりのある」

(C) 副詞「かなり、大幅に」

(D) 前置詞「～を考慮すると」

空所は分詞構文内に含まれている。冒頭の Enlarged は動詞 enlarge の過去分詞であり、かつ空所直後の a decade ago は副詞句であることから、4 つの選択肢のうち、この位置に入ることができるのは副詞の (C) のみ。

語彙チェック □ enlarge　～を大きくする、増築する

107 □□□ 正解 B 前 vs 接

------- his image projected on the large screen behind him, Moscow's new mayor delivered his opening address.

(A) While
(B) With
(C) As
(D) For

背後の大スクリーンに映し出された彼自身の映像を背景に、モスクワの新市長は開会の挨拶を行いました。

(A) 接続詞「〜の間に」
(B) 前置詞「〜で」
(C) 接続詞「〜なので」
(D) 前置詞「〜のために」

選択肢には接続詞と前置詞が並ぶ。空所後が〈名詞句＋過去分詞句〉の形になっている。〈with ＋名詞句＋分詞〉で「〜が…の状態で」という付帯状況を表す (B) が正解。

語彙チェック □ deliver （演説・講演など）をする □ address 挨拶

🖉 ここが落とし穴

(A) を選んだ人… 空所からカンマまでが名詞節であることに注意。his image was projected …であれば正解だった。

108 □□□ 正解 C 前置詞×語法

The customer survey conducted last month revealed that most of our clients agreed ------- our policy that ameliorates environmental friendliness.

(A) for
(B) with
(C) to
(D) as to

先月実施された顧客調査は、お客様のほとんどが環境への配慮を高める当社の方針に賛成しているということを明らかにしました。

(A) 前置詞「〜のために」
(B) 前置詞「〜と一緒に」
(C) 前置詞「〜に」
(D)「〜について」

選択肢には前置詞が並ぶ。空所直前の自動詞 agree の用法がポイント。文意より、agree to 〜で「〜に賛成する」という意味になる (C) が正解。

語彙チェック □ ameliorate 〜を改良する

Beacon's Point

後ろに続く前置詞ごとに、agree の意味を整理しておこう。まず本問題で出題された agree to 〜は、「（提案・要請など）に賛成する」という意味。一方、agree with 〜は〈人〉を目的語にとって、「（人）と意見が一致する」という意味になる。また、agree as to 〜や agree on 〜は「〜に意見がまとまる」という意味。

| 109 | □□□ | 正解 B | 準動詞 |

Mr. Huang encouraged every sales representative in his section to strive ------- the sales quota for the month.

(A) meets

(B) to meet

(C) meeting

(D) to be met

Huang さんは彼の課のすべての営業担当者に、その月の販売ノルマを達成しようと努力するよう励ましました。

(A) 動詞 meet「〜を達成する」の三人称単数現在形

(B) to 不定詞

(C) 動名詞・現在分詞

(D) to 不定詞の受動態

空所直前の strive は to 不定詞をとる動詞で、strive to *do* で「〜しようと努力する」という意味になる。また、選択肢の meet は他動詞であり、空所直後に目的語である名詞句が続くことから、能動態の (B) が正解。

語彙チェック □ sales quota　販売ノルマ

| 110 | □□□ | 正解 B | 時制 |

As soon as the chairperson -------, the weekly follow-up meeting started.

(A) would arrive

(B) arrived

(C) has arrived

(D) would have arrived

議長が到着するとすぐに、週に一回のフォローアップ会議が始まりました。

(A) 助動詞＋動詞 arrive「到着する」の原形

(B) 過去形

(C) 現在完了

(D) 助動詞＋現在完了

選択肢には動詞 arrive の変化形が並ぶ。空所は接続詞 as soon as の節の述語動詞にあたる。主節の述語動詞の時制が過去形になっていることと文意により、正解は過去形の (B)。

| 111 | | | | 正解 C | 前 vs 接 |

At the last phase of hiring process, the company manager Noriko Ishida herself interviews the applicants ------- her hectic schedule.

採用プロセスの最終段階で、会社の経営者である Noriko Ishida 彼女自身が多忙なスケジュールにもかかわらず応募者の面接を行います。

(A) unless

(B) except

(C) despite

(D) aside from

(A) 接続詞「〜しない限り」

(B) 前置詞「〜を除いて」

(C) 前置詞「〜にもかかわらず」

(D)「〜は別として」

選択肢には接続詞と前置詞のはたらきをする語が並ぶ。空所後には名詞句 her hectic schedule が続くので、空所には前置詞が入るとわかる。文意より、「多忙なスケジュールにもかかわらず」という意味になる (C) が正解。

語彙チェック □ hectic たいへん忙しい

| 112 | | | | 正解 B | 前 vs 接 |

------- the strong objection to the project by some executives, it was surprising that the CEO of Fine Tech endorsed it.

何人かの重役によるそのプロジェクトへの強い反対を考慮すると、Fine Tech の最高経営責任者がそれを支持したのは驚きでした。

(A) Although

(B) Given

(C) Since

(D) Upon

(A) 接続詞「〜だが」

(B) 前置詞「〜を考慮すると」

(C) 接続詞「〜なので」

(D) 前置詞「〜の上に」

選択肢には接続詞と前置詞が並ぶ。空所後から主節前のカンマまでに S＋V の形は含まれていないので、空所には前置詞が入るとわかる。文意より、(B) が正解。

語彙チェック □ endorse 〜を支持する

Beacon's Point

「〜を考慮すると」という意味の given は、前置詞だけでなく接続詞として使われることもある。接続詞として使われる場合は、後ろに that 節を伴って given that 〜となる。どちらの形も TOEIC に出るので覚えておこう！

113 　　　 正解 B 　　 品詞

The newsletter reports Leaf Line Bank finally gave consent to ------- the building of the new factory in Devons.

(A) be financed

(B) finance

(C) financially

(D) financial

Leaf Line 銀行がついに Devons の新しい工場の建設に融資することに合意したと新聞で報じられています。

(A) 動詞 finance「～に融資する」の受動態

(B) 動詞の原形

(C) 副詞「財政的に」

(D) 形容詞「財政上の」

空所前の consent は後ろに前置詞 to と to 不定詞のどちらも続けることができるが、空所の直後に名詞句がすでにあることから、この to は to 不定詞句をつくると判断する。よって、後ろに目的語をとる他動詞の能動態の (B) が正解。

> **Beacon's Point**
>
> finance は、名詞のイメージが強いので、動詞の原形であると気が付きにくかったかもしれない。名詞と動詞の原形が同じ形の単語は、ほかにも以下のようなものがある。
>
> book「(動)～を予約する」／「(名)本」
> cost「(動)～がかかる」／「(名)価格」
> supply「(動)～を提供する」／「(名)供給」
> season「(動)味付けする」／「(名)季節」

114 　　　 正解 B 　　 前置詞

Just a few months into letting their staff work from home ------- the Internet, Campbill Technologies saw productivity increase by 30 percent.

(A) into

(B) over

(C) during

(D) of

インターネットによって社員に在宅勤務をすることを許可してからわずか数か月で、Campbill Technologies は生産性の 30 パーセント向上を経験しました。

(A) 前置詞「～の中へ」

(B) 前置詞「～によって」

(C) 前置詞「～の間」

(D) 前置詞「～の」

選択肢はすべて前置詞。空所は冒頭からカンマの前までの名詞句内に含まれており、空所前は work from home「在宅勤務をする」という内容が述べられている。よって、手段を表す前置詞 over を入れ、在宅勤務をする手段を提示する流れにすると文意が通る。正解は (B)。

115 □□□ 正解 A 代／関

This seminar on accounting software was planned to spread ------- uses in medium-sized businesses.

(A) its

(B) this

(C) which

(D) it

経理ソフトについての本セミナーは、そのソフトの中規模の会社での使用を普及させるために計画されました。

(A) 所有格の代名詞「その」

(B) 指示代名詞「この」

(C) 主格・目的格の関係代名詞

(D) 主格の代名詞「それは」

空所直後の uses が名詞であることがポイント。空所直前の spread は他動詞であり、空所は uses とセットで他動詞の目的語になると考えられることから、accounting software を指す所有格の代名詞 (A) が正解。

116 □□□ 正解 B 数

Taking account of the delivery schedule, the procurement manager opted for Moon Precision over ------- potential supplier.

(A) other

(B) the other

(C) the others

(D) those

配送スケジュールを考慮して、購買部長はもう一方の候補の納入業者ではなく、Moon Precision を選びました。

(A) 形容詞「その他の」

(B)「もう一方の」

(C)「それ以外の人[もの]」

(D) 指示代名詞「それらの」

空所後の名詞 supplier が可算名詞の単数形であることがポイント。可算名詞の単数形を修飾することができ、かつ「Moon Precision と比較される納入業者」という文意に適するのは (B) のみ。

語彙チェック □ take account of ～ 　～を考慮に入れる　□ procurement 　仕入れ、購買
□ opt for ～ 　～を選ぶ

⚡ここが落とし穴

(A) を選んだ人… other は「他のもの」という意味の代名詞用法と、「その他の」という意味の形容詞用法を持つ。どちらの用法でも 3 つ以上の人や物に対して用いるため、形容詞用法で使われる場合、修飾できるのは可算名詞の複数形である。

(C) を選んだ人… the others には代名詞用法しかないため、後ろに名詞句は続かない。

117
□□□ 正解 **A** 代／関

Lomnie Partners provides express printing service ------- clients are able to receive their printed products on the same day.

Lomnie Partners は、顧客が印刷物を即日受け取ることのできる速達印刷サービスを提供しています。

(A) in which

(B) when

(C) that

(D) while

(A) 前置詞「〜の中に」＋目的格の関係代名詞

(B) 関係副詞

(C) 主格・目的格の関係代名詞

(D) 接続詞「〜している間に」

空所前の節は「Lomnie Partners が速達印刷サービスを提供している」という内容。空所に (A) in which を入れると、空所以降の節は express printing service を先行詞とする関係代名詞節となり、文意が通る。よって、(A) が正解。

118
□□□ 正解 **C** 語法

It has ------- to be decided who is going to be the head designer in L&M Design Studio.

誰が L&M デザインスタジオのデザイナー長になるかはまだ決まっていません。

(A) not

(B) else

(C) yet

(D) each

(A) 副詞「〜でない」

(B) 副詞「そのほかに」

(C) 副詞「まだ」

(D) 副詞「それぞれ」

空所の前後に注目。空所の前には has があり、後ろには to be decided と to 不定詞が続いている。have yet to *do* で「まだ〜していない」という意味になる (C) が正解。

| 119 | □ □ □ | 正解 B | 品詞 |

Truda's Cooking Recipes makes it possible to cook various dishes from around the world with ------- available ingredients.

(A) ready
(B) readily
(C) readier
(D) readiness

Truda's Cooking Recipes は、すぐに手に入る材料で世界中の様々な料理を作ることを可能にします。

(A) 形容詞「準備ができた」
(B) 副詞「すぐに」
(C) 形容詞の比較級
(D) 名詞「準備ができていること」

空所は前置詞 with に続く名詞句内にある。直後には available という形容詞が続いており、available ingredients で「手に入る材料」という意味になる。よって、形容詞 available を修飾することができる副詞の (B) が正解。

| 120 | □ □ □ | 正解 B | 語彙 |

When purchasing a mobile phone from PT&T Communications, customers can pay for it in monthly -------.

(A) prospectus
(B) installments
(C) allowance
(D) vouchers

PT&T Communications から携帯電話を購入する場合、お客様はそれを月賦で払うことができます。

(A) 名詞「案内書」
(B) 名詞「分割払い」の複数形
(C) 名詞「手当」
(D) 名詞「割引券」の複数形

選択肢はすべて名詞。この文では携帯電話を購入する際の支払い方法について述べられている。in monthly installments で「月々の分割払いで、月賦で」という意味になる (B) が正解。

121 □□□ 正解 D 語彙

The first session of New Employee Training is about the importance of keeping your supervisor -------.

(A) woken

(B) tumbled

(C) identified

(D) informed

新入社員研修の第1回は上司に逐次報告をすることの大切さについてです。

(A) 動詞 wake「～を目覚めさせる」の過去分詞

(B) 動詞 tumble「～をひっくり返す」の過去分詞

(C) 動詞 identify「～を確認する」の過去分詞

(D) 動詞 inform「～に知らせる」の過去分詞

選択肢はすべて動詞の過去分詞。空所は keep O C「O を C のままにする」という句に含まれていることがポイント。New Employee Training「新入社員研修」の内容として適切な文意を形成するのは (D)。

122 □□□ 正解 C 語彙×慣用表現

Alamo Grocery will be closed October 19 to 20 to take -------.

(A) merchandise

(B) product

(C) inventory

(D) shelf

Alamo 食料品店は棚卸しのために 10 月 19 日から 20 日の間閉店します。

(A) 名詞「商品」

(B) 名詞「製品」

(C) 名詞「棚卸し」

(D) 名詞「棚」

選択肢はすべて名詞。空所は to 不定詞句内に含まれており、他動詞 take の目的語となる。この to 不定詞句は副詞用法で、「～するために」という理由を表している。お店が一時的に閉まる理由として、take inventory で「棚卸しをする」という意味になる (C) を入れると文意が通る。よって、(C) が正解。

123 | ☐☐☐ 正解 B | 品詞×慣用表現

To apply for the apprentice position of Managing Editor, you need to submit a ------- letter written by the former supervisor.

編集長見習いの職位に応募するためには、前職の上司からの推薦状を提出する必要があります。

(A) recommends
(B) recommendation
(C) recommended
(D) recommending

(A) 動詞 recommend「〜を推奨する」の三人称単数現在形
(B) 名詞「推薦」
(C) 過去形・過去分詞
(D) 動名詞・現在分詞

選択肢に異なる品詞が並ぶ品詞問題。空所直前には冠詞の a があり、直後には名詞 letter が続く。recommendation letter で「推薦状」という意味の表現になる (B) が正解。

語彙チェック ☐ apprentice 見習い

124 | ☐☐☐ 正解 D | 語彙

Benfif Railway fares have remained ------- for 10 years, making it the most inexpensive means of public transportation in Chouperk.

Benfif 鉄道は 10 年間料金が変わっておらず、Chouperk における公共交通機関の最も費用のかからない手段となっています。

(A) incompatible
(B) explicit
(C) inaugural
(D) unchanged

(A) 形容詞「両立しない」
(B) 形容詞「明白な」
(C) 形容詞「最初の、開会の」
(D) 形容詞「変化していない」

空所は remained の直後にあり、選択肢はすべて形容詞なので、「〜のままである」という意味を表す〈remain ＋形容詞〉の形で文意に合うものを選ぶ。空所に (D) unchanged を入れると、主節は「Benfif 鉄道の料金は 10 年間変わっていない」という意味になり、カンマ以降の分詞構文の内容とも合う。よって、(D) が正解。

語彙チェック ☐ means 手段

| 125 | □□□ | 正解 D | 品詞 |

The latest model of Kazama Motorcycle is ------- to the ones with higher prices in terms of quality.

Kazama Motorcycle の最新モデルは、より高価格帯のものに品質面で匹敵します。

(A) comparisons

(B) comparing

(C) compared

(D) comparable

(A) 名詞「比較」

(B) 動詞 compare「〜を比較する」の動名詞・現在分詞

(C) 過去形・過去分詞

(D) 形容詞「匹敵する」

空所直後の前置詞 to に注目。問題文には The latest model of Kazama Motorcycle「Kazama Motorcycle の最新モデル」と the ones with higher prices「より高価格帯のもの」というように、異なるモデルが登場するため、これらを比較する内容になると考えられる。comparable to 〜で「〜に匹敵する」という意味になる (D) を入れると文意が通る。

語彙チェック □ in terms of 〜 〜の点から

| 126 | □□□ | 正解 B | 代／関 |

------- has qualified for the job so far, so we will keep posting the job advertisement next week.

今までのところ、誰もその職に適任でなかったので、来週も求人広告を掲載し続けます。

(A) All

(B) No one

(C) Those who

(D) The one

(A) 代名詞「すべての人々」

(B) 「誰も〜ない」

(C) 「〜する人々」

(D) 「その人」

カンマの直後に接続詞 so があるため、カンマ以前は S + V の形をとる節であることと、その節の内容はカンマ以降の内容の理由を表すものであることがわかる。空所部分は前半の節の主語にあたるが、後半の節で「来週も求人広告を掲載し続ける」とあるので、文意より (B) No one「誰も〜ない」を入れるのが適切。

語彙チェック □ qualify for 〜 〜に適任である □ so far 今までのところでは

| 127 | □□□ | 正解 C | 動詞の態×時制 |

Delegates from 20 different countries ------- in the International Marine Conservation Congress which is going to be held this summer.

(A) was assembled

(B) assemble

(C) will be assembled

(D) is assembling

今年の夏に開催される国際海洋保全会議には、20 の異なる国からの代表が召集されます。

(A) 動詞 assemble「〜を集める」の過去形の受動態

(B) 動詞の原形

(C) 助動詞 + 受動態

(D) 現在進行形

選択肢には動詞 assemble の変化形が並ぶ。assemble は「〜を集める」という意味の他動詞。他動詞は後ろに目的語をとるが、問題文では空所の後ろに目的語はないため、assemble は受動態で使われていると推測できる。また、関係代名詞 which 節により、会議は未来の出来事だとわかる。よって、未来を表す時制で、かつ受動態の (C) が正解。

語彙チェック □ delegate 代表

| 128 | □□□ | 正解 B | 語彙 |

Although visitors to the Universe and Astronomy Museum have to pay for the special exhibition, admission to the ------- exhibition is free.

(A) usual

(B) permanent

(C) common

(D) established

Universe and Astronomy 博物館への来館者は特別展にお金を払わなければなりませんが、常設展の入場は無料です。

(A) 形容詞「いつもの」

(B) 形容詞「常設の」

(C) 形容詞「共通の」

(D) 形容詞「認められた」

選択肢はすべて形容詞。空所直後の名詞 exhibition を修飾するのに適したものを選ぶ。Although「〜だが」に導かれる譲歩節に注目。節の最後に special exhibition「特別展」とあり、文意からこれが空所部分と対照になっていると推測できる。よって、permanent exhibition で「常設展」という意味になる (B) が正解。

語彙チェック □ special exhibition 特別展

129 ☐☐☐ 正解 A 語彙

Due to the inclement weather forecast, Westwood Company's ------- scheduled for next week has been postponed.

(A) outing

(B) audit

(C) intermission

(D) patronage

悪天候の予報のため、来週に予定されていた Westwood 社の遠足は延期されました。

(A) 名詞「遠足」

(B) 名詞「会計検査、監査」

(C) 名詞「中断」

(D) 名詞「ひいき、愛顧」

選択肢はすべて名詞。空所は主節の主語に含まれ、述語動詞は has been postponed「延期された」である。冒頭に Due to the inclement weather forecast「悪天候の予報のため」とあることから (A) が正解。

語彙チェック ☐ inclement 荒天の ☐ scheduled for ～ ～に予定されている

130 ☐☐☐ 正解 C 語彙×語法

A mechanic from Lindon Electronics Service inspected all screws to make sure that they were securely fastened, as they sometimes ------- themselves loose.

(A) play

(B) fix

(C) work

(D) hold

ネジが時折緩むことがあるので、Lindon Electronics Service の機械工はすべてのネジがしっかりと締められているかを確認するために、それらを注意深く点検しました。

(A) 動詞 play「～をする」の現在形

(B) 動詞 fix「～を固定する」の現在形

(C) 動詞 work「働かせて～にする」の現在形

(D) 動詞 hold「～を支える」の現在形

選択肢はすべて動詞。空所は理由を表す接続詞 as 節内にあり、同節内の主語 they は主節の all screws を指す。「ネジを注意深く点検する」理由を述べている節であるということと、空所後の形より SVOC の語法をとることのできる動詞が入るとわかることから、work O C で「O を働かせて～にする」という意味になる (C) が正解。

語彙チェック ☐ screw ネジ ☐ make sure ～ ～を確認する ☐ loose 緩んだ

Questions 131-134 refer to the following letter.

TRACK_099

Mayor Robert Smith
120 Municipal Street
Mount Hawk, RB11923

Dear Mayor Smith,

I am sending this letter on behalf of our neighborhood to request more streetlamps 131. on Gleenleaves Street. The street is dimly lit at night, posing a hazard to vehicles and pedestrians alike. More streetlights do help to prevent accidents that might occur at night and ensure residents' safety. They will also 132. the shops along the street which are now closed as soon as it gets dark. I believe more stores will remain open and people will enjoy shopping after dark if the street is sufficiently illuminated.

A number of 133. in this neighborhood unanimously support me in this earnest petition. 134.. However, in light of numerous residents using this street daily, please review this matter for the safety and happiness of your citizens.

Thank you.

Sincerely,
Tom Sanchez

【和訳】

問題 131-134 は次の手紙に関するものです。

Robert Smith 市長様
市道 120 番地
Mount Hawk、RB11923

Smith 市長様

私の近隣の人たちを代表して、Gleenleaves 通りにより多くの街灯を設置することをお願いするためにこの手紙をお送りしています。夜、この通りは薄暗い明かりが灯っていて車両にも歩行者にも危険です。より多くの街灯は、夜間に起こるかもしれない事故を防ぐ手助けになり、住民の安全を確保します。また、今は暗くなるとすぐに閉まる通り沿いの店に活力を与えることにもなります。この通りが十分に明るくなれば、日が暮れてもより多くの店が開いていて、人々は買い物を楽しむようになると思います。

この重大な請願に関して、この地域の多くの住民が満場一致で私を支援してくれています。＊我々は市が限られた予算しかないということは理解しております。しかし、この通りを毎日利用している多くの住民を考慮して、どうか住民の安全と幸せのためにこの問題を検討してください。

ありがとうございます。

敬具
Tom Sanchez

語彙チェック □ dimly 薄暗く □ lit 照らされた □ hazard 危険 □ unanimously 満場一致で
□ earnest 重大な □ petition 請願 □ in light of ～ ～を考慮して

131 | 正解 C | 準動詞

(A) installs
(B) installing
(C) installed
(D) installation

(A) 動詞 install「～を設置する」の三人称単数現在形
(B) 動名詞・現在分詞
(C) 過去分詞
(D) 名詞「設置」

空所の文では、手紙の書き手である Sanchez さんは近隣の人たちを代表してこの手紙を送っていることを伝えており、to 以下でその目的を述べている。目的は request more streetlamps「より多くの街灯を要求する」ことで、空所以下は streetlamps を後ろから修飾している。街灯は設置されるものなので、空所には過去分詞の (C) を入れる。

132 | 正解 A | 語彙

(A) revitalize
(B) demolish
(C) decorate
(D) transfer

(A) 動詞「～に活力を与える」の原形
(B) 動詞「～を破壊する」の原形
(C) 動詞「～を装飾する」の原形
(D) 動詞「～を移動させる」の原形

They will also に続く空所には動詞が入り、They は前の文の more streetlights を指す。次の文では、「通りが十分に明るくなれば暗くなった後もお店が開いていて、人々も買い物を楽しむ」といった話をしているので、(A) revitalize が空所に入ると、「より多くの街灯が通り沿いのお店に活力を与える」という意味になり文意が通る。

133 | 正解 C | 語法

(A) inhabitable
(B) inhabitant
(C) inhabitants
(D) inhabit

(A) 形容詞「住める」
(B) 名詞「住民」
(C) 名詞の複数形
(D) 動詞「～に住んでいる」

空所の前には前置詞 of があるので、後ろにくるのは名詞。a number of ～は「多くの～」という意味なので、後ろに続く名詞は複数形にする。よって、(C) inhabitants が正解。

134 | 正解 C | 文挿入

(A) The shopping center is having a big sale tonight.
(B) Actually, only a few people go through this Gleenleaves Street.
(C) We understand that the city has a limited budget.
(D) Many locals gathered at the night event.

(A) そのショッピングセンターは今夜、大売り出しがあります。
(B) 実際、この Gleenleaves 通りを通る人はほんの少ししかいません。
(C) 我々は市が限られた予算しかないということは理解しております。
(D) 多くの地元民が夜のイベントに集まりました。

空所の次の文は、「Gleenleaves 通りを毎日利用する人のためにこの通りの街灯の問題を検討してほしい」という内容が書かれている。この文の文頭には逆接の However「しかし」があるので、その前の部分では街灯を増やすことに関してマイナスな内容が入ると考えられる。よって、(C) が正解。

⚠ ここが落とし穴

(B) を選んだ人…空所の次の文に numerous residents using this street daily「この通りを毎日利用している多くの住民」とあるので、この通りを利用する人は多いとわかる。

Rockzland Park Cherry Festival

The blooming of the cherry trees around the park 135. a symbol of spring here in Rockzland for a long time. Around 3,000 cherry trees, planted over four decades ago, now color the park with their pale pink and white blossoms. Rockzland Park Cherry Festival will take place this weekend, April 4 and 5. The festival 136. parades of floats, superb live performances by local artists, authentic Asian antiques and crafts, food stalls serving world cuisine, and much more. 137..

Free shuttle buses from Rockzland Station to the park will be operating for the 138. of the event. For more information, please contact us at www. rockland.org.

問題 135-138 は次のウェブサイトに関するものです。

Rockzland Park 桜祭り

公園中の桜の開花は長い間、ここ Rockzland の春の象徴となっています。40 年以上前に植えられたおよそ 3 千本の桜の木が今、薄ピンクと白の花で公園を彩っています。Rockzland Park 桜祭りは今週末の 4 月 4 日と 5 日に開催されます。この祭りは、山車のパレードや地元のアーティストによる見事な生のパフォーマンス、本場のアジアの骨とう品や民芸品、世界の料理を提供する屋台など、他にもたくさんのものを呼び物としています。* どんな方にもお楽しみいただけます。

このイベントの期間、Rockzland 駅から公園までの無料シャトルバスが運行する予定です。より多くの情報をお求めなら、www. rockland.org にてご連絡ください。

語彙チェック ☐ float　山車　☐ superb　見事な　☐ authentic　本場の　☐ cuisine　料理

TEST 1

TEST 2

TEST 3

TEST 4

TEST 5

TEST 6

TEST 7

TEST 8

TEST 9

TEST 10

135　　正解 C　　主述の一致×時制

(A) have been
(B) will be
(C) has been
(D) would be

(A) be 動詞の現在完了形
(B) 未来形
(C) 三人称単数の現在完了形
(D) 助動詞＋ be 動詞の原形

文の最後に for a long time「長い間」とあり、2 文目よりここの桜が植えられたのは 40 年以上前なので、現在完了形が適切。空所を含む文は The blooming of the cherry trees around the park「公園中の桜の開花」の部分が主語なので、三人称単数の (C) が正解。

136　　正解 B　　動詞の態

(A) featuring
(B) features
(C) featured
(D) is featured

(A) 動詞 feature「～を呼び物にする」の動名詞・現在分詞
(B) 三人称単数現在形
(C) 過去形・過去分詞
(D) 現在形の受動態

この文には述語動詞がないので、述語動詞となる適切な形を選ぶ。主語は This festival「この祭り」で、目的語として屋台など祭りの呼び物になるものが後ろに続いているので、能動態が適切。また、この祭りはまだ開催されていないので、過去形は不適切。よって、(B) が正解。

137　　正解 B　　文挿入

(A) Please note that we don't provide any transportation.
(B) There is something for everyone.
(C) It may be a little too early to see the blossoms.
(D) The cafe adjacent to the park is the best choice for catering.

(A) 交通手段は提供しておりませんのでご注意ください。
(B) どんな方にもお楽しみいただけます。
(C) 花を見るには少し早すぎるかもしれません。
(D) 公園に隣接したカフェはケータリングに最適の場所です。

前の文では、屋台や山車のパレード、アーティストによるパフォーマンスなど、この祭りで提供される様々なものについて述べられている。空所に (B) が入ると、あらゆる人に楽しめるものがあると伝える自然な流れになる。

語彙チェック　□ adjacent to ～　～に隣接した

> ⚠ ここが落とし穴
>
> (A) を選んだ人…第 2 段落の 1 文目に無料のシャトルバスが出ていることが述べられているので、この文は矛盾する。前後もよく読んで判断しよう。

138　　正解 C　　語彙

(A) record
(B) occupation
(C) duration
(D) accommodation

(A) 名詞「記録」
(B) 名詞「占有、仕事」
(C) 名詞「期間」
(D) 名詞「宿泊施設」

空所を含む文は、Free shuttle buses from Rockzland Station to the park will be operating for the ～ of the event.「このイベントの～、Rockzland 駅から公園までの無料シャトルバスが運行する予定です」という内容。文意に合うのは (C) duration のみ。for the duration of ～ で「～の期間中」という意味になる。

Cowphone plans a launch event for its newest phone at the upcoming Technology Trade Fair on October 20 in San Francisco. 139.. Cowphone has been announcing the next year's model of their phones around this time every year.

Ms. Coward, the CEO of Cowphone, confirmed that the new phone, Cow 10, is considerably different from its predecessor, Cow 9. 140. its features, some electronics enthusiasts are expecting an innovative technology will be included in the phone. However, they need to wait until the event to see what the company will actually 141..

The entire event 142. online worldwide.

【和訳】

問題 139-142 は次の記事に関するものです。

Cowphone 社は、10 月 20 日にサンフランシスコで行われる今度の Technology Trade Fair で同社最新の電話機の発売イベントを予定している。* これはまったく驚きではない。Cowphone 社は毎年このあたりの時期に、翌年の電話機のモデルを発表している。

Cowphone 社の最高経営責任者である Coward 氏は、この新しい電話機 Cow 10 がその前身である Cow 9 とは大きく異なることを明言した。その機能に関して言えば、その電話機には革新的な科学技術が搭載されるだろうと期待している電子機器愛好家もいる。しかし、同社が実際に何を提供するのかを知るためには、彼らはそのイベントまで待つ必要がある。

イベント全体はオンラインで世界中に放送される予定だ。

語彙チェック	☐ considerably　かなり、大きく　☐ predecessor　前身
	☐ enthusiast　愛好家、熱中している人

TEST 1
TEST 2
TEST 3
TEST 4
TEST 5
TEST 6
TEST 7
TEST 8
TEST 9
TEST 10

139 　　　　正解 B 　　　文挿入

(A) A wide range of appliances has been on display.
(B) This is not a surprise at all.
(C) Participation to the event is limited to the press.
(D) The event may be cancelled this year.

(A) 様々な電化製品が展示されている。
(B) これはまったく驚きではない。
(C) イベントへの参加は報道関係者に限られている。
(D) このイベントは今年は中止になるかもしれない。

空所の前の文では、Cowphone 社が最新の電話機の発売イベントを予定していることが述べられている。一方後ろの文では、Cowphone 社が毎年この時期に翌年のモデルを発表しているとあるので、この会社がこの時期に新作を発表することは毎年恒例のことで珍しくないことだという流れをつくる (B) が正解。

140 　　　　正解 D 　　　前置詞

(A) As of
(B) Following
(C) Owing to
(D) Concerning

(A)「〜の時点で」
(B)「〜に引き続いて」
(C)「〜が原因で」
(D) 前置詞「〜に関して言えば」

選択肢には前置詞の働きをするものが並ぶ。空所を含む文のカンマ以降では「新しい電話機には革新的な科学技術が搭載されるだろうと期待している電子機器愛好家もいる」といった内容が述べられている。空所に (D) を入れると Concerning its features「その機能に関して言えば」という意味になり、文意が通る。

141 　　　　正解 A 　　　語彙

(A) offer
(B) cost
(C) comply
(D) account

(A) 動詞 offer「〜を提供する」の原形
(B) 動詞 cost「〜がかかる」の原形
(C) 動詞 comply「従う」の原形
(D) 動詞 account「説明する」の原形

空所を含む文の主語 they は前の文の some electronics enthusiasts なので、この文の前半ではその愛好家たちはイベントまで待たなくてはならないと述べていることがわかる。目的を表す to 以下は、to see what the company will actually 141.「同社が実際に何を〜するのかを知るためには」となる。前の文で、新しい電話機に搭載されると予想されている技術について言及しているので、空所には前の文の include を offer と言い表した (A) が適切。

142 　　　　正解 B 　　　時制

(A) was broadcasted
(B) will broadcast
(C) has broadcasted
(D) is broadcasted

(A) 動詞 broadcast「放送する」の過去形の受動態
(B) 助動詞 + 動詞の原形
(C) 現在完了
(D) 現在形の受動態

この文の述語動詞となる broadcast の適切な形を選ぶ。event とは Technology Trade Fair で行われる launch event のことで、第 1 段落 1 文目よりこのイベントはこれから開かれるものだとわかる。よって、(B) が正解。

Beacon's Point

broadcast には「〜を放送する」という他動詞の意味と、「放送する」という自動詞の意味の両方があることを覚えておこう！

Questions 143-146 refer to the following advertisement.

TRACK_102

Need a vacation idea?
Pack your swimsuit and escape to Alma Bay Beach!

Located on the Alma Island, Alma Bay Beach is known for minimal crowd and total relaxation. You can just dive into the ocean 143. beautiful fish that you may have never seen before. Or you could savor fresh seafood in one of the many seaside restaurants. Get the best deals and personalized service from Alma Bay Beach Rentals. We have a wide selection of 144. ranging from oceanfront apartments to picturesque cottages. Just tell us your dates and budget to get a 145.. Contact Alma Bay Beach Rentals at 541-555-8921. 146..

【和訳】
問題 143-146 は次の広告に関するものです。

休暇のアイデアが必要ですか？
水着を詰めて Alma Bay Beach に行きましょう！

Alma Bay Beach は Alma 島にあり、最小限の人混みと総合的なリラクゼーションで知られています。少し海に潜っただけで、おそらくあなたが今までに見たことのない美しい魚を発見することができます。または、多くの海岸レストランのいずれかで新鮮なシーフードを味わうことができます。Alma Bay Beach レンタルの個人に特化したサービスをお得にご利用ください。当店には、海岸通りのアパートから美しいコテージまで、幅広い不動産セレクションがございます。見積もりをもらうには、日程とご予算を当店にお知らせください。Alma Bay Beach レンタルへは 541-555-8921 にてご連絡ください。＊ 当店のスタッフ一同、お客様がご自宅から離れてリラックスできる場所を見つけるお手伝いをすることを楽しみにしております。

語彙チェック □ savor ～を味わう □ oceanfront 海に面した □ picturesque 美しい

88

143

| | | 正解 **C** | 準動詞 |

(A) discovering
(B) is discovered
(C) to discover
(D) discovers

(A) 動詞 discover「～を発見する」の動名詞・現在分詞
(B) 現在形の受動態
(C) to 不定詞
(D) 三人称単数現在形

選択肢には動詞 discover の変化した形が並ぶ。空所の前に You can just dive into the ocean「ちょっと海に潜ればよい」という文の形があるので、空所には述語動詞は入らない。to 不定詞の (C) を入れるのが適切。

> **⚠️ ここが落とし穴**
>
> (A) を選んだ人…the ocean discovering beautiful fish は、「美しい魚を発見している海」となり意味が通らない。

144

| | | 正解 **A** | 語彙 |

(A) properties
(B) invitations
(C) industries
(D) meals

(A) 名詞 property「不動産」の複数形
(B) 名詞 invitation「招待」の複数形
(C) 名詞 industry「業界」の複数形
(D) 名詞 meal「食事」の複数形

空所までの部分は We have a wide selection of 144.「当店には幅広い～のセレクションがございます」という意味なので、空所にはこの店が提供しているものが入る。空所の後ろには、ranging from oceanfront apartments to picturesque cottages「海岸通りのアパートから美しいコテージまで」とあるので、apartments や cottages を言い換えた (A) が正解。

145

| | | 正解 **C** | 語彙 |

(A) itinerary
(B) directory
(C) quote
(D) lease

(A) 名詞「旅程」
(B) 名詞「人名簿」
(C) 名詞「見積もり額」
(D) 名詞「借地契約」

空所を含む文は、Just tell us your dates and budget to get a 145.「～をもらうには、日程とご予算を当店にお知らせください」となる。休暇を過ごす場所を借りるにあたって、日程と予算を伝えて受け取るものとして適切なのは、「見積もり額」という意味を表す (C) quote。

146

| | | 正解 **B** | 文挿入 |

(A) One-day Hiking towards the Alma Mountain is also an option.
(B) Our staff look forward to helping you find a relaxing place away from home.
(C) The spectacular view from the cliff is unbeatable.
(D) We hope your experience with our swimming gear would be satisfying.

(A) Alma 山への日帰りのハイキングもまた 1 つの選択肢です。
(B) 当店のスタッフ一同、お客様がご自宅から離れてリラックスできる場所を見つけるお手伝いをすることを楽しみにしております。
(C) 崖からの壮観な眺めは秀逸です。
(D) 当店の水泳用具のご利用にご満足いただけますことを願っています。

文書の最後に空所があり、この広告を結ぶ言葉が入ると考えられる。この広告は、人々が休暇中に滞在するアパートやコテージなどについての広告であるので、(B) が最も適切。

語彙チェック ☐ unbeatable 秀逸な

89

TEST 4

解答&解説

TEST 4　正解一覧

Part 5

問題番号	正解	1 2 3		問題番号	正解	1 2 3
101	D	☐☐☐		116	C	☐☐☐
102	B	☐☐☐		117	B	☐☐☐
103	C	☐☐☐		118	D	☐☐☐
104	B	☐☐☐		119	D	☐☐☐
105	C	☐☐☐		120	B	☐☐☐
106	D	☐☐☐		121	C	☐☐☐
107	C	☐☐☐		122	D	☐☐☐
108	A	☐☐☐		123	B	☐☐☐
109	B	☐☐☐		124	C	☐☐☐
110	C	☐☐☐		125	A	☐☐☐
111	D	☐☐☐		126	C	☐☐☐
112	D	☐☐☐		127	C	☐☐☐
113	C	☐☐☐		128	C	☐☐☐
114	B	☐☐☐		129	B	☐☐☐
115	B	☐☐☐		130	D	☐☐☐

Part 6

問題番号	正解	1 2 3		問題番号	正解	1 2 3
131	D	☐☐☐		139	A	☐☐☐
132	B	☐☐☐		140	D	☐☐☐
133	A	☐☐☐		141	B	☐☐☐
134	C	☐☐☐		142	C	☐☐☐
135	B	☐☐☐		143	C	☐☐☐
136	C	☐☐☐		144	B	☐☐☐
137	A	☐☐☐		145	D	☐☐☐
138	D	☐☐☐		146	A	☐☐☐

TEST 4

Part 5

TRACK_103

| 101 | □□□ | 正解 D | 前置詞×語法 |

Dawnbreaker Systems notified their employees in the East Asian Branch ------- the deadline to submit their self-assessment forms.

(A) to

(B) in

(C) for

(D) of

Dawnbreaker Systems 社は、自己評価用紙を提出する期限を東アジア支店の従業員たちに知らせました。

(A) 前置詞「〜へ」

(B) 前置詞「〜の中に」

(C) 前置詞「〜のために」

(D) 前置詞「〜の」

選択肢はすべて前置詞。空所より前に述語動詞の notified があり、notify 人 of 〜で「（人）に〜を知らせる」という意味になるので、(D) が正解。their employees in the East Asian Branch が、知らせる相手にあたる。

語彙チェック　□ self-assessment　自己評価

TRACK_104

| 102 | □□□ | 正解 B | 語彙 |

Candidates are strongly encouraged to show their character through the hiring process as we emphasize each employee's -------.

(A) success

(B) originality

(C) identification

(D) publicity

当社は従業員一人一人の独創性を重要視しているため、志願者は採用過程の中で自分の個性を見せるように強く奨励されています。

(A) 名詞「成功」

(B) 名詞「独創性」

(C) 名詞「身分証明書」

(D) 名詞「知名度」

選択肢はすべて名詞なので、その中で文脈に合うものを選ぶ。接続詞 as「〜なので」の前の節で、「志願者は個性を見せるように奨励されている」という内容が述べられていることから、character「個性」と似た意味の (B) originality を空所に入れると文意が通る。

TEST 1
TEST 2
TEST 3
TEST 4
TEST 5
TEST 6
TEST 7
TEST 8
TEST 9
TEST 10

▶ TRACK_105

103 □□□ 正解 **C** 品詞

With 10 levels of dimming, the Yoko electric lamp provides perfect ------- for your room.

(A) lightly

(B) lighter

(C) lighting

(D) lighten

10 段階の調光で、Yoko の電気スタンドはあなたの部屋に最適な照明を提供します。

(A) 副詞「軽く」

(B) 形容詞 light「軽い」の比較級

(C) 名詞「照明」

(D) 動詞 lighten「〜を明るくする」の原形

この文には、述語動詞である provides の目的語にあたるものがないので、空所には目的語を入れる必要がある。目的語になれるのは、名詞の (C) のみ。provide *A* for *B* で「B に A を提供する」という意味になる。

語彙チェック　□ dimming　調光

▶ TRACK_106

104 □□□ 正解 **B** 語彙×慣用表現

Lollitots.com offers hotel deals and tips for planning a vacation on a -------.

(A) visit

(B) budget

(C) level

(D) stopover

Lollitots.com は、ホテルのお得情報や予算内で休暇の予定を立てるための秘訣を提供しています。

(A) 名詞「訪問」

(B) 名詞「予算」

(C) 名詞「(水平面の) 高さ」

(D) 名詞「短期滞在」

選択肢はすべて名詞の役割をする語。空所の前に on a とあるので、on a budget で「予算内で」という意味になり、文意にも合う (B) が空所に入るとわかる。

⚡ ここが落とし穴

(A) を選んだ人…on a visit to 〜「〜を訪問中に」や go on a visit「訪問する」といった表現を知っていると、on a と visit を無意識に結び付けてしまうかもしれない。

(C) を選んだ人…on a level with 〜という表現もあるが、こちらは「〜と同じ高さで、同等で」という意味。文意をしっかりと読み取ろう。

105 | 正解 C | 品詞

Skywalk Music Festival, originally started in Sydney, is now ------- in New York and Tokyo.

(A) organizer

(B) organize

(C) being organized

(D) organization

Skywalk 音楽祭は、最初はシドニーで始まりましたが、現在はニューヨークと東京で準備されています。

(A) 名詞「創立者、主催者」

(B) 動詞 organize「〜を準備する」の原形

(C) 進行形の受動態

(D) 名詞「組織」

主語は文頭の Skywalk Music Festival なので、空所に (C) が入ると述語動詞にあたる部分が is being organized で「準備されている」という受動の意味になり、文意に合う。

106 | 正解 D | 品詞

The number of available hotel rooms displayed on the Web site is updated ------- to reflect the latest changes.

(A) period

(B) periodical

(C) periodic

(D) periodically

ウェブサイトに表示される利用可能なホテルの部屋数は、最新の変更を反映させるために定期的に更新されます。

(A) 名詞「期間」

(B) 名詞「定期刊行物」

(C) 形容詞「定期的な」

(D) 副詞「定期的に」

文頭から site までが主語で、is updated「更新される」が述語動詞にあたる。空所の部分がなくても文の要素はそろっているため、副詞の (D) を入れるのが適切。「定期的に更新される」となり文意も通る。

107

| | | | 正解 C | 代／関 |

------- has been working at the company for more than 10 years is entitled to the special paid leave for two weeks.

(A) Whom

(B) Whichever

(C) Whoever

(D) Those

10 年以上この会社に勤めている人は誰でも、2 週間の特別有給休暇の権利が与えられます。

(A) 目的格の関係代名詞

(B) 複合関係代名詞「～するものなら何でも」

(C) 複合関係代名詞「～する人なら誰でも」

(D) 指示代名詞「それら」

文全体の述語動詞は is entitled なので、空所には文の主語となる名詞節を導く語が入るとわかる。空所の直後には has been working と動詞が続くので、人を表す主格の関係代名詞で、かつ単数扱いになる (C) が正解。

語彙チェック □ paid leave 「有給休暇」

Beacon's Point

whoever と同じような意味で使われる those who の who の省略だと考えると (D) Those も空所に入るように思える。しかし、those who は複数扱いのため、続く動詞の形は原形になる。whoever は単数、those who は複数扱いになることを覚えておこう。

108

| | | | 正解 A | 前置詞×慣用表現 |

Grand Gulfiers, the nation's leading company in electronics, has cut spending ------- the board by 5 percent.

(A) across

(B) from

(C) opposite

(D) against

国の電子工業におけるトップ企業である Grand Gulfiers 社は、支出を一律 5%削減しました。

(A) 前置詞「～を越えて」

(B) 前置詞「～から」

(C) 前置詞「～の向かいに」

(D) 前置詞「～に反して」

選択肢はすべて前置詞。空所に (A) across が入ると、across the board で「一律に、全面的に」という意味を表し、文意にも合う。

| 109 | □□□ | 正解 B | 主述の一致 |

Should any questions regarding the product -------, please contact Customer Service at 650-555-7687.

(A) arises

(B) arise

(C) arose

(D) arisen

商品に関する疑問が生じましたら、お客様サービスの 650-555-7687 へご連絡ください。

(A) 動詞 arise「生じる」の三人称単数現在形

(B) 動詞の原形

(C) 過去形

(D) 過去分詞

選択肢はすべて動詞 arise の変化した形。カンマより前は倒置の形になっており、主語 any questions regarding the product に対し、助動詞 should が文頭にきている。助動詞があるので、動詞は原形にするのが適切。よって、(B) が正解。

Beacon's Point

Should ～ …,「もし～が…することがあれば」は、If ～ should …, の if が省略され、should が文頭にきている倒置の形。このように if を省略して倒置の形にできるものには、should の他に were と had がある。パッと見て文の形に戸惑う人もいるかもしれないが、もとの形がわかっていれば動詞の原形を使うということに気づけるだろう。

| 110 | □□□ | 正解 C | 語彙 |

The Housie Factory's vision is to ------- to its clients' needs regardless of the size and price of the order.

(A) inform

(B) occur

(C) cater

(D) progress

Housie Factory のビジョンは、注文品の大きさや価格に関わりなく、顧客のニーズに応ずることです。

(A) 動詞 inform「～に知らせる」の原形

(B) 動詞 occur「生じる」の原形

(C) 動詞 cater「応ずる」の原形

(D) 動詞 progress「進歩する」の原形

選択肢はすべて動詞の原形なので、空所の前の to は to 不定詞をつくるとわかる。空所の後ろにも to があり、its clients' needs「顧客のニーズ」と続いているので、cater to ～で「～に応ずる」という意味になる (C) を空所に入れると意味が通る。

111 ☐☐☐ 正解 D 品詞

Before being assigned to overseas branch offices, employees are required to take a two-week ------- course for learning local languages.

(A) intensively

(B) intensify

(C) intensity

(D) intensive

海外支店に配属される前に、従業員は現地の言語を学ぶための2週間の集中講座を受けることが求められます。

(A) 副詞「集中的に」

(B) 動詞 intensify「～を強める」の原形

(C) 名詞「強さ、熱心さ」

(D) 形容詞「集中的な」

空所は動詞 take の目的語となる部分に含まれる。空所の後ろには名詞 course があるので、名詞を修飾する形容詞が入るのが適切。よって、(D) が正解。

語彙チェック ☐ assign *A* to *B*　A を B に配属する

112 ☐☐☐ 正解 D 数

Due to such short notice, ------- could participate in the company beach-cleaning event last year.

(A) each

(B) many

(C) both

(D) few

そのような突然のお知らせだったので、昨年の会社の海岸清掃イベントに参加できた人はほとんどいませんでした。

(A) 代名詞「それぞれ」

(B) 代名詞「多くの人」

(C) 代名詞「両方」

(D) 代名詞「少数の人（ほとんど～ない）」

空所に (D) few が入ると、「参加できた人はほとんどいなかった」という意味になり、カンマより前の Due to such short notice「そのような突然のお知らせだったので」という内容とも合う。few は主語に用いると、「～な人（もの）はほとんど（い）ない」という意味を表す。

語彙チェック ☐ short notice　突然の知らせ

| 113 | □□□ | 正解 **C** | 品詞×語彙 |

Mr. Wu got the post of accounting ------- at MMMS Manufacturing.

(A) supervising

(B) supervision

(C) supervisor

(D) supervisory

Wu さんは MMMS 製造での経理主任の地位を得ました。

(A) 動詞 supervise「〜を監督する」の動名詞・現在分詞

(B) 名詞「監督、監視」

(C) 名詞「監督者」

(D) 形容詞「監督 (者) の」

空所は前置詞 of に続く名詞句にあるので、空所部分には名詞が入るのが適切。post「地位、職」とあるので、(C) が適切。

| 114 | □□□ | 正解 **B** | 前 vs 接 |

This confidential database may be accessed and used ------- you comply with all terms and conditions listed below.

(A) so that

(B) provided that

(C) as well as

(D) due to

この機密データベースは、以下で一覧になっているすべての利用規約に従えば、アクセスして使うことができます。

(A)「〜なので…」

(B)「〜ならば」

(C)「〜と同様に」

(D)「〜のために」

空所の後には S + V の形が続いているので、接続詞の働きをする語が入る。空所後の内容は空所前の内容の条件を表しているので、文意より (B) を選ぶ。

語彙チェック □ confidential 機密の □ comply with 〜 〜に従う □ terms and conditions 利用規約

💡 ここが落とし穴
(C) (D) を選んだ人…as well as、due to はどちらも後に名詞 (句) をともなう前置詞のはたらきをする。

Beacon's Point
provided that に似た表現として、TOEIC には as long as「〜さえすれば」や in case that「〜の場合は」もよく出てくるので一緒に覚えておこう。いずれも接続詞の働きを持つので、後ろには S+V の形が続くことに注意。

| 115 | □□□ | 正解 B | 品詞×語彙 |

All ------- from the Earth Music Day event will be donated to the Green Conservation Fund.

(A) proceeding

(B) proceeds

(C) proceeded

(D) to proceed

Earth Music Day イベントから得たすべての売上金は Green Conservation Fund に寄付されます。

(A) 名詞「進行、続行」

(B) 名詞「売上金」

(C) 動詞 proceed「進む」の過去形・過去分詞

(D) to 不定詞

この文には主語となる名詞がないため、(B) proceeds が空所に入ると、主語が「Earth Music Day イベントから得たすべての売上金」となり文意に合う。proceed は動詞で「進む、処置する」という意味だが、名詞の複数形 proceeds の形は「売上高、収益」という意味になる。

| 116 | □□□ | 正解 C | 語法×慣用表現 |

At Casabe Cooking Studio, those who got referred by existing members are ------- from the admission fee.

(A) waived

(B) chargeable

(C) exempt

(D) financed

Casabe クッキングスタジオでは、既存のメンバーから紹介を受けた方は入会料が免除されます。

(A) 動詞 waive「〜を差し控える」の過去形・過去分詞

(B) 形容詞「課せられる」

(C) 形容詞「免除された」

(D) 動詞 finance「〜に融資する」の過去形・過去分詞

空所の前には be 動詞 are があり、直後には前置詞 from がある。be exempt from 〜で「〜を免除されている」という意味になり文意にも合うため、空所には (C) が入る。

> **ここが落とし穴**
>
> (A) を選んだ人…waive は exempt と同じような意味で使われるため、意味だけで考えてしまうと間違えて選んでしまうかもしれない。exempt は後ろに前置詞 from をとるのに対し、waive はそのまま目的語を続けることに注意しよう。

| 117 | □□□ | 正解 B | 品詞×語彙 |

At the next weekly meeting, the project manager will introduce leading engineering ------- Mr. Adams to the team members.

(A) technical

(B) technician

(C) technically

(D) technique

次回の毎週の会議では、プロジェクト部長が一流工学技術者である Adams さんをチームのメンバーに紹介します。

(A) 形容詞「技術上の」

(B) 名詞「技術者」

(C) 副詞「技術的に」

(D) 名詞「技術」

述語動詞 will introduce の目的語となるのは leading engineering ------- Mr. Adams の部分にあたる。空所に (B) technician が入ると、leading engineering technician と Mr. Adams が同格の関係になり、「一流工学技術者である Adams さん」という意味になるため意味が通る。よって、(B) が正解。

| 118 | □□□ | 正解 D | 語彙 |

The board of directors ------- the new budget for the advertising campaign of Grab-n-Run sports beverage.

(A) manufactured

(B) reinvested

(C) promoted

(D) endorsed

取締役会は、Grab-n-Run スポーツ飲料の広告キャンペーンのための新しい予算を承認しました。

(A) 動詞 manufacture「〜を製造する」の過去形

(B) 動詞 reinvest「〜を再投資する」の過去形

(C) 動詞 promote「〜を促進する」の過去形

(D) 動詞 endorse「〜を承認する」の過去形

この文には述語動詞がないので、空所に入る適切なものを選ぶ。空所の後ろに続く目的語は the new budget「新しい予算」なので、文意に合うのは (D)。

語彙チェック □ beverage 飲料

119 正解 D 語彙×慣用表現

Due to the increase in online shopping sales, jobs in the transport industry are growing in -------.

(A) stock

(B) place

(C) order

(D) demand

オンラインショッピングの売り上げの増加により、運送業界の仕事は需要が大きくなっています。

(A) 名詞「在庫」

(B) 名詞「場所」

(C) 名詞「注文」

(D) 名詞「需要」

選択肢はすべて名詞。空所の前に are growing in とあるので、(D) を入れて grow in demand「需要が大きくなる」とすると文意に合う。よって (D) が正解。

Beacon's Point

grow in ～を使った他の表現には、grow in popularity「人気が増える」、grow in number「数が増える」、grow in size「（サイズが）大きくなる」などがある。あわせて覚えておこう。

120 正解 B 前 vs 接

Elevator preventive maintenance inspections are critical ------- ensuring compliance with building regulations.

(A) once

(B) in

(C) against

(D) since

エレベーターの予防保全検査は、建築法規の遵守を確実にすることにおいて重要です。

(A) 接続詞「いったん～すると」

(B) 前置詞「～において」

(C) 前置詞「～に反して」

(D) 接続詞「～して以来」

選択肢には前置詞と接続詞が並ぶ。空所の後ろには動名詞句が続いているので、空所には前置詞が入るのが適切。文意に合うのは (B)。

語彙チェック　□ preventive maintenance inspection　予防保全検査
　　　　　　　□ compliance with ～　～の遵守　□ building regulations　建築法規

121　正解 C　前 vs 接

------- before there were no vegetarian options available in the area, visitors can now enjoy plant-based dishes at the Longate Café.

(A) Among

(B) Which

(C) Whereas

(D) Besides

以前その地域にはベジタリアン向けの可能な選択肢はありませんでしたが、今は観光客たちはLongate カフェで植物由来の料理を楽しむことができます。

(A) 前置詞「〜の間で」

(B) 関係代名詞

(C) 接続詞「〜だが一方」

(D) 前置詞「〜に加えて」

空所の後ろには there were 〜という S+V の形があるので、空所には接続詞である (C) が入るのが適切。カンマ前の before「以前」とカンマ後の now「今は」を比較する文となる。空所直後の before は「以前に」という意味の副詞。

語彙チェック □ plant-based　植物由来の

Beacon's Point

この英文は空所の直後に before があることにより、文構造が少し掴みづらくなっている。before「以前」のような副詞は文の最後に置かれることが多いが、このように初めに置かれるパターンもあるので、惑わされないようにしよう。

122　正解 D　語彙

Russells Greenways ------- the long-selling McJeff Greenies cookie brand in exchange for $100,000 last month.

(A) added

(B) combined

(C) merged

(D) acquired

Russells Greenways 社は先月、10 万ドルと引き換えにロングセラーである McJeff Greenies 社のクッキーブランドを買収しました。

(A) 動詞 add「〜を加える」の過去形

(B) 動詞 combine「〜を組み合わせる」の過去形

(C) 動詞 merge「〜を合併する」の過去形

(D) 動詞 acquire「〜を買収する」の過去形

この文に適切な述語動詞を選ぶ。目的語は the long-selling McJeff Greenies cookie brand「ロングセラーである McJeff Greenies 社のクッキーブランド」と事業名なので、文意に合うのは (D)。

語彙チェック □ long-selling　ロングセラーの　□ in exchange for 〜　〜と引き換えに

123

☐☐☐ | 正解 **B** | 前置詞×慣用表現

The operating crew are strongly advised to have their safety instruction manual ------- hand.

作業員たちは、安全取扱説明書を手元に置いておくように強く勧められます。

(A) with

(B) on

(C) by

(D) as

(A) 前置詞「〜と」

(B) 前置詞「〜の上に」

(C) 前置詞「〜で」

(D) 前置詞「〜として」

選択肢はすべて前置詞。空所の前に動詞 have があり、have 〜 on hand で「〜を手元に置いておく」という意味になり文意にも合うため、(B) が正解。

> 🕐 ここが落とし穴
>
> (C) を選んだ人…by hand「手で、手書きで」という表現もあるが、ここでは文意に合わない。

124

☐☐☐ | 正解 **C** | 品詞

Maud Grey Associates developed the Super 5570 aircraft so that it will be ------- for mass production.

Maud Grey Associates 社は、大量生産に順応できるように航空機 Super 5570 を開発しました。

(A) adapt

(B) adapting

(C) adaptable

(D) adaptively

(A) 動詞 adapt「順応する」の原形

(B) 動名詞・現在分詞

(C) 形容詞「順応できる」

(D) 副詞「順応して」

空所は so that 節の中にある。空所に (C) を入れると、be adaptable for 〜「〜に順応できる」という意味になり、ここでの文意に合う。it は Maud Grey Associates を指す。

TEST 1
TEST 2
TEST 3
TEST 4
TEST 5
TEST 6
TEST 7
TEST 8
TEST 9
TEST 10

TRACK_127

125 | 正解 A | 品詞×語彙

Our summer culinary course will provide ------- that enable attendees to gain upward mobility in the kitchen.

(A) credentials
(B) creditably
(C) credible
(D) credit

私どもの夏の料理講座は、参加者が厨房でのキャリアアップを得ることを可能にする資格を与えます。

(A) 名詞「資格」の複数形
(B) 副詞「立派に、見事に」
(C) 形容詞「説得力のある」
(D) 名詞「信用」

空所の前には述語動詞 will provide があり、後ろには関係代名詞 that が続いているので、空所には目的語にあたるものが入る。名詞である (A) と (D) のうち、文意より、(A) が正解。

語彙チェック □ culinary 料理の □ upward mobility 出世コース、上昇（志向）

Beacon's Point
credential は「資格を有する」といった形容詞の意味もあるが、名詞で「資格」という意味があることも覚えておこう。また、名詞の意味では通常複数形となる。

TRACK_128

126 | 正解 C | 語彙

The local newspaper reports the business partnership between Filters Communications and Jumboree Holdings is ------- beneficial to both companies.

(A) commonly
(B) preferably
(C) mutually
(D) separately

地方新聞 では、Filters Communications 社と Jumboree Holdings 社の間の業務提携はどちらの会社にとっても相互に有益であると報道しています。

(A) 副詞「一般に」
(B) 副詞「むしろ」
(C) 副詞「相互に」
(D) 副詞「別々に」

選択肢はすべて副詞。空所の後ろには beneficial to both companies「どちらの会社にとっても有益」とあるので、文意に合うのは (C)。

語彙チェック □ business partnership 業務提携、事業提携

104

127 □□□ 正解 C 品詞×語法

Resort areas in Los Angeles, a popular holiday destination, ------- in tourists from all over the world.

(A) abundance

(B) abundant

(C) abound

(D) abounds

人気の休暇の行き先である Los Angeles のリゾート地は、世界中からの観光客であふれています。

(A) 名詞「豊富」

(B) 形容詞「豊富な」

(C) 動詞 abound「満ちている」の原形

(D) 三人称単数現在形

この文には述語動詞がないので、空所には動詞が必要。動詞である (C)(D) のうち、主語 Resort areas in Los Angeles は複数形なので (C) を選ぶ。abound in ～で「～であふれている」という意味。また、カンマに挟まれた a popular holiday destination は主語と同格関係にあり、主語に補足説明を加えている。

128 □□□ 正解 C 語法×慣用表現

------- early next week, those who don't have ID may not enter the company building.

(A) In case

(B) Since

(C) As of

(D) Occasionally

来週の初めから、身分証明書を持っていない方は会社のビルに入ることができません。

(A) 「もし～なら」

(B) 前置詞「～以来」

(C) 「～から」

(D) 副詞「ときどき」

空所の後ろには名詞句、カンマ以降には S+V の形が続いている。空所に (C) As of が入ると「来週の初めから」となり、後半の内容ともつながる。as of は「～から、～以降」という意味で、ある特定の時点から何かが変わるといった内容を表すときに使われる。

ここが落とし穴

(B) を選んだ人…since は「～以来、～から」という意味があるが、これは過去のある時点から発話時までの継続を表す語なので、未来のことには使われないということに注意しよう。

| 129 | □□□ | 正解 B | 動詞の態×語法 |

All the buildings constructed by Yeller Housing ------- with steel beams with increased stability.

(A) is reinforced

(B) are reinforced

(C) reinforce

(D) to reinforce

Yeller 住宅によって建設されたすべての建物は、安定性が強化された鉄骨で補強されています。

(A) 動詞 reinforce「〜を補強する」の受動態

(B) 受動態

(C) 動詞の原形

(D) to 不定詞

文頭から空所の前までが主語。この文には述語動詞がないので空所に必要。主語は複数なので (B) または (C) が候補となるが、reinforce は他動詞なので、能動態の場合は後ろに目的語となる名詞が必要。よって、受動態の (B) が正解。

語彙チェック □ steel beam 鉄骨 □ stability 安定性

| 130 | □□□ | 正解 D | 語彙 |

The new model of the electric oven produced by Floppers Cookware is almost ------- to its predecessor.

(A) reverted

(B) independent

(C) averse

(D) identical

Floppers Cookware 社で製造された新型の電気オーブンは、以前のものとほとんど同じです。

(A) 形容詞「先祖返りした」

(B) 形容詞「独立した」

(C) 形容詞「反対して」

(D) 形容詞「同じ」

選択肢はすべて形容詞。空所の後ろに〈to ＋名詞句〉があることに着目する。be identical to 〜で「〜と（まったく）同じである」という意味になり文意にも合うので、(D) が正解。

語彙チェック □ predecessor 以前あったもの、前身

TEST 1

TEST 2

TEST 3

TEST 4

TEST 5

TEST 6

TEST 7

TEST 8

TEST 9

TEST 10

Questions 131-134 refer to the following advertisement. ▶TRACK_133

Clement Imagery

With more than 50 years in the industry, Clement Imagery is Durant's most 131.
name in photography. We are best known for wedding photography. However,
we 132. an excellent reputation for corporate work and nature photography,
too. Speak with our helpful salespeople about our competitive rates and simple
booking process.

133.. We have many of our award-winning photographs on display. You can also
take advantage of our end-of-year 134. sale. We have a variety of new and used
cameras, tripods, and film stock for you to choose from.

234 Sully Road, East Brighton
TEL: 832-555-4394 E-mail: sales@clementphoto.com

【和訳】

問題 131-134 は次の広告に関するものです。

Clement Imagery 社

この業界に 50 年以上携わって、Clement Imagery 社は写真撮影業において Durant の最も信頼でき
る会社です。当社は結婚式の写真撮影で最もよく知られています。しかし、当社は法人の仕事や自然の
写真撮影にもよい評判を得ています。当社の他に負けない料金や簡単な予約手順について、助けにな
る当社の営業担当者と話してください。

* East Brighton にある当社の画廊を訪れてください。当社の受賞した多くの写真が展示されています。
また、年末の備品販売もご利用いただけます。当社にはあなたがお選びいただける、新品・中古のカメラ、
三脚、未使用フィルムの様々なご用意がございます。

Sully 街 234 番地、East Brighton
電話：832-555-4394 E メール：sales@clementphoto.com

語彙チェック □ photography　写真撮影（業）　□ corporate　法人組織の、企業の　□ rate　料金
　　　　　　　□ process　手順　□ award-winning　受賞した　□ tripod　三脚

TEST 1
TEST 2
TEST 3
TEST 4
TEST 5
TEST 6
TEST 7
TEST 8
TEST 9
TEST 10

131 　　　　　正解 **D** 　　　準動詞

(A) trusting
(B) trust
(C) trusts
(D) trusted

(A) 動詞 trust「信頼する」の動名詞・現在分詞
(B) 動詞の原形
(C) 三人称単数現在形
(D) 過去分詞

選択肢には動詞 trust の変化した形が並ぶ。空所の前に most、後ろに name があるので、most 131. name で「最も〜な名前」という意味になると考えられる。形容詞の働きを持つのは (A) と (D) で、name は「信頼される」ものなので過去分詞の (D) を選ぶ。

132 　　　　　正解 **B** 　　　時制

(A) were earning
(B) have earned
(C) had earned
(D) are earned

(A) 動詞 earn「〜を得る」の過去進行形
(B) 現在完了
(C) 過去完了
(D) 受動態

earn a reputation で「評判を得る」という意味。第 1 段落 2 文目で We are best known for wedding photography「当社は結婚式の写真撮影で最もよく知られています」と言った後、逆接の However「しかし」を置いて他の仕事の評判について述べているので、現在のことを話しているとわかる。よって、時制は (B) の現在完了を使うのが適切。

133 　　　　　正解 **A** 　　　文挿入

(A) Visit our gallery in East Brighton.
(B) We are looking for talented photographers.
(C) The annual photography contest is next month.
(D) Our illustrations are used in many publications.

(A) East Brighton にある当社の画廊を訪れてください。
(B) 当社は才能ある写真家を探しています。
(C) 年に 1 回の写真コンテストは来月にあります。
(D) 当社のイラストは多くの出版物で使用されています。

空所の次の文に、We have many of our award-winning photographs on display.「当社の受賞した多くの写真が展示されています」とあるので、空所には画廊について述べている (A) を入れるのが適切。

語彙チェック □ gallery　画廊、ギャラリー　□ talented　才能ある　□ publication　出版物

134 　　　　　正解 **C** 　　　語彙

(A) print
(B) frame
(C) equipment
(D) album

(A) 名詞「印刷」
(B) 名詞「額縁」
(C) 名詞「備品」
(D) 名詞「アルバム」

空所部分は end-of-year 134. sale「年末の〜販売」となるので、画廊で何の販売が実施されるのかがわかればよい。次の文で販売されるものが説明されており、new and used cameras, tripods, and film stock「新品・中古のカメラ、三脚、未使用フィルム」とあるので、これらをまとめて言い換えた (C) が正解。

Sanders Café in Paddington is one of Dunhill's most trendy places to spend time. The owners have recently expanded the café by purchasing a neighboring building. 135.. The food is a mixture of Italian and French cuisine that has a broad 136. to the citizens of Dunhill.

Prices are comparatively high. However, they are typical for Paddington, which is one of the city's most 137. areas. The café 138. special events several times a week. On Thursday nights, they have screenings of student films from the local university, and on Saturdays, there is live musical entertainment. Despite the café's popularity, it is not usually necessary to have a reservation unless you are bringing a particularly large group.

【和訳】

問題 135-138 は次の記事に関するものです。

Paddington にある Sanders カフェは、Dunhill において時間を過ごすのに最もはやりの場所の１つである。オーナーら は最近、隣接した建物を購入することによってカフェを拡大した 。*新しくオープンした部分には、個人的な行事のための個別の食堂がある。料理は Dunhill 市民に広い人気がある、イタリア料理とフランス料理の混ざったものだ。

価格は比較的高い。しかし、市の最も裕福な地域の１つである Paddington では、そうした価格は 一般的である。カフェは週に数回、特別イベントを開催している。木曜日の夜には、現地の大学の学生製作映画の上映をしており、土曜日にはライブ音楽のパーティーがある。カフェの人気にもかかわらず、特に大きな団体で来ない限り、予約をすることは通例必要なわけではない。

語彙チェック	☐ trendy　流行の　☐ expand　〜を拡大する　☐ neighboring　隣接した
	☐ mixture　混合物　☐ cuisine　料理　☐ typical　一般的な、典型的な
	☐ screening　上映

TEST 1
TEST 2
TEST 3
TEST 4
TEST 5
TEST 6
TEST 7
TEST 8
TEST 9
TEST 10

135　　□□□　正解 B　文挿入

(A) It is a brief walk from Sanders Café and offers the same menu.

(B) The newly opened section has individual dining rooms for private functions.

(C) The land was cheap as a result of the area's recent financial downturn.

(D) Despite the additional space, bookings are still required.

(A) それは Sanders カフェから少し歩いたところにあり、同じメニューを提供している。

(B) 新しくオープンした部分には、個人的な行事のための個別の食堂がある。

(C) その地域の最近の景気停滞の結果、その土地は安かった。

(D) スペースの増設にもかかわらず、予約はまだ必要だ。

空所の前の文では、オーナーが最近 Sanders カフェを拡大したことが述べられている。カフェの拡大に関係する内容で、次の文の料理の話にもつながる (B) が正解。

語彙チェック　□ brief　短時間の　□ function　行事　□ downturn　停滞、下落

> 🔔 **ここが落とし穴**
> (A) を選んだ人… 第 1 段落 2 文目に neighboring building とあるが、この neighboring とは「隣接した」という意味で、「近所の」という意味ではないことに注意しよう。

136　　□□□　正解 C　品詞

(A) appealingly

(B) appealing

(C) appeal

(D) appealed

(A) 副詞「魅力的に」

(B) 形容詞「魅力のある」

(C) 名詞「人気、魅力」

(D) 動詞 appeal「求める」の過去形・過去分詞

空所は関係代名詞 that 節の中にある。has a broad 136. to the citizens of Dunhill「Dunhill 市民に広い〜がある」とあり、空所の前の broad は形容詞。空所には、形容詞に修飾され、has の目的語となる名詞が必要。よって、(C) が正解。

137　　□□□　正解 A　語彙

(A) affluent

(B) secluded

(C) reasonable

(D) anticipated

(A) 形容詞「裕福な」

(B) 形容詞「人目につかない」

(C) 形容詞「(値段が) あまり高くない」

(D) 形容詞「期待された」

第 2 段落 1 文目で価格が高いという話が出ており、逆接の however で続く 2 文目に空所がある。2 文目の前半では、they are typical for Paddington「それら (その価格) は Paddington では典型的である」とある。空所は Paddington に補足説明を加える非制限用法の関係代名詞 which 節にあるので、空所に (A) affluent が入ると、「裕福な地域である Paddington では一般的な価格だ」という意味になり文意に合う。

138　　□□□　正解 D　時制

(A) was hosting

(B) is hosted

(C) will host

(D) hosts

(A) 動詞 host「〜を開催する」の過去進行形

(B) 受動態

(C) 助動詞＋動詞の原形

(D) 三人称単数現在形

この文に合う述語動詞を選ぶ。第 2 段落の 4 文目では、具体的なイベントの内容について現在形を使って説明しているので、空所の後の special events は現在開催されているものであるとわかる。よって、(D) が正解。

To: Syd Chang <schang@newduck.com>
From: Haley Montgomery <hmontgomery@serpentpublishing.com>
Date: 6 November
Subject: Your book

Dear Mr. Chang,

I am happy to inform you that the editor Ann Carter at *Summer Style* has read your latest book. 139. you were not aware, *Summer Style* is Australia's best selling interior decorating magazine. Ms. Carter has asked for an interview with you for an article. Positive press like this always leads to a huge increase in sales. I certainly encourage you to 140.. The interview is to be held at the *Summer Style* offices here in Sydney. A writer from *Summer Style* is available on Monday, 10 August and Thursday, 13 August. Please let me know if you can attend. I will communicate your 141. to Ms. Carter. 142..

Sincerely,
Haley Montgomery

【和訳】

問題 139-142 は次の E メールに関するものです。

受信者：Syd Chang <schang@newduck.com>
送信者：Haley Montgomery <hmontgomery@serpentpublishing.com>
日付：11 月 6 日
件名：あなたの書籍

Chang 様

『Summer Style』の編集者 Ann Carter があなたの最新の書籍を読んだことを喜んでお知らせいたします。ご存知でない場合のためにお伝えしますが、『Summer Style』はオーストラリアの最も売れている室内装飾の雑誌です。Carter さんは記事のためにあなたとの インタビューを求めています。このような有益な記事は、常に大きな売り上げの増加につながります。あなたに応じていただくことを自信を持ってお勧めいたします。インタビューはここ、シドニーの『Summer Style』のオフィスで行われることになっています。Summer Style の記者は、8 月 10 日月曜日と 8 月 13 日木曜日に空いています。ご出席いただけるかどうかを私にお知らせください。Carter さんにあなたの希望をお伝えいたします。*もちろん、あなたの交通費は Serpent 出版が負担いたします。

敬具
Haley Montgomery

語彙チェック　☐ editor　編集者　☐ positive　有益な　☐ press　出版物
　　　　　　☐ certainly　自信を持って

TEST 1
TEST 2
TEST 3
TEST 4
TEST 5
TEST 6
TEST 7
TEST 8
TEST 9
TEST 10

139 | □□□ 正解 A | 語彙

(A) In case
(B) As long as
(C) Unless
(D) Of course

(A)「〜だといけないから言っておくが」
(B)「〜する限り」
(C) 接続詞「〜しない限り」
(D)「もちろん」

1 文目では、「『Summer Style』の編集者がメールの受信者である Chang さんの最新の書籍を読んだ」ことを伝えている。2 文目の後半では、『Summer Style』とは何かを述べているので、空所に (A) In case が入ると In case you were not aware「ご存知でない場合のためにお伝えしますが」となり文意に合う。

> **Beacon's Point**
>
> 正答の in case は TOEIC によく出る表現だが、if と同じように「もし〜ならば」「〜の場合は」といった意味で使われることが多い。今回のように「〜だといけないから言っておくが」という意味でも使われることを覚えておこう。

140 | □□□ 正解 D | 語彙

(A) apply
(B) submit
(C) promote
(D) comply

(A) 動詞 apply「申し込む」の原形
(B) 動詞 submit「〜を提出する」の原形
(C) 動詞 promote「〜を促進する」の原形
(D) 動詞 comply「応じる」の原形

3 文目では、Chang さんにインタビューに来てほしいという内容が書かれているので、空所に (D) が入ると、I certainly encourage you to comply「あなたに応じていただくことを自信を持ってお勧めいたします」という意味になり文意に合う。

141 | □□□ 正解 B | 語彙

(A) gratitude
(B) preference
(C) finding
(D) requirement

(A) 名詞「感謝の気持ち」
(B) 名詞「希望」
(C) 名詞「発見」
(D) 名詞「必要なもの」

空所を含む 9 文目は I will communicate your 141. to Ms. Carter「Carter さんにあなたの〜をお伝えいたします」となっている。それまでの内容を見てみると、6〜7 文目にインタビューの場所や日程についての説明があり、8 文目には Please let me know if you can attend「ご出席いただけるかどうかを私にお知らせください」とある。このことから Chang さんのインタビューについての希望を聞いていると考えられるので、(B) が正解。

142 | □□□ 正解 C | 文挿入

(A) Fortunately, you can have the interview in Melbourne.
(B) The article will be featured in a financial publication.
(C) Naturally, Serpent Publishing will cover your travel expenses.
(D) The article will be published before the book is released.

(A) 幸運なことに、あなたはメルボルンでインタビューを受けていただけます。
(B) その記事は、金融関係の出版物で特集されます。
(C) もちろん、あなたの交通費は Serpent 出版が負担いたします。
(D) その記事は、その本が発売される前に刊行されます。

空所があるのはメール本文の最後。インタビューをすることについて話しているので、インタビューの際の交通費について説明している (C) が入るのが最も自然。5 文目より、インタビューはシドニーで行われるので (A) は不正解。Chang さんの記事が載ることはまだ決まっていないため (B)(D) も不正解。

語彙チェック □ feature　〜を特集する　□ naturally　もちろん

113

To: Factory Managers
From: Miles Dunn
Date: July 7
Subject: Upgrades

Dear Managers,

We need help identifying some areas of inefficiency. 143., I have asked a team of engineers from Steele Robotics to come in and evaluate the plant. The team will be here on Thursday and Friday next week. Please allow 144. full access to your sections. You will be able to recognize Steele Robotics staff from the orange overalls and name badges. You should let your section know 145. visitors and to answer any questions that may arise. I would also like you to assure our staff that the advice we receive will not affect their employment. 146..

Sincerely,

Miles

【和訳】

問題 143-146 は次のメモに関するものです。

宛先：工場長各位
差出人：Miles Dunn
日付：7月7日
件名：グレードアップ

マネージャーの皆様

我々は非能率的な領域を特定する手助けが必要です。したがって、私は Steele Robotics 社のエンジニアチームに、工場に来て評価するように頼みました。チームの皆さんは来週の木曜日と金曜日にこちらに来ます。彼らがあなたたちの部署へ制限なく完全に出入りできるようにしてください。Steele Robotics 社の社員は、オレンジ色のオーバーオールとネームバッジでわかります。あなたたちは、訪問者が来るのを待ち受けて、生じるかもしれない質問に答えるように部署の皆さんに知らせてください。また、我々が受けるアドバイスが雇用状況に影響することはないと、社員を安心させてもらいたいと思っています。*我々は近い将来のために、現在の労働力を保持するつもりです。

敬具

Miles

語彙チェック　☐ inefficiency　非能率　☐ assure　～を安心させる

TEST 1
TEST 2
TEST 3
TEST 4
TEST 5
TEST 6
TEST 7
TEST 8
TEST 9
TEST 10

143　　正解 C　　語彙

(A) Nevertheless
(B) As though
(C) Therefore
(D) Indeed

(A) 副詞「それにもかかわらず」
(B)「まるで〜かのように」
(C) 副詞「したがって」
(D) 副詞「実際のところ」

空所のある文のカンマ以降には、Steele Robotics 社のエンジニアチームに工場の評価を頼んだという内容が書かれている。前の文を見てみると、非能率的な領域の特定に手助けが必要だとあり、これは Steele Robotics 社に依頼をした理由だと考えられる。よって、空所には (C) Therefore が適切。

144　　正解 B　　代／関

(A) me
(B) them
(C) him
(D) yourself

(A) 目的格の代名詞「私に (を)」
(B) 目的格の代名詞「彼らに (を)」
(C) 目的格の代名詞「彼に (を)」
(D) 再帰代名詞「あなた (たち) 自身」

空所の前に動詞 allow があり、allow 人〜で「(人) に〜を与える」という意味になる。前の文で、来週エンジニアチームが来ることが述べられているので、その人たちが部署に入れるようにするという内容になると意味が通る。よって、the team を置き換えた代名詞 (B) them が正解。

145　　正解 D　　準動詞

(A) expected
(B) expects
(C) is expecting
(D) to expect

(A) 動詞 expect「〜を予期する」の過去形・過去分詞
(B) 三人称単数現在形
(C) 現在進行形
(D) to 不定詞

空所は You should let your section know「あなたたちは部署の皆さんに知らせる必要がある」に続く部分にあるので、知らせる内容を表す know の目的語が入ると考えられる。目的語になれるのは「〜すること」という意味を表せる to 不定詞のみ。よって、(D) が正解。

語彙チェック □ expect　〜を予期する、(人・物など) が来るのを待つ

> **Beacon's Point**
>
> この空所を含む文の文構造を見てみよう。等位接続詞の and に注目。知らせる内容、つまり know の目的語にあたる部分は、to expect visitors「訪問者が来るのを待ち受けること」と to answer any questions that may arise「出てくるかもしれない質問に答えること」だ。

146　　正解 A　　文挿入

(A) We will retain our current workforce for the foreseeable future.
(B) We will use the information to reduce our labor costs.
(C) The team will be installing some more powerful lighting.
(D) Anyone who cannot attend must notify management.

(A) 我々は近い将来のために、現在の労働力を保持するつもりです。
(B) 我々は労働力のコストを削減するためにその情報を利用するつもりです。
(C) チームの皆さんが、もう少し強力な照明を取り付ける予定です。
(D) 出席できない方は管理者に知らせなくてはなりません。

前の文では、「雇用状況に影響することはないと社員を安心させてほしい」という内容が述べられている。よって、この内容を補足している (A) が適切。

語彙チェック □ retain　〜を保持する　□ workforce　労働力　□ foreseeable future　近い将来
□ labor　労働　□ management　管理者、経営陣

TEST 5

解答＆解説

TEST 5 　正解一覧

Part 5

問題番号	正解	1	2	3		問題番号	正解	1	2	3
101	B	☐	☐	☐		116	D	☐	☐	☐
102	A	☐	☐	☐		117	C	☐	☐	☐
103	B	☐	☐	☐		118	C	☐	☐	☐
104	C	☐	☐	☐		119	D	☐	☐	☐
105	A	☐	☐	☐		120	A	☐	☐	☐
106	B	☐	☐	☐		121	B	☐	☐	☐
107	B	☐	☐	☐		122	B	☐	☐	☐
108	B	☐	☐	☐		123	A	☐	☐	☐
109	B	☐	☐	☐		124	C	☐	☐	☐
110	D	☐	☐	☐		125	D	☐	☐	☐
111	D	☐	☐	☐		126	A	☐	☐	☐
112	C	☐	☐	☐		127	A	☐	☐	☐
113	B	☐	☐	☐		128	A	☐	☐	☐
114	B	☐	☐	☐		129	A	☐	☐	☐
115	D	☐	☐	☐		130	A	☐	☐	☐

Part 6

問題番号	正解	1	2	3		問題番号	正解	1	2	3
131	D	☐	☐	☐		139	B	☐	☐	☐
132	C	☐	☐	☐		140	A	☐	☐	☐
133	B	☐	☐	☐		141	B	☐	☐	☐
134	A	☐	☐	☐		142	A	☐	☐	☐
135	C	☐	☐	☐		143	B	☐	☐	☐
136	A	☐	☐	☐		144	D	☐	☐	☐
137	A	☐	☐	☐		145	B	☐	☐	☐
138	A	☐	☐	☐		146	B	☐	☐	☐

TRACK_137

101

□ □ □ | 正解 B | 数

Cottbus Market, a flea market for antique chinaware, will be open on the third weekend of ------- month starting in June next year.

アンティーク陶磁器のフリーマーケットである Cottbus マーケットは、来年 6 月から毎月 3 番目の週末に開かれます。

(A) most

(B) each

(C) all

(D) other

(A) 形容詞「ほとんどの」

(B) 形容詞「それぞれの」

(C) 形容詞「すべての」

(D) 形容詞「他の」

選択肢には形容詞が並ぶ。空所直後の month を修飾する語として適切なものを選ぶ。名詞の単数形を修飾できるのは、(B) each のみ。on the third weekend of each month「毎月 3 番目の週末」となり、文意も通る。

語彙チェック □ chinaware 陶磁器

TRACK_138

102

□ □ □ | 正解 A | 品詞

For decades, Lococoaters has been ------- on foreign factories to manufacture its petroleum products.

数十年もの間、Lococoaters 社は、石油製品の製造を海外の工場にずっと依存しています。

(A) dependent

(B) depend

(C) depended

(D) dependence

(A) 形容詞「依存して」

(B) 動詞 depend「頼る」の原形

(C) 過去形・過去分詞

(D) 名詞「依存」

選択肢には自動詞 depend の派生語が並ぶ。形容詞である (A) dependent を入れると、be dependent on ～「～に依存している」の形となり、文意も自然と流れる。よって、(A) が正解。

語彙チェック □ decade 10 年間 □ petroleum 石油

103 | 正解 B | 前置詞×語法

We are unable to process online applications submitted ------- noon and 2 P.M. on October 20 due to a server update.

(A) before
(B) between
(C) until
(D) by

サーバー更新のため、10月20日正午から午後2時の間に提出されたオンライン申請書は処理することができません。

(A) 前置詞「〜の前に」
(B) 前置詞「〜の間に」
(C) 前置詞「〜まで」
(D) 前置詞「〜までに」

空所の後には時刻を表す表現が続いているが、noon and 2 P.M.「正午と午後2時」とandで2つの時刻がつながれている。between A and B で「A と B の間」という意味になるので、(B) between を入れるのが適切。

語彙チェック ☐ submit 〜を提出する ☐ update 更新

Beacon's Point
both A and B「A と B の両方とも」、either A or B「A か B のどちらか」、neither A nor B「A と B のどちらも〜ない」、not A but B「A でなく B」などもペア表現として覚えておきたい。

104 | 正解 C | 品詞×語彙

The signature product of Zoominwall Furniture is the elegant dining table with a ------- top.

(A) removing
(B) removal
(C) removable
(D) removed

Zoominwall 家具社の看板商品は天板が取り外し可能なエレガントなダイニングテーブルです。

(A) 動詞 remove「〜を取り除く」の動名詞・現在分詞
(B) 名詞「除去」
(C) 形容詞「取り外し可能な」
(D) 過去形・過去分詞

空所は冠詞 a と名詞 top に挟まれているので、空所には名詞を修飾する形容詞の働きを持つ語が入る。(C) removable を入れると、a removable top で「取り外し可能な天板」となり、意味が通るので、(C) が正解。

語彙チェック ☐ signature product 看板商品 ☐ top 天板

105 □□□ 正解 A 語彙

Happifood works with retailers and manufacturers in order to identify ways of increasing the beneficial use of ------- food.	Happifood 社は、余剰食糧の有益利用を増やす方法を探し出すために、小売業者や製造業者と協力しています。
(A) surplus	(A) 名詞「余剰」
(B) interest	(B) 名詞「興味」
(C) rate	(C) 名詞「割合」
(D) merit	(D) 名詞「長所」

空所後の food と組み合わせて、the beneficial use of 〜「〜の有益利用」の of の目的語となるのにふさわしいものを選ぶ。(A) を入れると、surplus food で「余剰食糧」という意味になり文意に合う。

語彙チェック □ retailer　小売業者　□ identify　〜をつきとめる

106 □□□ 正解 B 前 vs 接

Planetarium visitors can either book in advance on the Web site ------- purchase tickets upon arrival.	プラネタリウム訪問者は、ウェブサイトで事前予約するか、来場時にチケットを購入することができます。
(A) and	(A) 接続詞「そして」
(B) or	(B) 接続詞「または」
(C) by	(C) 前置詞「〜によって」
(D) until	(D) 前置詞「〜まで」

文構造を見ると主語は Planetarium visitors「プラネタリウム訪問者」、述語動詞は can に続く book「予約する」と purchase「〜を購入する」の 2 つがある。book の前に either があるので、either A or B で「A あるいは B」という形にするのが適切。「事前予約するか、来場時に購入することができる」となり、文意も通るので、(B) が正解。

語彙チェック □ in advance　事前に　□ upon arrival　到着時に

| 107 | □□□ | 正解 B | 語彙 |

Trippist.web provides ------- prices of gadgets that are produced in Asia, along with over 1,000 user reviews.

(A) state-of-the-art
(B) up-to-date
(C) part-time
(D) top-rated

Trippist.web では、アジアで製造された道具の最新価格を、1,000 を超えるユーザーレビューと共に提供しています。

(A) 形容詞「最先端の」
(B) 形容詞「最新の」
(C) 形容詞「パートタイムの」
(D) 形容詞「一流の」

選択肢はすべて形容詞なので、直後の prices of gadgets を修飾するのにふさわしいものを文意から選ぶ。「Trippist のウェブでは〜を提供している」という内容なので、(B) の up-to-date「最新の」を空所に入れ、up-to-date prices「最新価格」とすると文意に合う。正解は (B)。

語彙チェック □ gadget 道具

| 108 | □□□ | 正解 B | 前 vs 接 |

Permission is needed to enter the manufacturing plant, ------- proper safety measures must be taken.

(A) without
(B) since
(C) so that
(D) in spite of

適切な安全対策を講じる必要があるため、製造工場に入るには許可が必要です。

(A) 前置詞「〜なしで」
(B) 接続詞「〜なので」
(C)「〜するために」
(D)「〜にもかかわらず」

文構造を見ると、空所前と後はともに受動態の文の形があるので、接続詞の働きをする (B) と (C) が候補となる。後半の「適切な安全対策を講じる必要がある」は、前半の「製造工場に入るには許可が必要だ」の理由となっているので、理由を表す接続詞である (B) since が正解。

語彙チェック □ safety measures 安全対策

| 109 | □ □ □ | 正解 B | 準動詞 |

A study ------- last month provided insight into what was needed to improve working conditions and maximize productivity.

(A) was released

(B) released

(C) is being released

(D) releasing

先月発表された研究論文は、労働環境を改善し生産性を最大限にするために必要とされるものについての洞察を提供しました。

(A) 動詞 release「～を発表する」の過去形の受動態

(B) 過去分詞

(C) 現在進行形の受動態

(D) 動名詞・現在分詞

文構造を見ると、主語が A study、述語動詞が provided、目的語が insight という S+V+O の文。空所は後ろから主語の A study を修飾していると判断する。過去分詞の (B) released「発表された」を入れると「先月発表された研究論文」と文意も通るので、(B) が正解。現在分詞の (D) は能動の意味になるので不適切。

語彙チェック □ insight 洞察 □ maximize ～を最大限にする □ productivity 生産性

| 110 | □ □ □ | 正解 D | 語彙 |

At next month's exhibition, we are planning to ------- the brand-new model of our vacuum cleaner, whose features include a long-lasting battery.

(A) redeem

(B) observe

(C) accept

(D) display

来月の展示会では、長持ちするバッテリーを特徴として含む当社の最新式掃除機を展示する予定です。

(A) 動詞 redeem「～を取り返す」の原形

(B) 動詞 observe「～を観察する」の原形

(C) 動詞 accept「～を受領する」の原形

(D) 動詞 display「～を展示する」の原形

選択肢はすべて他動詞の原形。空所後の the brand-new model of our vacuum cleaner「当社の最新式掃除機」を目的語として文意に合うものを選ぶ。冒頭に「展示会では」とあるので、(D) display「～を展示する」を入れると、文意が通る。

語彙チェック □ feature 特徴 □ long-lasting 長続きする

Beacon's Point

(A) redeem は他動詞で「～を償還する、取り戻す、換金する」という意味があるが、TOEIC では、redeem a coupon「商品券で商品を買う」、redeem a voucher「バウチャーを利用する」という形で出題されることが多い。

TRACK_147

TEST 1
TEST 2
TEST 3
TEST 4
TEST 5

111

□□□ 　正解 **D**　　前置詞×慣用表現

This booklet, which is considered a must for businessmen, has been ------- great demand ever since its first edition.

この小冊子は、ビジネスマンにとっては必見と考えられていて、初版以来大きな需要があります。

(A) on

(B) for

(C) to

(D) in

(A) 前置詞「〜に接して」

(B) 前置詞「〜のために」

(C) 前置詞「〜に向かって」

(D) 前置詞「〜の中に」

選択肢はすべて前置詞。空所の後ろに demand があるのに注目する。空所に (D) を入れると、in demand で「需要がある」という意味になるため、「小冊子は、初版以来大きな需要がある」となり、文意が通る。

語彙チェック □ booklet　小冊子　□ must　絶対必要なもの　□ first edition　初版

ここが落とし穴
(A) を選んだ人…on demand は「要求があり次第」という慣用表現だが、ここでは意味をなさないので不適切。

112

□□□ 　正解 **C**　　語彙×慣用表現

The chairperson ------- up the Scientific Conference with a summary of the keynote presentations.

議長は基調講演の要約で科学会議を締めくくりました。

(A) gave

(B) drew

(C) wrapped

(D) signed

(A) 動詞 give「〜を与える」の過去形

(B) 動詞 draw「〜を描く」の過去形

(C) 動詞 wrap「〜を終える」の過去形

(D) 動詞 sign「〜に署名する」の過去形

選択肢はすべて動詞の過去形。空所直後の up とともに、文意に合う句動詞を形成するものを選ぶ。主語は「議長」、目的語は「科学会議」、with 以降「基調講演の要約」という内容なので、wrap up A with B で「A を B で締めくくる」という慣用表現をつくる (C) の wrapped を入れると文意が通る。

語彙チェック □ keynote presentation　基調講演

Beacon's Point
conference は通例、国際会議のような大規模なものを指す。chairperson「議長」や summary「要約」、keynote presentation「基調講演」なども頻出なので覚えておきたい。

| 113 | □□□ | 正解 B | 語彙 |

Former Above and Beyond Recognition ------- include two of our coworkers in the Development Department.

(A) artifacts
(B) recipients
(C) orders
(D) policies

これまでの Above and Beyond 賞の受賞者の中には、我々の開発部の同僚 2 人が含まれています。

(A) 名詞「工芸品」の複数形
(B) 名詞「受賞者」の複数形
(C) 名詞「注文」の複数形
(D) 名詞「政策」の複数形

文頭から空所までが主語となっており、続く include が述語動詞。include「〜を含む」の目的語が「同僚 2 人」であるため、主語も人を表す名詞の (B) が正解。

語彙チェック □ former 以前の

| 114 | □□□ | 正解 B | 品詞 |

This map of the Hurraly Hotel shows ------- where the fire alarms are located.

(A) explicit
(B) explicitly
(C) explicitness
(D) explicative

Hurraly ホテルのこの地図は、どこに火災報知機があるかを明確に示しています。

(A) 形容詞「明確な」
(B) 副詞「明確に」
(C) 名詞「明確さ」
(D) 形容詞「解説的な」

文構造を確認すると、主語が This map of the Hurraly Hotel、述語動詞が shows、目的語が where the fire alarms are located「どこに火災報知機があるか」という名詞節の S+V+O の文型となっている。空所に何も入れなくても完全な文が成立しているので、空所には動詞を修飾する副詞の (B) explicitly が入る。

語彙チェック □ fire alarms 火災報知器

Beacon's Point
空所には動詞 shows の目的語の名詞が入り、where が関係副詞でその名詞を先行詞として修飾するという構造も考えられるが、(C) explicitness のような抽象名詞はここでは不適切。場所を表す具体的な名詞などであれば名詞も正解になりえる。

115 □□□ 正解 D 準動詞

------- as a small group of locals selling handmade goods, the Knitsewers has grown to become one of the largest textile companies in the area.

(A) Original

(B) To originate

(C) Originate

(D) Originating

手作り品を売る地元の人々の小さなグループとして始まり、Knitsewers 社はその地域最大の織物会社の 1 社に成長しました。

(A) 形容詞「最初の」

(B) 動詞 originate「始まる」の to 不定詞

(C) 動詞の原形

(D) 現在分詞

カンマ以降は「その地域最大の織物会社の 1 社に成長した」という文になっている。現在分詞である (D) Originating を入れると、「地元の人々の小さなグループとして始まったが」という譲歩を表す分詞構文となる。よって、(D) が正解。

語彙チェック □ locals 地元住民 □ textile 織物の

116 □□□ 正解 D 語彙×語法

At the annual meeting, it was announced that Mark Tanaka, CEO of KGGI Motors, will step ------- and hand the position over to his son.

(A) up

(B) forward

(C) inside

(D) aside

年次総会で、KGGI モーター社の最高経営責任者である Mark Tanaka が引退し、彼の息子に職を譲ると発表されました。

(A) 副詞「上へ」

(B) 副詞「前へ」

(C) 副詞「内側に」

(D) 副詞「わきへ」

選択肢には副詞が並ぶ。it was announced に続く that 節内の主語は Mark Tanaka, CEO of KGGI Motors。空所の後に「彼の息子に職を譲る」とあるので、(D) の aside を空所に入れ、step aside「引退する」とすると文脈が通る。

語彙チェック □ hand over 〜 〜を譲り渡す

117 □□□ 正解 C 品詞×語彙

Greills Corporate handles the majority of its product distribution through its -------, which guarantees prompt delivery.

(A) affiliation
(B) affiliated
(C) affiliate
(D) affiliating

Greills Corporate 社は、大部分の製品の流通をその支社を通じて処理しており、迅速な配送を保証しています。

(A) 名詞「提携」
(B) 動詞 affiliate「提携する」の過去形・過去分詞
(C) 名詞「支社」
(D) 動名詞・現在分詞

空所は所有格の代名詞 its とカンマに挟まれているので、空所には名詞が入るとわかる。(C) affiliate を入れると、「製品の流通をその支社を通じて処理している」となり文意が通る。(A) affiliation は名詞だが、文意に合わない。

語彙チェック □ majority 大部分

Beacon's Point
カンマの後にある which は関係代名詞だが、カンマまでの文の内容全体を先行詞としている。カンマを置いて使う非制限用法の場合にはこのような用法があることにも注意。

118 □□□ 正解 C 前置詞×語法

The revenue office will thoroughly inquire ------- the company's financial dealings of the previous year.

(A) of
(B) for
(C) into
(D) from

税務局は、その企業の前年の金融取引を徹底的に調査するでしょう。

(A) 前置詞「〜の」
(B) 前置詞「〜のために」
(C) 前置詞「〜の中に」
(D) 前置詞「〜から」

選択肢はすべて前置詞。空所の前に動詞 inquire があるので、(C) into を入れて、inquire into 〜「〜を調査する」という形にすると、「税務局は、金融取引を徹底的に調査する」となり文意が通るので、(C) が正解。

語彙チェック □ revenue office 税務局 □ financial dealing 金融取引

ここが落とし穴
(A) を選んだ人…inquire of 〜は「(人) に尋ねる」という意味になるので、ここでは不適切。

119 ☐☐☐ 正解 **D** 準動詞

Megamal Place announced the release of a limited edition of the Shoppers Card ------- customers to redeem up to two coupons per visit.

(A) enable

(B) have enabled

(C) enables

(D) enabling

Megamal Place は、顧客が一回の来店で最大 2 枚のクーポン券を利用できる Shoppers Card の限定版を配布することを発表しました。

(A) 動詞 enable「（人が〜するの）を可能にさせる」の原形

(B) 現在完了形

(C) 三人称単数現在形

(D) 現在分詞

> 主語 は Megamal Place、述語動詞 は announced、目的語 は the release of a limited edition of the Shoppers Card という S+V+O の文。空所から後ろは直前の Shoppers Card を説明する修飾句と判断する。名詞を後ろから修飾できる現在分詞の (D) enabling が適切。

語彙チェック ☐ redeem 〜を商品に換える、（クーポンなど）を利用する ☐ up to 〜 最大〜まで

120 ☐☐☐ 正解 **A** 品詞

We hope to achieve a sustainable society by providing ------- alternatives to petroleum-fueled vehicles.

(A) viable

(B) viability

(C) viably

(D) vibrancy

私たちは、石油燃料車の実行可能な代替物を供給することによって、持続可能な社会を実現したいと思っています。

(A) 形容詞「実行可能な」

(B) 名詞「実行可能性」

(C) 副詞「実行可能な状態で」

(D) 名詞「活力」

> 空所は他動詞 provide「〜を供給する」の動名詞と名詞 alternatives に挟まれているので、空所には alternatives を修飾する形容詞が入ると判断できる。形容詞の (A) viable が適切。

語彙チェック ☐ sustainable 持続可能な ☐ alternative 代替物
☐ petroleum-fueled 石油燃料の

Beacon's Point

sustainable は「持続可能な」という意味の形容詞で、動詞 sustain「〜を持続させる」の派生語。環境問題関連の文章で、「環境破壊をせずに継続できる」という意味で使われることが多いので覚えておきたい。名詞は sustainability「持続可能性」。

| 121 | □□□ | 正解 B | 前置詞×語法 |

Consumers tend to be more involved ------- buying products that they believe can fill their own needs.

(A) by
(B) with
(C) to
(D) for

消費者は、自分の必要性を満たすと信じられる製品を購入することに、より夢中になる傾向があります。

(A) 前置詞「～によって」
(B) 前置詞「～とともに」
(C) 前置詞「～に」
(D) 前置詞「～のために」

空所の前に be more involved があることに注目する。(B) with を空所に入れて、be involved with ～で「～に夢中になる、関わる」という形にするのが適切。空所の後ろは with の目的語となる動名詞句で、「自分の必要性を満たすと信じられる製品を購入すること」となっている。なお、be involved in ～も be involved with ～と同じ意味を表す。

| 122 | □□□ | 正解 B | 準動詞 |

The leaders of each team require ------- evaluation sheets by their members at the end of every month.

(A) submit
(B) submitting
(C) to submit
(D) submitted

各チームのリーダーは、メンバーが評価シートを毎月末に提出することを求めています。

(A) 動詞 submit「～を提出する」の原形
(B) 動名詞
(C) to 不定詞
(D) 過去形・過去分詞

選択肢には動詞 submit「～を提出する」の様々な変化形が並ぶ。(B) submitting を入れると「リーダーは、メンバーから評価シートを提出されることを求める」となるので文意が通る。よって、(B) が正解。require doing で「～される（する）必要がある」という意味になり、doing の動作の主体は require の主語とは異なる。

語彙チェック □ evaluation sheet 評価シート

| 123 | □□□ | 正解 **A** | 語彙 |

Daisytown Troupe's new theater will be ------- to the old city library, which was recently repurposed as a café and a community center.

(A) adjacent
(B) subsequent
(C) visible
(D) subordinate

Daisytown Troupe の新しい劇場は、最近カフェやコミュニティセンターとして転用された古い市立図書館に隣接します。

(A) 形容詞「隣接して」
(B) 形容詞「続いて起こる」
(C) 形容詞「目に見える」
(D) 形容詞「下位の」

選択肢はすべて形容詞。to the old city library の前に置いて意味が通るのは (A) adjacent。be adjacent to ～で「～に隣接している」という意味。

語彙チェック □ repurpose ～を転用する

🔑ここが落とし穴
(B) を選んだ人…subsequent も前置詞 to を伴って使用するが、subsequent to ～は「～の後で」というように時間を表す表現で、ほぼ after と同じ意味で使われる。ここでは不適切。

| 124 | □□□ | 正解 **C** | 品詞×語法 |

The basic rates of our tours are ------- of all fees and expenses during the trip, such as meals and entrance fees.

(A) including
(B) inclusiveness
(C) inclusive
(D) include

当社のツアーの基本料金には、食事や入場料など、旅行中のすべての手数料や経費が含まれています。

(A) 動詞 include「～を含む」の動名詞・現在分詞
(B) 名詞「包括性」
(C) 形容詞「含んで」
(D) 動詞の原形

選択肢には他動詞 include の派生語が並ぶ。空所直後には前置詞 of があるので、(C) inclusive を入れ、be inclusive of ～「～を含む」の形にするのが適切。「基本料金には、すべての手数料や経費が含まれる」となり、文意も自然となる。

🔑ここが落とし穴
(A) を選んだ人…include は他動詞であるため、後ろには目的語となる名詞（句）が続く必要がある。空所後の of がなければ、The basic rates of our tours are including all fees and expenses と現在進行形の文にすることができるので、(A) も正解となりえる。

| 125 | ☐☐☐ | 正解 D | 前置詞 |

The Tallrocks Museum is located across from City Hall, ------- Genew Shopping Boulevard.

Tallrocks 博物館は、Genew ショッピング大通りの市役所の向かいに位置しています。

(A) among

(B) till

(C) where

(D) on

(A) 前置詞「〜の中で」

(B) 前置詞「〜まで」

(C) 関係副詞

(D) 前置詞「〜に面して」

カンマ以降では場所について補足説明をしている。Genew Shopping Boulevard を目的語にとり文意に合うのは (D) on。前置詞 on は「〜に接触して、面して」という意味を持ち、通りや川などに面していることを表現するときに使う。

語彙チェック ☐ boulevard　大通り

⚡ ここが落とし穴

(C) を選んだ人… where は場所を表す名詞を先行詞とする関係副詞だが、その後には S ＋ V の形がくる。

| 126 | ☐☐☐ | 正解 A | 語彙×語法 |

As the director was explaining the sales figures on the screen, brochures were ------- out to the audience.

部長が画面上の売上高を説明している間に、パンフレットが聴衆に配られました。

(A) passed

(B) spread

(C) issued

(D) taken

(A) 動詞 pass「〜を渡す」の過去分詞

(B) 動詞 spread「〜を広げる」の過去分詞

(C) 動詞 issue「〜を発行する」の過去分詞

(D) 動詞 take「〜を取る」の過去分詞

適切な過去分詞を入れて文意に合う受動態を完成させる。カンマまでの「部長が画面上の売上高を説明している」という状況や最後の to the audience「聴衆に」から、会議やセミナーの最中だと想像できる。pass out A to B で「A を B に配布する」という意味になるので、(A) passed を入れると「パンフレットが聴衆に配られた」となり、文意に合う。

語彙チェック ☐ sales figures　売上高　☐ audience　聴衆

127

□□□ 　正解 **A** 　　代／関

No more than two employees are permitted at once in ------- of the clean rooms to ensure germ-free conditions.

(A) any

(B) all

(C) each

(D) those

無菌状態を確保するため、どの無菌室にも 3 人以上の従業員が一度に入ることは許可されません。

(A) 代名詞「（否定文で）どれも」

(B) 代名詞「すべて」

(C) 代名詞「それぞれ」

(D) 代名詞「あれら」

選択肢には代名詞が並ぶ。この文は No more than ～から始まる否定文。否定文中で「どの～も」という意味を表す、(A) any が正解。

語彙チェック　□ ensure　～を確保する　□ germ-free　無菌の

128

□□□ 　正解 **A** 　　語彙

The project team decided to ------- the Fruiteacal Drink to improve its taste and reduce the sweetness.

(A) dilute

(B) add

(C) dispose

(D) compare

プロジェクトチームは、味を改善し甘さを削減するために Fruiteacal Drink 飲料を薄めることにしました。

(A) 動詞 dilute「～を薄める」の原形

(B) 動詞 add「～を追加する」の原形

(C) 動詞 dispose「～を並べる」の原形

(D) 動詞 compare「～を比較する」の原形

選択肢には動詞の原形が並ぶ。to improve its taste and reduce the sweetness「味を改善し甘さを削減するために」という to 不定詞の内容から、文意に合うものを選ぶ。目的語は「Fruiteacal Drink 飲料」なので、(A) dilute を入れると、文意が通る。

語彙チェック　□ sweetness　甘さ

129 　□□□ 正解 A 　代／関

Many of our top salespeople say
successful closing depends on
------- you prepare for the appointment
beforehand.

(A) how

(B) that

(C) it

(D) which

当社のトップセールスマンの多くは、面談に向け
て事前に準備する方法が契約成立にかかってい
ると言います。

(A) 関係副詞

(B) 主格・目的格の関係代名詞

(C) 主格・目的格の代名詞「それは・それを（に）」

(D) 主格・目的格の関係代名詞

空所以降が直前の depends on「〜にかかっている」という動詞句の目的語となっている。関
係副詞である (A) how を空所に入れると「面談に向けて事前に準備する方法」という名詞節
になり、文意にも合う。

語彙チェック　□ closing　最終手続き

> **Beacon's Point**
> 関係副詞の how は先行詞を伴わないで用いるので注意。また、the way や the way in
> which で置き換えることが可能で、depends on the way you prepare for …あるいは
> depends on the way in which you prepare for …のように表現することが可能。

130 　□□□ 正解 A 　品詞

The City Committee's ------- suggestion
about locating the Business District in
the south of Longman City was met
with opposition from the residents.

(A) initial

(B) initiative

(C) initiated

(D) initially

Longman 市の南部にビジネス街を配置すると
いう市の委員会の当初の提案は、住民の反対に
あいました。

(A) 形容詞「最初の」

(B) 名詞「主導権」

(C) 動詞 initiate「〜を始める」の過去形・過去分
詞

(D) 副詞「最初は」

空所は所有を表す語 City Committee's「市の委員会の」と名詞 suggestion「提案」に挟ま
れているので、名詞を修飾する語が入る。形容詞である (A) initial を入れると、「市の委員会
の当初の提案」となり文意も通るので、(A) が正解。

語彙チェック　□ opposition　反対

Part 6

Questions 131-134 refer to the following advertisement.

▶ TRACK_167

Shop at Short Thrifty This Summer

Do you have a limited budget, or are you interested in 131. ? At Short Thrifty, we deal with a variety of used high quality 132.. Shopping at our place is the perfect solution if you are considering getting an electronic device to use in your house at a cheaper price.

Aside from selling secondhand goods, we are also interested in buying things that you want to get rid of. Simply come to our store with the 133. you wish to sell, and we will tell you our purchase price. 134.. For more information, contact us at 767-555-0001.

【和訳】

問題 131-134 は次の広告に関するものです。

この夏、Short Thrifty でお買い物をしましょう

予算が限られていますか、あるいは持続可能性に興味はおありでしょうか。Short Thrifty では、高品質の中古家電を多種取り扱っています。家で使う電化製品をより安く手に入れることをお考えの方にとって、当店でのお買い物は最もよい解決策です。

中古製品を売る以外に、不用品の買い取りも行っています。売りたい品物を当店にお持ちいただければ、買取価格をお伝えします。* より大きな装置に関しては、お客様のお家に伺ってのお見積もりにご対応いたします。より詳しい情報を得るには、767-555-0001 までご連絡ください。

語彙チェック ☐ limited　限られた　☐ budget　予算　☐ deal with 〜　〜を取り扱う
☐ solution　解決策　☐ aside from 〜　〜のほかに　☐ secondhand　中古の
☐ get rid of 〜　〜を処分する　☐ purchase price　買取価格

131

(A) sustain
(B) sustaining
(C) sustainable
(D) sustainability

□□□　正解 **D**　品詞

(A) 動詞 sustain「〜を持続させる」の原形
(B) 動名詞・現在分詞
(C) 形容詞「持続可能な」
(D) 名詞「持続可能性」

空所の前には be interested in 〜「〜に興味がある」の形があるので、空所には名詞が入る。選択肢のうち名詞として使えるのは (B) と (D) のみ。(B) sustaining は他動詞の現在分詞で、後ろに目的語が必要なので不適切。よって (D) が正解。

132　　　　　　正解 C　　　　語彙

(A) stationery
(B) furniture
(C) appliances
(D) utensils

(A) 名詞「文房具」
(B) 名詞「家具」
(C) 名詞「家電」の複数形
(D) 名詞「台所用具」の複数形

選択肢には名詞が並んでいる。空所の前に we deal with とあるので、空所にはこの店が扱っているものが入る。次の文で、この広告は an electronic device to use in your house「家で使う電化製品」を買おうと考えている人に向けられたものだとわかるので、electronic device を appliances と言い換えた (C) が正解。

133　　　　　　正解 B　　　　語彙

(A) notice
(B) article
(C) book
(D) information

(A) 名詞「掲示」
(B) 名詞「品物」
(C) 名詞「本」
(D) 名詞「情報」

第 2 段落では、中古品の買い取りを希望する人への案内が書かれている。空所の前後は Simply come to our store with the 133. you wish to sell「あなたが売りたいと思う〜を持ってお店に来てください」という意味。前文を見ると、「あなたが捨てたいと思っている物（不用品）の買い取りを行っている」と述べられており、空所にはこの部分の things「物」を言い換えた (B) article が正解。

> **Beacon's Point**
>
> article は多義語で、「記事」という意味がメジャーだが、「品物、物」という意味もある。
> 990 点を目指す人が知っておくべき多義語はほかに、以下のようなものがある。
> terms 期日／言葉／条件
> solution 解決策／溶液
> outstanding 抜きんでた／未払いの
> resolution 決議案／解像度

134　　　　　　正解 A　　　　文挿入

(A) For larger equipment, we can visit your house and give an estimate.
(B) Our goods all come with a one-year warranty.
(C) We have served the Middle City area for ten years.
(D) Shipping usually takes three to five business days from the date of purchase.

(A) より大きな装置に関しては、お客様のお家に伺ってのお見積もりにご対応いたします。
(B) 当店の商品はすべて 1 年間の保証期間がついています。
(C) 当店は中心市街で 10 年間営業を続けています。
(D) 発送は、購入してから通常 3 から 5 営業日かかります。

空所の前の文では、売りたい品物を店に持ってくれば買取価格を出すといった内容が述べられている。(A) の文は、品物を店に持っていく必要がない場合について言及しているので、文意が通る。よって、(A) が正解。

語彙チェック　□ equipment　機器、装置　□ estimate　見積もり
　　　　　　　　　□ come with 〜　〜がついてくる　□ warranty　保証　□ business day　営業日

TEST 1
TEST 2
TEST 3
TEST 4
TEST 5
TEST 6
TEST 7
TEST 8
TEST 9
TEST 10

Questions 135-138 refer to the following e-mail.

TRACK_168

To: All Employees
From: William Erikson
Date: 4 October
Subject: Details of the new company housing

Dear All,

As you know, we have 135. a contract with Unotres Holdings for the construction of our new company dormitory. The residence is located near Brookside Station, a ten-minute-walk from the Main Center. 136.. This is one of the buildings we offer in our housing subsidy program which is part of our benefits 137..

If you are considering moving into this dormitory, take part in one of our briefing sessions starting this Friday. The sessions 138. approximately an hour. I have attached the schedule and outline of the presentation I will be giving to this e-mail.

I kindly ask you to confirm your attendance by replying to werikson@colbridge.com.

Yours Sincerely,
William Erikson
General Affairs Department, Colbridge Electronics

【和訳】

問題 135-138 は次の E メールに関するものです。

受信者：全社員
送信者：William Erikson
日付：10 月 4 日
件名：新社宅の詳細について

皆さん、

ご存知の通り、わが社は Unotres Holdings 社との新しい社宅の建設についての契約交渉を行いました。住居は Brookside 駅付近であり、Main Center から徒歩 10 分の場所に位置しています。＊入居日は 6 月 14 日です。この社宅は、わが社の福利厚生の一環としての住宅補助プログラムで提供している建物の 1 つです。

この社宅への入居をお考えの方は、今週金曜日から始まる説明会にご参加ください。説明会は約 1 時間かかります。この E メールに、発表予定のプレゼンテーションのスケジュールと概要を添付しました。

werikson@colbridge.com までどうかご返信いただき、出席を確定させてください。

よろしくお願いいたします。

William Erikson
Colbridge Electronics 総務部

語彙チェック □ company housing　社宅　□ contract　契約　□ housing subsidy　住宅補助
□ briefing　簡単な説明　□ approximately　およそ　□ attach　〜を添付する
□ outline　概要　□ General Affairs　総務

136

TEST 1
TEST 2
TEST 3
TEST 4
TEST 5
TEST 6
TEST 7
TEST 8
TEST 9
TEST 10

135　　　　　　正解 C　　　語彙

(A) terminated
(B) finished
(C) negotiated
(D) rejected

(A) 動詞 terminate「～を終わらせる」の過去分詞
(B) 動詞 finish「～を終える」の過去分詞
(C) 動詞 negotiate「～を交渉する」の過去分詞
(D) 動詞 reject「～を拒否する」の過去分詞

選択肢には動詞の過去分詞が並んでおり、空所の前には have があるので、現在完了の表現を作る。negotiate a contract で「契約を交渉する」という意味なので、(C) negotiated を入れると「交渉が完了した」という意味になり、文意が通る。

136　　　　　　正解 A　　　文挿入

(A) The move-in date will be June 14.
(B) The building has long been a landmark of our city.
(C) Some workers prefer to work from home.
(D) Our factory produces precision machine parts.

(A) 入居日は 6 月 14 日です。
(B) その建物は長らく、わが市のランドマークとなっていました。
(C) 一部の従業員は在宅勤務を希望しています。
(D) わが社の工場は精密機械の部品を製造しています。

空所の前の文では社宅の場所について言及しており、次の文ではその社宅が住宅補助プログラムの 1 つであることが述べられているので、空所にも社宅についての説明が入ると考えられる。よって、(A) が正解。

語彙チェック □ move-in　入居の　□ landmark　ランドマーク、目印
□ work from home　在宅勤務をする　□ precision　精密な

137　　　　　　正解 A　　　語彙

(A) package
(B) concert
(C) assessment
(D) fortune

(A) 名詞「(会社からの) 手当」
(B) 名詞「協力」
(C) 名詞「査定」
(D) 名詞「富」

空所は前置詞 of に続く名詞句に含まれる。空所があるのは関係代名詞 which に続く文で、先行詞である housing subsidy program「住宅補助プログラム」が何の一部であるのかを示している。benefits package で「福利厚生」を表し文意に合うため、(A) が正解。

138　　　　　　正解 A　　　時制

(A) will last
(B) has lasted
(C) lasting
(D) is lasting

(A) 助動詞＋動詞 last「続く」の原形
(B) 現在完了
(C) 動名詞・現在分詞
(D) 現在進行形

選択肢には動詞 last の様々な時制が並ぶ。ここでは説明会が 1 時間続くという内容が述べられている。空所の前の文には、take part in one of our briefing sessions starting this Friday「今週金曜日から始まる説明会にご参加ください」とあるので、説明会はこれから開催されるものだとわかる。よって、(A) が正解。

Questions 139-142 refer to the following e-mail.

TRACK_169

To: hanatanaka@esishyd.ga
From: info@doplhairsalon.com
Date: 17 November
Subject: Thank you

Dear Ms. Tanaka,

Thank you for your recent visit to Dopl Hair Salon. We would 139. feedback on your experience with us. Click on the link below to post a review on our Web site.

doplhairsalonreviews.com

We are offering samples of 140. shampoo to customers who have submitted a review. You will receive an e-mail 141. your post has been authorized. The e-mail will have an attachment with a questionnaire asking about the condition of your hair. Please complete it and send it back to us. Within two weeks, a free 50-milliliter bottle of shampoo tailored just for you will be sent to your address. If you wish to continue using the shampoo, you will be able to order the same formula in a larger bottle. 142..

Best Regards,
Dopl Hair Salon Crew

【和訳】

問題 139-142 は次の E メールに関するものです。

受信者：hanatanaka@esishyd.ga
送信者：info@doplhairsalon.com
日付：11 月 17 日
件名：ありがとうございます

Tanaka 様

先日は Dopl ヘアサロンにご来店いただき、ありがとうございました。当店での体験についてご意見をいただけると感謝します。当店のウェブサイトにレビューを投稿するには、下のリンクをクリックしてください。

doplhairsalonreviews.com

当店では、レビューを投稿してくださったお客様に対し、カスタマイズされたシャンプーのサンプルを提供しております。投稿が承認された後、あなたに E メールが届きます。E メールには、あなたの髪の状態についてのアンケートが添付されています。記入し、我々に返送してください。2 週間以内に、あなたのためだけにあつらえられた無料の 50 ミリリットルのシャンプーボトルをご自宅にお送りします。そのシャンプーを継続してお使いになりたい場合、同じ処方のものをより大きな容器でご注文できます。* 我々の高品質のヘアケア商品の 1 つを試す機会をお見逃しなく。

よろしくお願いいたします。
Dopl ヘアサロン　スタッフ

語彙チェック　☐ feedback　意見、フィードバック　☐ post　〜を投稿する、掲載する
☐ authorize　〜を承認する　☐ attachment　添付、付属
☐ questionnaire　アンケート　☐ condition　状態　☐ tailored　あつらえられた
☐ formula　処方、製法

138

139

☐☐☐ 　正解 **B** 　　　語彙

(A) acknowledge
(B) appreciate
(C) provide
(D) maintain

(A) 動詞 acknowledge「〜を認める」の原形
(B) 動詞 appreciate「〜を感謝する」の原形
(C) 動詞 provide「〜を供給する」の原形
(D) 動詞 maintain「〜を維持する」の原形

文意に合う動詞を選ぶ。このEメールの受信者は Dopl ヘアサロンのスタッフ。空所の直前の文で、客が最近店を利用したことに感謝を述べている。空所の直後の文では、「当店のウェブサイトにレビューを投稿するには、下のリンクをクリックしてください」と、来店後のレビューの投稿を客に促している。ここから店のスタッフは、客の来店に関する意見に「感謝をする」とわかる。よって、(B) が適切。

140

☐☐☐ 　正解 **A** 　　　語彙

(A) customized
(B) relevant
(C) successful
(D) traditional

(A) 動詞 customize「〜をカスタマイズする」の過去分詞
(B) 形容詞「関連がある」
(C) 形容詞「成功した」
(D) 形容詞「伝統的な」

選択肢はすべて形容詞の働きを持つ語。空所部分は、We are offering samples of 140. shampoo「〜シャンプーのサンプルを提供する」となる。レビュー投稿でもらえるシャンプーについては、第2段落5文目に詳しく記載があり、a free 50-milliliter bottle of shampoo tailored just for you と述べられている。よって、tailored just for you「あなたのためだけにあつらえられた」を customized「カスタマイズされた」と言い換えている (A) が適切。

Beacon's Point

TOEIC では、空所を含む文から離れた場所にある単語が正答の言い換え表現になっていることがある。空所の前後の文を読むだけでなく、終わりまで気を抜かず読むことに注意したい。

141

☐☐☐ 　正解 **B** 　　　前 vs 接

(A) besides
(B) after
(C) while
(D) despite

(A) 副詞「その上」
(B) 接続詞「〜した後に」
(C) 接続詞「〜の一方」
(D) 前置詞「〜にもかかわらず」

空所の後に主語と動詞が続いているため、空所には接続詞が入る。接続詞の (B) after が入ると、「投稿が承認された後にEメールを受け取る」となり文意に合う。

142

☐☐☐ 　正解 **A** 　　　文挿入

(A) Do not miss this opportunity to try out one of our high-quality hair care products.
(B) The staff is pleased with your positive comments about our service.
(C) This maintenance service will take less than 10 minutes.
(D) Our haircut prices include shampoo and blow-dry.

(A) 我々の高品質のヘアケア商品の1つを試す機会をお見逃しなく。
(B) スタッフ一同、我々のサービスについての肯定的な意見に喜んでおります。
(C) このメンテナンスサービスには10分かかりません。
(D) 当店のヘアカット料金にはシャンプーとドライブローが含まれています。

第2段落3〜5文目では、「髪の状態に関するアンケートを記入した客に対し、その客向けにあつらえた無料の50ミリリットルのシャンプーボトルを送る」ことが述べられている。それらの説明を踏まえ、Eメールを締めくくるには (A) が適切。

語彙チェック ☐ maintenance　整備、補修
☐ blow-dry　ドライブロー、(髪を)ドライヤーで乾かすこと

Alina Shmitz
3702 Willis Avenue
Jacksonville, FL

Dear Ms. Shmitz,

Thank you very much for meeting with us to talk about the Web Developer position. 143. Smith & Paners, I am delighted to inform you that we have determined that you are the best candidate for this position. 144.. We are sure that it will contribute to improving our business even more.

You 145. at the Information Center, located on the fifth floor of our main building. Nancy Fulmer from the Human Resources department is assigned to assist you in the job training process. Reach out to 146. if you have any questions about it. We are looking forward to working with you from September.

Respectfully yours,

Julian Walters
Human Resources Department
Smith & Paners

【和訳】

問題 143-146 は次の手紙に関するものです。

Alina Shmitz 様
Willis 通り 3702 番地
Jacksonville、FL

Shmitz 様

ウェブ開発職についてのお話のためにお越しいただき、誠にありがとうございました。Smith & Paners 社を代表して、我々があなたをこの職に最も適任の候補者と決定したことを喜んでお伝えします。* 我々は特に、あなたの傑出したプログラミング言語の知識に感銘を受けました。我々はそれが当社のビジネスのさらなる向上に貢献すると確信しています。

あなたは本館の 5 階に位置するインフォメーションセンターで働くことになります。人事部の Nancy Fulmer が、職業訓練の期間中、あなたをサポートするよう任命されています。そちらに関して何か質問があれば彼女に連絡してください。我々一同、9 月からあなたと働くことを楽しみにしています。

敬具

Julian Walters
人事部
Smith & Paners 社

語彙チェック
☐ be delighted to *do* 喜んで〜する　☐ determine 〜を決定する
☐ candidate 候補者　☐ contribute to 〜 〜に貢献する
☐ Human Resources department 人事部
☐ be assigned to *do* 〜するよう任命される　☐ reach out to 〜 〜に連絡をとる
☐ Respectfully yours 敬具

TEST 1
TEST 2
TEST 3
TEST 4
TEST 5
TEST 6
TEST 7
TEST 8
TEST 9
TEST 10

143 ☐☐☐ 正解 B 語彙

(A) Thanks to
(B) On behalf of
(C) To mention
(D) On account of

(A)「〜のおかげで」
(B)「〜を代表して」
(C) 動詞 mention「〜に言及する」の to 不定詞
(D)「〜のために」

空所の文のカンマ以降では、この手紙の受取人である Shmitz さんがある職に最も適任だと決定したことを伝えている。また、手紙の最後からわかるように、空所の後に続く会社名 Smith & Paners は、これを書いた Walters さんの会社であるとわかる。よって、「Smith & Paners 社を代表して」という意味になる (B) が空所に入ると文意が通る。

144 ☐☐☐ 正解 D 文挿入

(A) The selection process consists of two phases, a pre-employment test and an interview.
(B) You can now send your résumé and other documents through our Web site.
(C) Our company needs more skilled employees in order to expand our business.
(D) We were especially impressed with your outstanding knowledge of programming languages.

(A) 選考の過程は、入社試験と面接の 2 段階で構成されています。
(B) 現在当社のウェブサイトを通して履歴書とその他の書類を送ることができます。
(C) 当社はビジネスを拡大するために、より熟練した従業員を必要としています。
(D) 我々は特に、あなたの傑出したプログラミング言語の知識に感銘を受けました。

空所の次の文では、「我々はそれが当社のビジネスの向上に貢献すると確信しています」と述べているため、空所には it「それ」が指す内容が入ると考えられる。空所の前の文で、Shmitz さんがこの職にふさわしいと伝えていることから、it が (D) の your outstanding knowledge of programming languages「あなたの傑出したプログラミング言語の知識」を指すと、流れとして自然。よって、(D) が正解。

語彙チェック ☐ selection 選出、選抜 ☐ phase 段階 ☐ pre-employment 本採用前の ☐ skilled 熟練した ☐ be impressed with 〜 〜に感銘を受ける ☐ outstanding 傑出した

145 ☐☐☐ 正解 B 時制

(A) are working
(B) will be working
(C) had been working
(D) have worked

(A) 動詞 work「働く」の現在進行形
(B) 助動詞＋進行形
(C) 過去完了進行形
(D) 現在完了

選択肢はすべて動詞 work の変化した形。空所を含む文では、Shmitz さんがインフォメーションセンターで働くことが述べられている。手紙の最後に、We are looking forward to working with you from September「我々一同、9 月からあなたと働くことを楽しみにしています」とあるので、Shmitz さんが働き始めるのは未来のことである。よって、(B) が正解。

146 ☐☐☐ 正解 B 代／関

(A) me
(B) her
(C) them
(D) it

(A) 目的格の代名詞「私を (に)」
(B) 目的格の代名詞「彼女を (に)」
(C) 目的格の代名詞「彼らを (に)」
(D) 主格・目的格の代名詞「それは・それを (に)」

空所には質問がある場合に連絡する相手が入る。空所の前の文で、Nancy Fulmer from the Human Resources department is assigned to assist you in the job training process「人事部の Nancy Fulmer が、職業訓練の期間中、あなたをサポートするよう任命されています」とあり、サポート係として Fulmer さんを紹介しているため、Fulmer さんを代名詞で置き換えた (B) が正解。

TEST 6

解答＆解説

TEST 6　正解一覧

Part 5

問題番号	正解	1 2 3
101	D	☐☐☐
102	B	☐☐☐
103	A	☐☐☐
104	D	☐☐☐
105	B	☐☐☐
106	B	☐☐☐
107	A	☐☐☐
108	C	☐☐☐
109	C	☐☐☐
110	B	☐☐☐
111	A	☐☐☐
112	D	☐☐☐
113	D	☐☐☐
114	D	☐☐☐
115	D	☐☐☐

問題番号	正解	1 2 3
116	D	☐☐☐
117	A	☐☐☐
118	B	☐☐☐
119	A	☐☐☐
120	C	☐☐☐
121	A	☐☐☐
122	B	☐☐☐
123	A	☐☐☐
124	C	☐☐☐
125	A	☐☐☐
126	C	☐☐☐
127	D	☐☐☐
128	A	☐☐☐
129	C	☐☐☐
130	C	☐☐☐

Part 6

問題番号	正解	1 2 3
131	C	☐☐☐
132	B	☐☐☐
133	D	☐☐☐
134	B	☐☐☐
135	A	☐☐☐
136	D	☐☐☐
137	C	☐☐☐
138	C	☐☐☐

問題番号	正解	1 2 3
139	D	☐☐☐
140	A	☐☐☐
141	B	☐☐☐
142	C	☐☐☐
143	C	☐☐☐
144	A	☐☐☐
145	D	☐☐☐
146	B	☐☐☐

▶TRACK_171

| 101 | □□□ | 正解 D | 主述の一致 |

The associate developers of a new application software ------- some of the tasks to expedite the process.

(A) outsources

(B) outsourcing

(C) to outsource

(D) outsource

新しいアプリケーションソフトの共同開発者たちは、プロセスを早めるためにいくつかの業務を外部委託しています。

(A) 動詞 outsource「〜を外部委託する」の三人称単数現在形

(B) 動名詞・現在分詞

(C) to 不定詞

(D) 現在形

この文には述語動詞がないので、空所には述語動詞として適切なものを選ぶ。主語は developers と複数形なので、(D) outsource が正解。

語彙チェック　□ developer　開発者　□ expedite　〜を促進する

> 🔍 ここが落とし穴
> (A) を選んだ人…解答を急ぐあまり、空所直前の software を見て主語が単数だと思いこんでしまわなかっただろうか。主述の一致で選ぶ問題は、どこからどこまでが主語なのかをしっかりと確認するようにしよう。

▶TRACK_172

| 102 | □□□ | 正解 B | 品詞 |

The chief executive has shown a keen ------- in the team project to redesign the successful KITI-423 model.

(A) interesting

(B) interest

(C) interested

(D) interestingly

その最高経営責任者は、好評の KITI-423 型を再設計するためのチームプロジェクトに強い関心を見せています。

(A) 形容詞「興味深い」

(B) 名詞「関心、興味」

(C) 形容詞「関心を持った」

(D) 副詞「興味深いことに」

空所の前に冠詞 a と形容詞 keen があることから、空所に入るのは名詞の単数形であるとわかる。よって、(B) interest が正解。

語彙チェック　□ chief executive　最高経営責任者　□ keen　強い、鋭い
　　　　　　　□ redesign　〜を再設計する

TEST 1
TEST 2
TEST 3
TEST 4
TEST 5
TEST 6
TEST 7
TEST 8
TEST 9
TEST 10

⊙ TRACK_173

| 103 | □□□ | 正解 A | 語彙 |

The sales of Nostaly Co. have been growing ------- in recent years due to the growth of the logistics marketplace.

物流市場の成長により、近年の Nostaly 社の売り上げは急激に伸び続けています。

(A) exponentially
(B) intentionally
(C) heavily
(D) hardly

(A) 副詞「急激に」
(B) 副詞「意図的に」
(C) 副詞「大量に、激しく」
(D) 副詞「ほとんど〜ない」

空所には、直前の動詞 have been growing を修飾する、文意に合う副詞を選ぶ。(A) exponentially を入れて、「急激に伸び続けている」とするのが適切。

語彙チェック □ logistics 物流 □ marketplace 市場

Beacon's Point

似た意味の副詞の使い分けに注意しよう。
(A) の exponentially は、名詞 exponential「指数関数的」の副詞形。企業の売り上げや負債などの数字が「指数関数的に増える」ということを表すときに使われる。
(C) の heavily は、Our company is heavily dependent in dominant market.「わが社は国内市場に大きく依存している」のように使い、物理的な「重さ」や程度の大きさを表すときに使われる。

⊙ TRACK_174

| 104 | □□□ | 正解 D | 品詞×語彙 |

Thomas Barks expressed the importance of an internal network server to maintain -------- client information.

Thomas Barks は、機密の顧客情報を管理するための内部ネットワークサーバーの重要性を伝えました。

(A) confidence
(B) confident
(C) confidently
(D) confidential

(A) 名詞「信頼」
(B) 形容詞「確信している」
(C) 副詞「確信して」
(D) 形容詞「機密の」

空所を含む to maintain ------- client information は、空所の前の an internal network server を修飾する to 不定詞句。空所の直前には、目的語を必要とする他動詞 maintain「〜を管理する」が置かれている。目的語となる名詞 client information「顧客情報」を修飾できて文意に合うのは、形容詞の (D) confidential「機密の」。

語彙チェック □ internal 内部の

145

| 105 | □□□ | 正解 B | 代／関 |

Although some flag carriers have increased the number of flights to Altame Airport, others have reduced -------.

いくつかのフラッグキャリアが Altame 空港への フライト数を増やした一方、他の航空会社はフ ライト数を減らしました。

(A) them

(B) theirs

(C) themselves

(D) those

(A) 目的格の代名詞「彼らを（に）」

(B) 所有代名詞「彼らのもの」

(C) 再帰代名詞「彼ら自身」

(D) 指示代名詞「それら」

some flag carriers「いくつかのフラッグキャリア」に対し、others は other flag carriers を示 している。空所には、他の航空会社の the number of flights to Altame Airport「Altame 空港へのフライト数」を表す代名詞が入る。よって、(B) theirs「彼らのもの」が適切。

語彙チェック □ flag carrier　フラッグキャリア、国の代表的な航空会社

| 106 | □□□ | 正解 B | 準動詞 |

When submitting a travel expense report, please detail any expenses ------- and attach receipts accordingly.

出張経費の報告書を提出する際は、かかった経 費すべてを列挙し、それぞれに領収書をつけて ください。

(A) incurring

(B) incurred

(C) will incur

(D) had incurred

(A) 動詞 incur「～を負担する」の動名詞・現在分詞

(B) 過去分詞

(C) 助動詞＋動詞の原形

(D) 過去完了

and を挟み、空所を含む detail any expenses ------ と attach receipts accordingly が並列 関係になっている。空所には、直前の名詞 any expenses を後ろから修飾する過去分詞 (B) incurred を入れて、「かかった経費」とするのが適切。

語彙チェック □ detail　～を列挙する　□ accordingly　それに応じて

TRACK_177

| 107 | □□□ | 正解 A | 前 vs 接 |

------- Joanne Lu appreciated her former workplace's offer, she declined the opportunity because she was already running her own business.

Joanne Lu は以前の職場からのオファーに感謝したものの、すでに自身の事業を営んでいたため、その機会を断りました。

(A) While

(B) When

(C) For

(D) In spite of

(A) 接続詞「〜する一方」

(B) 接続詞「〜するとき」

(C) 前置詞「〜のために」

(D)「〜にもかかわらず」

空所の直後には主語 Joanne Lu と動詞 appreciated の S + V の形が続いているため、空所には接続詞が入るとわかる。カンマの前後が逆接的な内容であることから、文意に合うのは (A) While。

語彙チェック □ decline 〜を断る □ run 〜を経営する

TRACK_178

| 108 | □□□ | 正解 C | 前置詞×語法 |

Felix Gallardo credited his colleagues ------- their excellent achievements in the World Culinary Convention.

Felix Gallardo は、World Culinary Convention での素晴らしい成果は同僚たちのおかげであると認めました。

(A) beyond

(B) at

(C) with

(D) to

(A) 前置詞「〜を超えて」

(B) 前置詞「〜で」

(C) 前置詞「〜とともに」

(D) 前置詞「〜に」

選択肢には前置詞が並んでいる。credit A with B で「A を B のことで認める」という意味を表すので、(C) with が入ると「素晴らしい成果における同僚たちの功績を認めた」という意味になり、文意が通る。

Beacon's Point

credit の用法に注意。credit 人 with 〜 = credit 〜 to 人 で「(人)に〜の功績があると認める」という意味になる。108. の文は、(D) to を使って Felix Gallardo credited their excellent achievements in the World Culinary Convention to his colleague. と書き換えることも可能。

| 109 | □□□ | 正解 C | 語彙 |

On the survey conducted last month, 75 percent of the people who read the ------- version of articles from The Daily Hutman have answered that they do so to consume the news quickly.

(A) editorial

(B) intelligent

(C) abridged

(D) emerging

先月に行われた調査では、The Daily Hutman の記事の要約版を読む人の 75%が、ニュースをすぐに把握する目的でそうしていると回答しました。

(A) 形容詞「編集の」

(B) 形容詞「知的な」

(C) 形容詞「要約された」

(D) 形容詞「新興の」

選択肢はすべて形容詞。文後半に they do so to consume the news quickly「彼らはニュースをすぐに把握する目的でそうする」とあり、空所に (C) abridged を入れて read the abridged version of articles「記事の要約版を読む」とすると意味が通る。

| 110 | □□□ | 正解 B | 前 vs 接 |

Our customer service line responds 24 hours a day ------- you can be at ease knowing you can have help anytime.

(A) when

(B) so

(C) until

(D) because of

当社の顧客サービス回線は 24 時間対応しているので、いつでもサポートが得られると安心していただけます。

(A) 接続詞「～するとき」

(B) 接続詞「だから」

(C) 接続詞「～までずっと」

(D)「～のために」

空所の直後には主語と動詞が続いているため、空所には接続詞が入るとわかる。空所前の「顧客サービス回線は 24 時間対応している」と、空所後の「いつでもサポートしてもらえると安心できる」という 2 つの内容をつなぐには、接続詞の (B) so「だから」が適切。

語彙チェック　□ line　回線

111 | 正解 A | 語彙×慣用表現

There are several hotels and cafeterias in the immediate ------- of Hattingson Station.

(A) vicinity
(B) centerpiece
(C) installment
(D) closure

Hattingson 駅のすぐ近くには、数軒のホテルとカフェテリアがあります。

(A) 名詞「付近」
(B) 名詞「最も重要な部分、目玉」
(C) 名詞「分割払い」
(D) 名詞「閉鎖」

選択肢はすべて名詞。空所に (A) vicinity を入れると、in the vicinity of 〜で「〜の近くに」という意味になるので、「Hattingson 駅のすぐ近くに」となり文意が通る。immediate「非常に近い、すぐの」は vicinity を強調する形容詞。

112 | 正解 D | 代／関

The online article on ------- a famous movie director, Jason Sanchez had commented has been viewed more than 30,000 times.

(A) those
(B) it
(C) that
(D) which

有名な映画監督である Jason Sanchez が意見を述べたオンラインの記事は、3 万回以上閲覧されました。

(A) 指示代名詞「それら」
(B) 主格・目的格の代名詞「それは・それを（に）」
(C) 指示代名詞「あれ」
(D) 目的格の関係代名詞

The online article 〜 commented までが文全体の主語。主語の中に had commented と動詞があるため、on 以降は The online article を修飾する節と考えられる。よって、関係代名詞 (D) which が適切。空所前の on は comment on 〜「〜について意見を述べる」の on が関係代名詞の前に出た形。

語彙チェック　□ comment on 〜　〜について意見を述べる

113　正解 D　動詞の態

The 50-year-old Barkinson Apartment ------- in favor of the construction of a library in its place.

(A) to demolish
(B) had demolished
(C) demolished
(D) was demolished

築 50 年の Barkinson アパートは、その場所に図書館を建設するために解体されました。

(A) 動詞 demolish「〜を解体する」の to 不定詞
(B) 過去完了
(C) 過去形・過去分詞
(D) 過去形の受動態

この文の主語は The 50-year-old Barkinson Apartment で、述語動詞が欠けているので空所に必要。Barkinson Apartment は解体される側なので、受動態である (D) was demolished が適切。

語彙チェック　□ in favor of 〜　〜を選んで　□ construction　建設

114　正解 D　語彙

The manager showed his appreciation towards company workers by delivering his ------- address at the Joite Electrons anniversary ceremony.

(A) feasible
(B) upcoming
(C) private
(D) inaugural

Joite Electrons の記念式典で就任演説を行うことで、そのマネージャーは社員に対して感謝を表しました。

(A) 形容詞「実行可能な」
(B) 形容詞「迫っている」
(C) 形容詞「私的な」
(D) 形容詞「就任の、開始の」

選択肢はすべて形容詞。空所直後の名詞 address を修飾して文意に合うものを選ぶ。(D) inaugural「就任の、開始の」を入れて inaugural address「就任演説」とするのが適切。

語彙チェック　□ appreciation　感謝　□ deliver　〜を行う　□ address　演説

115 ☐☐☐ 正解 D 品詞

The contract ------- states all residents of Alliene Court must notify the management office at least a month before moving out.

(A) clarification

(B) cleared

(C) clear

(D) clearly

その契約書には、Alliene Court のすべての住民は、退去する少なくとも 1 か月前に管理会社に知らせなければならないとはっきりと述べられています。

(A) 名詞「明確化」

(B) 動詞 clear「〜を取り除く」の過去形・過去分詞

(C) 動詞の原形、形容詞「はっきりした」

(D) 副詞「はっきりと」

The contract「その契約」が主語、states「〜を述べる」が述語動詞、all 以降が述べられている内容を表している完全文。空所部分がなくても意味が通っているので、空所直後の動詞 states を修飾する副詞の (D) clearly が適切。

語彙チェック ☐ resident 住民 ☐ notify 〜に通知する ☐ move out 退去する、引っ越す

116 ☐☐☐ 正解 D 慣用表現

I11 Furniture has explained the reason for their low ------- rate as a result of their employee benefits.

(A) outcome

(B) proposal

(C) personnel

(D) turnover

I11 家具店は、低い離職率の理由は福利厚生によるものであると説明しました。

(A) 名詞「結果」

(B) 名詞「提案」

(C) 名詞「社員、人事」

(D) 名詞「離職（率）」

空所直後の名詞 rate と組み合わせて文意が通るのは (D) turnover。turnover rate で「離職率」という意味の複合名詞となる。

語彙チェック ☐ employee benefit 福利厚生

117 | □□□ 正解 A | 品詞

Tickets are ------- on the condition that they have the bearer's signature on them.

チケットは所有者の署名があるという条件で有効となります。

(A) valid

(B) validly

(C) validating

(D) validation

(A) 形容詞「有効な」

(B) 副詞「有効に」

(C) 動詞 validate「〜を有効にする」の動名詞・現在分詞

(D) 名詞「有効化、承認」

空所は be 動詞 are と前置詞 on の間にある。空所の後ろの on the condition that〜は「〜という条件で」という意味を表すので、空所に (A) valid が入ると「〜の条件下でチケットが有効になる」という意味になり文意が通る。

語彙チェック □ on the condition that〜 〜という条件で □ bearer 所有者
□ signature 署名

118 | □□□ 正解 B | 語彙

The Goatshe Project that had been under consideration for over 11 months was finally confirmed by a ------- vote at the board meeting.

11 か月以上検討中であった Goatshe プロジェクトは、取締役会での満場一致の票決によって、ついに承認されました。

(A) unique

(B) unanimous

(C) subtle

(D) prompt

(A) 形容詞「唯一の、独特な」

(B) 形容詞「満場一致の」

(C) 形容詞「微妙な」

(D) 形容詞「迅速な」

選択肢はすべて形容詞。空所直後の名詞 vote を修飾して文意が通るのは (B) unanimous。unanimous vote で「満場一致の票決」という意味になる。

語彙チェック □ under consideration 検討中 □ confirm 〜を承認する、確認する
□ vote 票、票決

119 正解 A 品詞

To view the list of companies ------- into Electricity Vista Cooperative, click on the link below.

(A) consolidated

(B) consolidation

(C) consolidator

(D) consolidates

Electricity Vista 協同組合に合併された企業の一覧を見るためには、下記のリンクをクリックしてください。

(A) 動詞 consolidate「〜を合併する」の過去分詞

(B) 名詞「合併、統合」

(C) 名詞「混載業者、コンソリデーター」

(D) 三人称単数現在形

空所を含む To view the list of companies ------- into Electricity Vista Cooperative は、「〜するために」を意味する to 不定詞で、カンマ以降の文の目的を表す。空所には、直前の名詞 companies を後置修飾する過去分詞 (A) consolidated を入れるのが適切。consolidate *A* into *B* で「A を合併して B にする」という意味。

語彙チェック □ view 〜を見る

120 正解 C 語彙

The salary offered for all positions should be ------- with the candidate's experience.

(A) equal

(B) acquired

(C) commensurate

(D) applicable

すべての役職に与えられる給料は、候補者の経歴にふさわしいものであるべきです。

(A) 形容詞「同じの」

(B) 形容詞「獲得した」

(C) 形容詞「比例して、釣り合って」

(D) 形容詞「適用できる」

選択肢はすべて形容詞。空所直後の前置詞 with と組み合わせて文意に合うものを選ぶ。(C) commensurate を入れると、be commensurate with〜で「〜と比例する、釣り合っている」という意味になり文意も通る。

語彙チェック □ position 役職 □ candidate 候補者

| 121 | □□□ | 正解 A | 品詞 |

Currently looking for the volunteers for community -------, the founders of Fine Helpers wants many local people to join.

Fine Helpers の創始者は現在、地域の奉仕活動のボランティアを探しており、多くの地域住民に参加してほしいと望んでいます。

(A) outreach

(B) outreached

(C) to outreach

(D) outreaches

(A) 名詞「奉仕活動」

(B) 動詞 outreach「〜を上回る」の過去形・過去分詞

(C) to 不定詞

(D) 三人称単数現在形

空所を含む community ------- はその前の前置詞 for の目的語となっているので、空所には名詞の (A) outreach が適切。community outreach で「地域の奉仕活動」という意味になる。

語彙チェック □ currently 現在

| 122 | □□□ | 正解 B | 語彙 |

The Asitno Castle was the only medieval construction of Kiztsu City that remained ------- to this day.

Asitno 城は、今日までそのままの状態で残った Kiztsu 市唯一の中世の建造物でした。

(A) consecutive

(B) intact

(C) professional

(D) concise

(A) 形容詞「連続する」

(B) 形容詞「完全なままの」

(C) 形容詞「専門的な」

(D) 形容詞「簡潔な」

選択肢はすべて形容詞。空所直前の動詞 remain は後ろに形容詞を伴い、「〜の状態のままである」という意味を表す。文意より、適切なのは (B) intact。remain intact で「完全な状態のままである」となる。

語彙チェック □ medieval 中世の □ construction 建造物、建設

TRACK_193

TEST 1
TEST 2
TEST 3
TEST 4
TEST 5
TEST 6
TEST 7
TEST 8
TEST 9
TEST 10

123 | □□□ | 正解 A | 品詞×語法

Even though the Town Library is usually open on weekdays, it will be closed on September 5 in ------- of a national holiday.

町の図書館は、普段は平日に開館していますが、祝日に従って 9 月 5 日は閉館する予定です。

(A) observance
(B) observatory
(C) observed
(D) observing

(A) 名詞「遵守」
(B) 名詞「天文台」
(C) 動詞 observe「～を遵守する」の過去形・過去分詞
(D) 動名詞・現在分詞

空所の直前には前置詞 in、直後には of が置かれているので、空所に入るのは名詞または動名詞。in observance of ～ で「～に従って」を意味するので、(A) observance が適切。

語彙チェック □ national holiday　祝日

124 | □□□ | 正解 C | 前 vs 接

Goodrite Foods uses food coloring derived from plants ------- artificial ones.

Goodrite Foods は、人工着色料の代わりに植物由来の着色料を使っています。

(A) or
(B) into
(C) instead of
(D) such as

(A) 接続詞「あるいは」
(B) 前置詞「～の中へ」
(C)「～の代わりに」
(D)「～のような」

空所の後ろには名詞句 artificial ones と続いているので、空所には前置詞の働きを持つ語が入るとわかる。空所の前に food coloring derived from plants「植物由来の着色料」、空所の後に名詞句 artificial one「人工のもの」とあるので、空所に入るのは (C) instead of が適切。one はここでは food coloring を表す。

語彙チェック □ food coloring　着色料　□ derived from ～　～に由来する
　　　　　　 □ artificial　人工の

125 ☐☐☐ 正解 A 語彙

Board members of S&AT Holdings went on a two-day ------- in Florida to discuss the long-term goals of the company.

(A) retreat

(B) amendment

(C) delegation

(D) subsidiary

会社の長期的な目標を話し合うために、S&AT ホールディングスの取締役たちはフロリダへ 2 日間の社員旅行へ行きました。

(A) 名詞「静養、避難」

(B) 名詞「修正」

(C) 名詞「代表派遣」

(D) 名詞「子会社」

選択肢はすべて名詞。go on retreat で「静養に行く」という意味を表し、会社の社員旅行などを指すこともあるので、(A) retreat が適切。company retreat で「社員旅行」などとも表現する。

語彙チェック ☐ board member　取締役員　☐ long-term　長期の

126 ☐☐☐ 正解 C 品詞×慣用表現

Made of water ------- materials, Hiking Pants is suitable for any outdoor occasion.

(A) repel

(B) repelled

(C) repellent

(D) repellently

防水素材で作られているので、Hiking Pants はいかなる野外活動にも適しています。

(A) 動詞 repel「～をはじく、追い払う」の原形

(B) 過去形・過去分詞

(C) 形容詞「(水など)をはじく」

(D) 副詞「不快なほど」

空所は of に続く名詞句に含まれ、後ろの materials を修飾すると考えられる。形容詞の (C) repellent は water repellent で「防水の」という意味になるので、文意が通る。

語彙チェック ☐ occasion　機会

Beacon's Point

「防水の」という意味の単語は、ほかに waterproof があり、こちらも TOEIC に出題される。

| 127 | □□□ | 正解 D | 語彙 |

Maintaining the security of the bureau's headquarters, ------- take turns patrolling the building area 24 hours a day.

(A) commuters
(B) faucets
(C) anecdotes
(D) custodians

局の本部のセキュリティーを保持するため、24時間守衛が交代で建物内を巡回しています。

(A) 名詞「通勤者」の複数形
(B) 名詞「蛇口」の複数形
(C) 名詞「逸話」の複数形
(D) 名詞「守衛」の複数形

選択肢はすべて名詞。空所を含むカンマ以降の文には、主語が不足している。動詞 take turns patrolling「交代で巡回する」は人物が行うことなので、人を表す名詞を選ぶ。文意より、(D) custodians が適切。

語彙チェック □ bureau 局、部 □ headquarters 本部 □ take turns *doing* 交代で〜する □ patrol 〜を巡回する

| 128 | □□□ | 正解 A | 前置詞 |

------- the fact that Kina Tsui had partnered with the Yoronie brand, product sales rose sharply.

(A) Owing to
(B) Besides
(C) According to
(D) During

Kina Tsui が Yoronie brand と提携した事実によって、製品の売り上げは急上昇しました。

(A)「〜が理由で」
(B) 前置詞「〜に加えて」
(C)「〜によると」
(D) 前置詞「〜の間ずっと」

カンマ以降の「製品の売り上げが急上昇した」という内容に対し、カンマ以前の「Kina Tsui が Yoronie brand と提携した」という内容がその理由を表しているので、文意より (A) Owing to が適切。

語彙チェック □ partner with 〜 〜と提携する □ sharply 急に、鋭く

129 □□□ 正解 C 品詞

Nick Lorenzini has written the ------- guide to New Zealand based on his 3-year stay in the country.

(A) definer

(B) definition

(C) definitive

(D) definitely

3年間の滞在経験に基づいて、Nick Lorenzini は最も信頼のおけるニュージーランドの旅行案内書を執筆しました。

(A) 名詞「定義者」

(B) 名詞「定義」

(C) 形容詞「最も信頼のおける」

(D) 副詞「明確に」

Nick Lorenzini が主語、has written が述語動詞、空所を含む the ------- guide to New Zealand が目的語。空所の直後は名詞なので、名詞を修飾する形容詞を選ぶ。よって、(C) definitive が適切。

130 □□□ 正解 C 前置詞×慣用表現

All vehicles and auto body parts displayed on this Web site are ------- offer and available for purchase.

(A) to

(B) in

(C) on

(D) by

このウェブサイトに表示されているすべての自動車と車体部品は売りに出されており、購入することが可能です。

(A) 前置詞「〜へ」

(B) 前置詞「〜の中に」

(C) 前置詞「〜の上に」

(D) 前置詞「〜によって」

選択肢はすべて前置詞。空所直後に offer があることに注目する。on offer で「売りに出ている」という意味を表し、and 以降の available for purchase「購入することが可能」という流れにも合うので、(C) on が適切。

語彙チェック □ auto body 車体 □ purchase 購入

TEST 1

TEST 2

TEST 3

TEST 4

TEST 5

TEST 6

TEST 7

TEST 8

TEST 9

TEST 10

Questions 131-134 refer to the following Web page. ⏵ TRACK_201

---

www.soapsgallery.com

Soaps Gallery is the best place for those who are enthusiastic about pottery. We exhibit more than 5,000 pieces dating back to prehistoric times. 131. people enjoy the intricate designs of Chinese ceramics. Visitors can also watch animated films in the theater room 132. the process of making pottery. 133. show what materials are used, and how the clay is formed into various shapes.

We also hold an hour-long pottery workshop at 1 P.M. on Sundays, where visitors can make their own plates. 134.. We suggest checking our Web site prior to your visit.

【和訳】

問題 131-134 は次のウェブページに関するものです。

www.soapsgallery.com

Soaps 美術館は、陶器に熱心な方にとって最適な場所です。当館は先史時代にまでさかのぼる 5000 点以上を展示しております。多くの人々が中国の陶磁器の複雑なデザインを楽しんでおられます。来館者はまた、陶器作成の過程を説明したアニメーション映画をシアタールームで見ることもできます。映画では使われている材料や、粘土で様々な形が作られる過程を示しております。

当館はまた、日曜日の午後 1 時に、来館者が自分自身のお皿を作ることができる 1 時間の陶器ワークショップも開催しております。*スケジュールは変更の可能性がございますのでご注意ください。ご来館の前に当館のウェブサイトをご確認することをお勧めいたします。

語彙チェック ☐ enthusiastic 熱心な、熱狂的な ☐ pottery 陶器、陶磁器類 ☐ date back to 〜 〜にまでさかのぼる ☐ prehistoric 先史の ☐ intricate 複雑な ☐ ceramics 陶磁器 ☐ clay 粘土

131　　　　　　　　　　正解 **C**　　　　　数

(A) Almost
(B) Every
(C) Most
(D) Few

(A) 副詞「ほとんど」
(B) 形容詞「あらゆる」
(C) 形容詞「大多数の」
(D) 形容詞「ほとんどない」

空所は文頭にあり、空所の直後には複数扱いの名詞 people が続く。選択肢の形容詞のうち、これを修飾することができ、かつ enjoy the intricate designs of Chinese ceramics「陶磁器の複雑なデザインを楽しむ」という文意に適するのは、(C) のみ。

> **ここが落とし穴**
>
> (D) を選んだ人…few も可算名詞の複数形を修飾することのできる形容詞だが、「ほとんどない、ごくわずかしかない」というように、否定の意味に焦点を当てる形容詞なので、ここでは文意に合わず不適切。

TEST 1
TEST 2
TEST 3
TEST 4
TEST 5
TEST 6
TEST 7
TEST 8
TEST 9
TEST 10

| 132 | □□□ | 正解 B | 準動詞 |

(A) to explain
(B) explaining
(C) explained
(D) will explain

(A) 動詞 explain「〜を説明する」の to 不定詞
(B) 現在分詞
(C) 過去形・過去分詞
(D) 助動詞 + 動詞の原形

空所を含む文は、空所の前までで S + V + O の文の要素がそろっている。よって、空所以降は直前の名詞句 theater room を修飾する形容詞句を成すと考える。空所直後の名詞句 the process of making pottery「陶器作成の過程」を目的語にとり、animated films を修飾する形容詞句をつくることができるのは、現在分詞の (B) explaining である。

| 133 | □□□ | 正解 D | 代／関 |

(A) Both
(B) Each
(C) Another
(D) They

(A) 代名詞「両方、2 つとも」
(B) 代名詞「各々、それぞれ」
(C) 代名詞「もう一つ、別のもの」
(D) 代名詞「それら」

空所は文の主語。述語動詞の show につなげられるのは、複数形の代名詞 (A) Both または (D) They のみ。1 つ前の文の animated films「アニメーション映画」という複数形の名詞を指して文意が通る (D) They が正解。(A) both は、ここでは空所を含む文以前に 2 つのものが出てきていないため不適切。

ここが落とし穴

(B) (C) を選んだ人…each や another は単数扱いなので、述語動詞は三人称単数現在形となる。

| 134 | □□□ | 正解 B | 文挿入 |

(A) We expect so many people to attend this annual event.
(B) Please note that the schedule is subject to change.
(C) Visit our Web site to learn about the facility reservation.
(D) Applicants must provide a recommendation letter from your former employer.

(A) 当館はこの年に一度のイベントに、非常に多くの人々が出席することを期待しています。
(B) スケジュールは変更の可能性がございますのでご注意ください。
(C) 施設の予約について知るには、当館のウェブサイトをご訪問ください。
(D) 応募者は前職の雇い主からの推薦状を用意しなければなりません。

空所は第 2 段落の 2 文目にあたる。第 1 段落の流れを受けて、第 2 段落では来館者が楽しむことのできるイベントとして、「日曜日の午後 1 時から開催される陶器ワークショップ」を追加で挙げている。空所の後には「ご来館の前に当館のウェブサイトを確認することをお勧めいたします」とあることから、空所には陶器ワークショップに関して、来館者がウェブサイトで確認できることが入ると予想されるため、(B) が適切。

語彙チェック □ be subject to 〜　〜の対象になる　□ recommendation letter　推薦状

Are you looking for a 135. for your next trip? Vanb Rentals has a large collection of vans, trucks, sedans, and even bicycles! You can rent one of these from a minimum of one hour up to a month. 136.. Enter the type of car you need, and how long you want to rent it for. Once you submit your driver's license when you arrive, you are good to go. You do not 137. need to return your car to where you picked it up. All you have to do is to 138. it at one of our 30 shops in San Francisco. No more wasted time on your precious vacation!

【和訳】

問題 135-138 は次の広告に関するものです。

次の旅行用の乗り物をお探しですか? Vanb Rentals はバンやトラックにセダン、そして自転車まで、多数取り揃えております!最低 1 時間から最大 1 か月まで、これらのうち 1 台をレンタルすることができます。* 予約は当社のウェブサイトから済ませることが可能です。ご希望の車種と、どれくらいの期間それをレンタルしたいとお考えかをご入力ください。ご来店の際に一度運転免許証をご提出いただければ、出発することができます。車両は必ずしも受け取った場所に返却する必要はございません。サンフランシスコにある当社の 30 店舗のうちのいずれかにそれを置いていっていただくだけで結構です。あなたの貴重な休暇にもはや無駄な時間はございません!

語彙チェック　□ minimum　最小限　□ be good to go　準備ができている

TEST 1
TEST 2
TEST 3
TEST 4
5
TEST 6
TEST 7
8
9
TEST 10

135　正解 A　語彙

(A) vehicle
(B) backpack
(C) landmark
(D) planner

(A) 名詞「乗り物」
(B) 名詞「リュックサック」
(C) 名詞「名所」
(D) 名詞「立案者」

空所は広告の1文目にある。2文目を見ると、Vanb Rentals has a large collection of vans, trucks, sedans, and even bicycles!「Vanb Rentals はバンやトラックにセダン、そして自転車まで、多数取り揃えております!」と述べられている。様々な車種が紹介されていることから、正解は (A)。

136　正解 D　文挿入

(A) Upon reservation, you must hand in an inquiry in person.
(B) Therefore, we need to hire more drivers now.
(C) Give us a call when you have trouble with the travel details.
(D) Booking can be done from our Web site.

(A) ご予約の際は、質問事項をご本人が直接提出しなければなりません。
(B) したがって、現在当社はより多くの運転手を雇う必要がございます。
(C) 旅行の詳細に関して心配事がございますときには、お電話ください。
(D) 予約は当社のウェブサイトから済ませることが可能です。

空所の直前では車のレンタルに関して、時間や台数が説明されている。さらに空所の直後では、「ご希望の車種と、どれくらいの期間それをレンタルしたいとお考えかをご入力ください」とあり、具体的に予約をする際に入力すべき項目が述べられていることから、文意に合うのは (D)。

語彙チェック　□ inquiry　質問事項　□ in person　直接

137　正解 C　品詞

(A) necessity
(B) necessary
(C) necessarily
(D) necessaries

(A) 名詞「必要 (性)」
(B) 形容詞「必要な」
(C) 副詞「必ず」
(D) 名詞「必需品」

空所を含む文は否定文であり、空所は do not と述語動詞 need の間にある。この位置に入ることができるのは副詞の (C) necessarily のみ。not necessarily は、「必ずしも～ではない」という部分否定の意味になる。

138　正解 C　語彙

(A) acquire
(B) board
(C) leave
(D) complete

(A) 動詞 acquire「～を獲得する」の原形
(B) 動詞 board「～に乗り込む」の原形
(C) 動詞 leave「～を置いて立ち去る」の原形
(D) 動詞 complete「～を完成させる」の原形

選択肢には動詞の原形が並んでいるので、文意から適切なものを選ぶ。空所の直前の文は「借りた車は必ずしも借りた店舗に戻さなくてもよい」という内容なので、(C) leave を入れると「サンフランシスコにある 30 店舗のうちのいずれかに置いていくだけでよい」となり、意味が通る。空所直後の it は前文の your car を指す。

Codd Solutions Inc., an emerging Internet provider, announced yesterday that its high-speed service area has been expanded to the island areas, 139. existing services in the metropolitan districts of Vancouver. Codd Solutions Inc. is now providing its services in 600 cities in Canada, and will continue to expand nationwide coverage areas by building out base stations. If Codd Solutions Inc. achieves 140. coverage, it will become the first company to do so in the country. 141.. According to President Julia Fernandez, this award was the result of the company's unwavering efforts to satisfy customer needs. She thinks that their motto, "Customer First" was important for 142. this.

【和訳】

問題 139-142 は次の記事に関するものです。

新興のインターネット接続業者である Codd Solutions 社は昨日、バンクーバーの都心の地区にある既存のサービスに加えて、島の地域にまで高速サービス地域が拡大されたことを発表した。Codd Solutions 社は現在カナダの 600 の市にそのサービスを提供しているが、基地局を増築することによって、全国的な適用範囲を拡大し続けるだろう。もし Codd Solutions 社が全土への適用範囲を達成すれば、同社はそれをする国で最初の企業になる。* その上、Codd Solutions 社は今年最もよいインターネット接続業者に選出された。Julia Fernandez 社長によると、この賞は顧客の需要を満たすための同社のたゆまぬ努力の結果である。同社のモットーである「顧客第一」がこれを達成するために重要であったと彼女は考えている。

語彙チェック ☐ emerging　新興の　☐ metropolitan　大都市の　☐ nationwide　全国的な　☐ coverage　適用範囲　☐ build out ～　～を増築する　☐ base station　(通信)基地局　☐ unwavering　不動の、確固とした

139			正解 D	前置詞

(A) as far as
(B) concerning
(C) including
(D) in addition to

(A)「～まで」
(B) 前置詞「～に関して」
(C) 前置詞「～を含めて」
(D)「～に加えて」

空所前のカンマまでの部分で、「インターネット接続業者である Codd Solutions 社の高速サービスが提供される地域が拡大された」という内容が述べられている。空所の直後には existing services「既存のサービス」とあることから、(D) in addition to を入れて「既存のサービスに加えて」とすると文意が通る。

140

(A) full
(B) inadequate
(C) partial
(D) selective

(A) 形容詞「完全な」
(B) 形容詞「不十分な」
(C) 形容詞「部分的な」
(D) 形容詞「選択的な」

1文目からわかるように、Codd Solutions 社の高速サービスの拡大が記事の主題の１つ。空所を含む文の前文では、「Codd Solutions 社のサービス適用範囲は全国的に拡大し続けるだろう」という内容が述べられている。よって、(A) full を入れ full coverage「全土への適用」とすると文意に合う。よって、(A) が正解。

141

(A) The new mobile device is most popular among people in their 20s and 30s.
(B) Moreover, Codd Solutions Inc. has been voted as the best Internet provider this year.
(C) Codd Solutions Inc. plans to launch another service in the following month.
(D) The new service will be available for users traveling overseas.

(A) その新しい携帯機器は 20 代から 30 代の人々の間で最も人気がある。
(B) その上、Codd Solutions 社は今年最も良いインターネット接続業者に選出された。
(C) Codd Solutions 社は来月、別のサービスを開始することを計画している。
(D) その新しいサービスは、海外旅行中のユーザーも利用することが可能だ。

空所の直後の文の主語は this award「この賞」となっている。空所の前までは高速サービスの話がされており、this award が指す内容は見当たらないことから、空所で何か賞に関する話題が提示されたと推測することができる。よって、文意に合うのは (B)。

語彙チェック □ launch 〜を開始する

🕳️ ここが落とし穴

(D) を選んだ人…Codd Solutions 社の提供するサービスに関する話題が冒頭から空所まで述べられてはいるが、そのサービス自体が新しいものであるというわけではなく、サービスの適用範囲が拡大されたという話なので The new service「新しいサービス」の部分が不適切。

142

(A) forcing
(B) locating
(C) achieving
(D) preparing

(A) 動詞 force「〜を強いる」の動名詞
(B) 動詞 locate「〜の位置を突き止める」の動名詞
(C) 動詞 achieve「〜を達成する」の動名詞
(D) 動詞 prepare「〜を準備する」の動名詞

Customer First「顧客第一」という Codd Solutions 社のモットーは、何のために重要であったのかを考える。空所前までの文では「Codd Solutions 社が賞を受賞した」ことについて言及しているので、(C) を入れると、「Codd Solutions 社のモットーは、受賞を達成するために重要であった」となり文意に合う。空所直後の this は「賞を受賞したこと」を指す。

To Birchston Apartment Residents

We are holding the monthly Birchston Charity flea market on February 29. The flea market is an opportunity to get rid of unwanted clothes. Last month's event attracted more than 500 people seeking cheap 143. and more people are expected to come this time. 144. this, the venue was changed to Middletones Square. Residents may bring up to 30 items of unused or used garments to the municipal parking lot. Upon 145., you can book a lot to use for selling your items. 146.. Remember to put this on whenever you are on site as this will be your identification. Our support team will be happy to answer any questions at 980-555-0002.

Linda Nakamoto, Birchston Management

【和訳】

問題 143-146 は次のお知らせに関するものです。

Birchston アパートの住人のみなさまへ

2月29日に、月1回の Birchston Charity フリーマーケットを開催します。このフリーマーケットは不要な衣服を処分する機会になっています。先月のイベントは安価な衣服を探し求める500人以上の人々を引きつけており、今回はより多くの人々が来場すると思われます。このため、会場は Middletones 広場に変更されました。住人のみなさまは未使用あるいは使用済みの衣服を最大30点まで、市の駐車場に持って来ることが可能です。登録後すぐに、商品を販売するために使う区画を予約することができます。＊スタッフは ID バッジも貸し出します。こちらがあなた方の身分証明になりますので、現場にいるときはいつでも忘れずにこちらをつけてください。980-555-0002 の電話番号にて、サポートチームがいかなる質問にも喜んでお答えします。

Linda Nakamoto, Birchston 管理

語彙チェック　☐ get rid of ～　～を処分する　☐ unwanted　不要の　☐ seek　～を探し求める
☐ venue　会場　☐ garment　衣服　☐ municipal　市の　☐ lot　区画

143

(A) books	(A) 名詞「本」の複数形
(B) tools	(B) 名詞「道具」の複数形
(C) apparel	(C) 名詞「衣服」
(D) materials	(D) 名詞「資料、材料」の複数形

正解 C　語彙

本文の1文目でフリーマーケットが開催されることが述べられている。さらに、空所がある文の前文には「そのフリーマーケットは不要な衣服を処分する機会になっている」とある。この文の clothes を apparel と言い換えた (C) が正解。

144

(A) Because of	(A)「～のために、～が理由で」
(B) Except for	(B)「～を除いて」
(C) Apart from	(C)「～と離れて」
(D) On top of	(D)「～の上に」

正解 A　前置詞

空所を含む文は「フリーマーケットの会場が変更された」という内容。空所の前文では「先月のイベントには 500 人以上の人々が来場し、今回はさらに多くの来場者が見込まれる」という内容が述べられている。よって、空所直後の this は「来場者が増加する見込み」を指し、これを理由に会場が変更されたと考えると文意が通る。よって、正解は (A)。

145

(A) register	(A) 動詞 register「～を登録する」の原形
(B) registered	(B) 過去形・過去分詞
(C) to register	(C) to 不定詞
(D) registration	(D) 名詞「登録」

正解 D　品詞

空所は前置詞 upon の目的語にあたる。前置詞は名詞や名詞句など、名詞の働きをするものを目的語にとって、前置詞句をつくることができる。よって、正解は名詞の (D) registration。

> **Beacon's Point**
>
> 前置詞の目的語になることができるものには、名詞や代名詞はもちろん、動名詞や名詞節がある。to 不定詞も「～すること」を表す名詞的用法で名詞句をつくるが、前置詞の目的語にはならないことに注意。

146

(A) Selling medical items is strictly prohibited.	(A) 医療品を販売することは厳禁です。
(B) The staff will also lend you an ID badge.	(B) スタッフは ID バッジも貸し出します。
(C) You are strongly advised to bring small change.	(C) 少額の小銭を持って来ることを強くお勧めします。
(D) If it rains, the date will be changed to the following day.	(D) もし雨が降った場合、日付は翌日に変更されます。

正解 B　文挿入

空所直後の文に注目。文の前半に、Remember to put this on「忘れずにこちらをつけてください」とある。さらに、後半には理由を表す接続詞 as 節で、as this will be your identification「こちらがあなた方の身分証明になりますので」と、その理由が述べられている。したがって、空所に (B) が入ると、空所直後の文の this が an ID badge「ID バッジ」を指し、文意が通る。

TEST 7

解答＆解説

TEST 7　正解一覧

Part 5

問題番号	正解	1 2 3	問題番号	正解	1 2 3
101	D	☐☐☐	116	B	☐☐☐
102	D	☐☐☐	117	A	☐☐☐
103	A	☐☐☐	118	A	☐☐☐
104	D	☐☐☐	119	C	☐☐☐
105	C	☐☐☐	120	A	☐☐☐
106	A	☐☐☐	121	D	☐☐☐
107	C	☐☐☐	122	D	☐☐☐
108	C	☐☐☐	123	B	☐☐☐
109	D	☐☐☐	124	C	☐☐☐
110	D	☐☐☐	125	B	☐☐☐
111	C	☐☐☐	126	B	☐☐☐
112	C	☐☐☐	127	C	☐☐☐
113	D	☐☐☐	128	B	☐☐☐
114	A	☐☐☐	129	A	☐☐☐
115	C	☐☐☐	130	D	☐☐☐

Part 6

問題番号	正解	1 2 3	問題番号	正解	1 2 3
131	B	☐☐☐	139	B	☐☐☐
132	B	☐☐☐	140	C	☐☐☐
133	B	☐☐☐	141	A	☐☐☐
134	D	☐☐☐	142	D	☐☐☐
135	C	☐☐☐	143	A	☐☐☐
136	A	☐☐☐	144	B	☐☐☐
137	B	☐☐☐	145	D	☐☐☐
138	D	☐☐☐	146	D	☐☐☐

TEST 7

 TRACK_205

101	□□□	正解 D	前置詞

Tech Wore Phone has launched a new model of smartphone available ------- black, silver, and yellow.

(A) on

(B) at

(C) to

(D) in

Tech Wore Phone 社は、黒・シルバー・黄から選べる新型スマートフォンを発売しました。

(A) 前置詞「～の上に」

(B) 前置詞「～で」

(C) 前置詞「～へ」

(D) 前置詞「～の状態で」

選択肢はすべて前置詞。目的語の a new model of smartphone「新型スマートフォン」を available 以降が後ろから修飾している。空所の後ろには色の種類が続いているので、色を示すときに用いる前置詞である (D) in が正解。

TRACK_206

102	□□□	正解 D	前 vs 接

------- offered a senior manager position, Ms. Park had been employed at GS Motors just for two years.

(A) As much as

(B) In case

(C) Rather than

(D) When

シニアマネージャーの職をオファーされたとき、Park さんはちょうど 2 年間 GS Motors 社で雇用されていました。

(A)「～ほども多く」

(B)「もし～ならば」

(C)「～よりむしろ」

(D) 接続詞「～するときに」

接続詞の (D) When を入れると、When Ms. Park was offered ～の主語と be 動詞が省略された形になり、文意にも合う。接続詞節の主語が主節の主語と同じになる場合は、このような省略がされる。

103 □□□ 正解 A 語彙

Mr. Connell was given a commemorative ------- at his retirement party after 40 years of service to the company.

(A) plaque
(B) significance
(C) edge
(D) installment

Connell さんは会社での 40 年の勤務の後、退職パーティーで記念の盾を授与されました。

(A) 名詞「盾」
(B) 名詞「意義」
(C) 名詞「端」
(D) 名詞「設置」

空所には、形容詞 commemorative「記念の」に修飾される名詞が入る。退職パーティーで渡されるものなので、(A) plaque が意味として適切。

104 □□□ 正解 D 前置詞

------- her career as a photographer, Ola Kane is a renowned environment activist.

(A) Nevertheless
(B) Instead of
(C) Depending on
(D) Aside from

写真家としてのキャリアに加えて、Ola Kane は有名な環境活動家です。

(A) 副詞「それにもかかわらず」
(B)「〜の代わりに」
(C)「〜に応じて」
(D)「〜に加えて」

空所の後に名詞句が続くので、空所には前置詞の働きをするものが入る。カンマ以降では、Ola Kane という人物が有名な環境活動家であることが述べられており、カンマより前の部分には photographer「写真家」という別の職業について述べられているので、(D) Aside from が正解。

語彙チェック □ renowned 有名な □ activist 活動家

105

A considerable number of citizens ------- participate in the Repulse Bay Beach Cleanup every year.

毎年、興味を持った多くの市民が Repulse Bay Beach の清掃に参加します。

(A) concernedly

(B) concern

(C) concerned

(D) concerning

(A) 副詞「心配して」

(B) 名詞「不安」

(C) 形容詞「興味を持った」

(D) 前置詞「～に関しての」

空所の後ろの participate はこの文の述語動詞。空所の前に A considerable number of citizens「多くの市民」という主語がすでにあるので、空所には citizens を後ろから修飾する形容詞か、participate を修飾する副詞が入ると考えられる。文意から (C) concerned が適切。

106

Packets of material for the marketing seminar were handed out to ------- of the participants at the reception.

マーケティングセミナー用の資料のセットは受付で各参加者に配布されました。

(A) each

(B) every

(C) other

(D) whose

(A) 代名詞「それぞれ」

(B) 形容詞「すべての」

(C) 形容詞「ほかの」

(D) 関係代名詞

空所の後ろには前置詞 of があるので、空所には名詞の働きをする語が入る。よって (A) が正解。〈each of the ＋複数名詞〉で「～のそれぞれに」という意味になる。

▶ TRACK_211

| 107 | ▢▢▢ | 正解 C | 語彙 |

------- you have experience in engineering, you are welcome to apply for the vacant position at Markey Factory.

工学における経験がおありなら、ぜひ Markey 工場での空いている職にお申し込みください。

(A) Whoever

(B) Whether

(C) If

(D) So

(A) 複合関係代名詞「誰が～しようとも」

(B) 接続詞「～かどうか」

(C) 接続詞「もし～ならば」

(D) 接続詞「だから」

カンマ以降ではある職に申し込むように促している。一方、カンマより前の部分には have experience in engineering「工学における経験がある」とあり、これは後半で言及している職に申し込むことが歓迎される条件だと考えられる。よって、条件を表す接続詞 (C) If が正解。

▶ TRACK_212

| 108 | ▢▢▢ | 正解 C | 前置詞 |

Yorktown Café, which is adjacent to City Hall, is where locals can spend time relaxing with their families or friends ------- a cup of coffee.

Yorktown カフェは市役所に隣接しており、地元の人々がコーヒーを飲みながら家族や友人とリラックスする時間を過ごせる場所です。

(A) besides

(B) on

(C) over

(D) for

(A) 前置詞「～に加えて」

(B) 前置詞「～の上で」

(C) 前置詞「～しながら」

(D) 前置詞「～のために」

空所は関係副詞 where に続く節の中にある。この節の述語動詞は can spend で、空所の後ろには a cup of coffee があるので、(C) over が空所に入ると「コーヒーを飲みながら過ごせる」という意味になるので、(C) が正解。

語彙チェック □ adjacent to ～ ～に隣接した

109

☐☐☐ 正解 **D** 動詞の態

Gold Life Accounting Firm ------- to consider relocating to another location due to the aging of its building.

(A) has made

(B) making

(C) to make

(D) was made

Gold Life 会計事務所は、建物の老朽化のために別の場所への移動を検討することを強いられました。

(A) 動詞 make「…に～させる」の現在完了形

(B) 動名詞・現在分詞

(C) to 不定詞

(D) 過去形の受動態

この文には述語動詞がないので、空所に必要。(A) と (D) が候補だが、空所の後ろに〈to ＋動詞の原形〉が続いていることに注目する。「～させる」という意味の使役動詞 make は、受動態の形にすると〈be made to ＋動詞の原形〉という形をとる。よって、(D) was made が正解。

語彙チェック ☐ aging　老朽化

110

☐☐☐ 正解 **D** 語彙

Recruits at ICA Consultants will be ------- clerical work for the first few weeks.

(A) mentioned

(B) inquired

(C) transmitted

(D) allocated

ICA Consultants 社の新入社員は、最初の数週間は事務の仕事を割り当てられます。

(A) 動詞 mention「～を話に出す」の過去分詞

(B) 動詞 inquire「～を尋ねる」の過去分詞

(C) 動詞 transmit「～を送る」の過去分詞

(D) 動詞 allocate「～を割り当てる」の過去分詞

空所の前に be 動詞があり、選択肢には過去分詞が並んでいるので、受動態の形をつくることがわかる。主語は Recruits at ICA Consultants「ICA Consultants 社の新入社員」、目的語は clerical work「事務の仕事」なので、「事務の仕事を割り当てられる」という意味になる (D) allocated が適切。

語彙チェック ☐ recruit　新入社員　☐ clerical　事務の

111 □□□ 正解 C 品詞

Employees will be encouraged to take the train to work during the ------- of the road in front of the office.

オフィス前の道路を拡張している間、社員は電車に乗って職場に来ることが勧められます。

(A) wide

(B) width

(C) widening

(D) widely

(A) 形容詞「広い」

(B) 名詞「広さ」

(C) 名詞「拡張」

(D) 副詞「広く」

空所の後ろには前置詞 of があるので、空所には名詞の働きをする語が入る。空所は前置詞 during「〜の間」に続く部分にあるので、文意に合うのは (C) widening 。

112 □□□ 正解 C 品詞

The performance of the sales team since Serena Gene was inducted as its chief has been considered fairly -------.

Serena Gene がその長に任命されてからの営業チームの業績は、かなり模範的だと見なされています。

(A) example

(B) exemplify

(C) exemplary

(D) examination

(A) 名詞「例」

(B) 動詞 exemplify「〜を例証する」の原形

(C) 形容詞「模範的な」

(D) 名詞「試験」

〈be considered ＋形容詞〉で「〜と見なされている」という意味になるので、(C) exemplary が入ると「模範的だと見なされている」となり文意に合う。

語彙チェック □ induct 〜を任命する

| 113 | □ □ □ | 正解 D | 品詞 |

CloseClothes Company does market research and product development in ------- departments.

CloseClothes 社は市場調査と製品開発を別の部署で行っています。

(A) separation

(B) separating

(C) separately

(D) separate

(A) 名詞「分離」

(B) 動詞 separate「～を分離する」の動名詞・現在分詞

(C) 副詞「別々に」

(D) 形容詞「別の」

空所の直前には前置詞 in があるので、後ろには名詞句が続くと考えられる。空所直後の名詞 departments「部署」を修飾する形容詞の (D) separate が適切。

| 114 | □ □ □ | 正解 A | 語彙 |

You need to check with the City Council before ------- signs on public facilities.

公共施設に看板を立てる前には、市議会に確認をとる必要があります。

(A) putting up

(B) striving for

(C) conversing with

(D) filling out

(A) put up で「～を立てる」

(B) strive for で「～に励む」

(C) converse with で「～と話す」

(D) fill out で「（書類）を完成させる」

前置詞 before「～の前に」に続く動名詞句を選ぶ。目的語になるのは空所直後の signs「看板」なので、「～を立てる」という意味を表す (A) putting up が適切。

115 | □□□ 正解 C | 語彙

Mr. Lewis revealed that the key to his success in an administrative position was to care about team members and to ------- their confidence.

(A) associate

(B) demolish

(C) bolster

(D) distract

Lewis さんは、管理職での彼の成功の鍵はチームのメンバーのことを気にかけることと彼らの自信を強めることだと明らかにしました。

(A) 動詞 associate「~を関係させる」の原形

(B) 動詞 demolish「~を破壊する」の原形

(C) 動詞 bolster「~を強める」の原形

(D) 動詞 distract「(気持ち・注意など) を紛らす」の原形

「管理職での成功の鍵」について、to 不定詞の形を並列させて 2 つ言及している。1 つは to care about team members「チームのメンバーのことを気にかけること」で、空所は 2 つ目の動詞部分にあたる。空所の後ろの their confidence「彼らの自信」を目的語にとってポジティブな意味になる (C) bolster が正解。

語彙チェック □ reveal ~を明らかにする

116 | □□□ 正解 B | 語彙

------- displayed on a shelf, *Happiness of Healthy Diet* has been a best-selling book this month.

(A) Respectively

(B) Prominently

(C) Subsequently

(D) Reluctantly

棚に目立つように置かれた『Happiness of Healthy Diet』は今月最も売れている本です。

(A) 副詞「それぞれ」

(B) 副詞「目立って」

(C) 副詞「後で」

(D) 副詞「しぶしぶ」

選択肢はすべて副詞なので、空所には後ろの displayed を修飾して文意に合うものを選ぶ。カンマより前の部分は、後半の文の主語 Happiness of Healthy Diet という本を説明しているとわかるので、「目立って置かれた」という意味になる (B) Prominently が正解。

117 □□□ 正解 A 語彙

Larry's Antique Market has attracted ------- collectors both within and outside of the town.

(A) avid

(B) obscure

(C) present

(D) pivotal

Larry's Antique Market は町内外の熱心な収集家を引きつけています。

(A) 形容詞「熱心な」

(B) 形容詞「あいまいな」

(C) 形容詞「現在の」

(D) 形容詞「中枢の」

この文の述語動詞は has attracted なので、空所は目的語の部分にあたる。空所直後の collectors「収集家」を修飾する形容詞として適切なのは (A) avid。

118 □□□ 正解 A 動詞の態×時制

Given that it ------- its target sales figures last quarter, the sales team will be rewarded at the company dinner next week.

(A) exceeded

(B) will exceed

(C) was exceeded

(D) exceeds

この前の四半期の目標売上数を上回ったので、営業チームは来週の会社の夕食会で報酬を与えられます。

(A) 動詞 exceed「～を上回る」の過去形

(B) 助動詞＋動詞の原形

(C) 過去形の受動態

(D) 三人称単数現在形

空所は given that ～「～とすれば」に続く節の中にあり、この節の述語動詞となるものが空所に入る。最後に last quarter「この前の四半期」とあるので、時制は過去形にするのが適切。主語の it はカンマ以降の文の the sales team を指し、「営業チームが目標売上数を上回った」という意味になるのが自然なので、能動態の (A) exceeded を選ぶ。

119　　正解 C　　準動詞

Use of the images on this Web site is permitted only to companies and individuals ------- in writing.

(A) having authorized

(B) authorization

(C) authorized

(D) authorizing

このウェブサイトでの写真の使用は、書面で公認された企業や個人のみに許可されています。

(A) 動詞 authorize「～を公認する」の完了形の分詞

(B) 名詞「権威」

(C) 過去分詞

(D) 動名詞・現在分詞

空所までの部分では、「ウェブサイトでの写真の使用は企業や個人のみに許可されている」という内容が述べられている。空所に (C) authorized が入ると、authorized in writing「書面で公認された」という部分が companies and individuals「企業や個人」を後ろから修飾する形になり意味が通る。よって、正解は (C)。

語彙チェック □ in writing　書面で

120　　正解 A　　語彙

Chief editors have been given ------- to select writers for each article in the magazines.

(A) discretion

(B) opposition

(C) dominance

(D) service

編集長は雑誌の各記事の書き手を選ぶ決定権を与えられています。

(A) 名詞「決定権」

(B) 名詞「反対」

(C) 名詞「権力」

(D) 名詞「勤務、業務」

空所の前には主語 Chief editors と述語動詞 have been given があるので、空所には目的語となるものが入る。空所以降の to 不定詞に続く部分に「記事の書き手を選ぶ」といった内容が書かれているので、「決定権」という意味の (A) discretion が正解。

121 □□□ 正解 D 語法

In the event that the interview is rescheduled, you will be ------- shortly of the new date via e-mail.

(A) inputted

(B) written

(C) reported

(D) notified

面接の日程が変更される場合には、E メールにてすぐに新しい日程をお知らせします。

(A) 動詞 input「〜を入力する」の過去分詞

(B) 動詞 write「〜を書く」の過去分詞

(C) 動詞 report「〜を報告する」の過去分詞

(D) 動詞 notify「〜に知らせる」の過去分詞

空所には受動態の形をつくる過去分詞が入る。空所の後ろには前置詞 of があるので、notify A of B で「A に B を知らせる」という意味を表すことから (D) notified が正解。

語彙チェック □ in the event that 〜 〜する場合には □ shortly すぐに

122 □□□ 正解 D 品詞

In the workshop next month, you can learn a ------- approach to social media marketing based on practice.

(A) successfully

(B) success

(C) succeeded

(D) successful

来月の講習会では、実践に基づいたうまくいく SNS マーケティングへのアプローチを学ぶことができます。

(A) 副詞「うまく」

(B) 名詞「成功」

(C) 動詞 succeed「成功する」の過去形・過去分詞

(D) 形容詞「うまくいく」

空所は you can learn に続く目的語の部分にあたる。空所の後ろに名詞 approach があるので、これを修飾する形容詞の (D) successful が正解。

語彙チェック □ practice 実践

| 123 | ☐☐☐ 正解 B | 語彙 |

BTC gift cards can be purchased and used at the ------- stores listed on our Web site.

(A) hygienic
(B) affiliate
(C) original
(D) decorative

BTC ギフトカードは当社のウェブサイトに掲載されている支店でご購入・ご利用いただけます。

(A) 形容詞「衛生的な」
(B) 名詞「支部」
(C) 形容詞「元の」
(D) 形容詞「装飾的な」

前半の内容より、at 以降にはギフトカードを購入・利用できる場所がくると考えられるので、affiliate stores で「支店」という意味の複合名詞をつくる (B) が正解。

| 124 | ☐☐☐ 正解 C | 代／関 |

We recently hired three experienced workers, two of ------- were assigned to Human Resources.

(A) who
(B) those
(C) whom
(D) which

我々は最近 3 人の経験豊富な社員を採用し、彼らのうち 2 人は人事部に割り当てられました。

(A) 主格の関係代名詞
(B) 指示代名詞「それらの人」
(C) 目的格の関係代名詞
(D) 主格・目的格の関係代名詞

空所前の前置詞 of の目的語となり、先行詞に説明を付け加える目的格の関係代名詞が入ると考えられる。当てはまるのは (C) whom と (D)which だが、先行詞が three experienced workers なので、(C) whom が適切。

125 ☐☐☐ 正解 B 語彙

The Spinee Dam ------ water which is then supplied to industrial facilities in the Harakoz metropolitan area.

(A) boosts

(B) stores

(C) locates

(D) assembles

Spinee ダムは、Harakoz 大都市圏の産業施設へ供給される水を貯蔵しています。

(A) 動詞 boost「～を促進する」の三人称単数現在形

(B) 動詞 store「～を貯蔵する」の三人称単数現在形

(C) 動詞 locate「～を突き止める」の三人称単数現在形

(D) 動詞 assemble「～を組み立てる」の三人称単数現在形

空所に入る適切な述語動詞を選ぶ。主語は The Spinee Dam「Spinee ダム」、目的語は water「水」なので、「～を貯蔵する」という意味の (B) stores が適切。

語彙チェック ☐ metropolitan 大都市の

126 ☐☐☐ 正解 B 数

------ homeowners are holding back on selling as demand for properties keeps increasing.

(A) Almost

(B) Many

(C) Either

(D) Those of

不動産の需要が増え続けているので、多くの自宅所有者は売却を思いとどまっています。

(A) 副詞「ほとんど」

(B) 形容詞「多くの」

(C) 形容詞「どちらかの」

(D)「～のそれら」

空所はこの文の主語にあたる部分にあり、後ろの名詞 homeowners を修飾する語が入る。homeowners は複数名詞なので、「多くの」という意味を表す (B) Many が正解。(D) は Those の指すものが不明。

語彙チェック ☐ hold back on ～ ～を控える

ここが落とし穴
(A) を選んだ人…almost「ほとんど」は副詞なので、名詞を修飾することはできない。almost を使って名詞を修飾する際は almost all ～「ほとんどすべての～」のように、間に形容詞を入れて用いる。

🔊 TRACK_231

| 127 | ☐☐☐ | 正解 C | 語彙 |

Although Mr. Martin has worked for the advertisement team for just three years, he is drawing much attention due to his ------- performance.

(A) complimentary

(B) invalid

(C) superb

(D) likely

Martin さんはちょうど 3 年間しか広告チームで働いていませんが、彼はその素晴らしい業績のために多くの注目を集めています。

(A) 形容詞「無料の」

(B) 形容詞「無効の」

(C) 形容詞「素晴らしい」

(D) 形容詞「起こりそうな」

空所を含む部分は、due to his ------- performance「彼の〜業績のために」という意味。カンマ以降では、Martin さんという人物が多くの注目を集めていることが述べられており、due to 以降でその理由を説明しているので、(C) superb が最も適切。

🔊 TRACK_232

| 128 | ☐☐☐ | 正解 B | 語彙 |

The latest movie directed by Aaron Brandt became popular ------- as early as its first week of release.

(A) keenly

(B) nationwide

(C) quarterly

(D) meanwhile

Aaron Brandt に監督された最新の映画は、早くも一般公開の最初の週には全国的に人気となりました。

(A) 副詞「鋭く」

(B) 副詞「全国的に」

(C) 副詞「年 4 回」

(D) 副詞「その間に」

選択肢はすべて副詞。became popular「人気になった」とあるので、これを修飾する語として意味が通るのは「全国的に」という意味の (B) nationwide。

129 □□□ 正解 A 語彙

A special dinner at the five-star restaurant Diming Dinner ------- our one-day Hong Kong Tour.

5つ星レストランである Diming Dinner のスペシャルディナーが、当社の日帰り香港ツアーの最後を飾ります。

(A) culminates

(B) inclines

(C) locates

(D) commits

(A) 動詞 culminate「〜最後を飾る」の三人称単数現在形

(B) 動詞 incline「〜を傾ける」の三人称単数現在形

(C) 動詞 locate「〜を置く」の三人称単数現在形

(D) 動詞 commit「〜を委託する」の三人称単数現在形

空所には述語動詞が入る。主語は A special dinner at the five-star restaurant Diming Dinner、目的語は our one-day Hong Kong Tour となる。香港ツアーに Diming Dinner のスペシャルディナーが含まれていると考えることができるので、空所に「〜を最高潮に至らせる」という意味を表す (A) culminates が入ると、「スペシャルディナーがこのツアーのクライマックスになる」という意味になり文意が通る。

130 □□□ 正解 D 代／関

Green Space Supermarket is having a campaign where customers buying two or more locally-grown onions will get ------- free of charge.

Green Space スーパーマーケットは、地元産の玉ねぎを2つ以上購入したお客様は無料でもう一つもらえるというキャンペーンを行っています。

(A) few

(B) them

(C) it

(D) another

(A) 代名詞「ほとんど〜ない」

(B) 目的格の代名詞「それらを（に）」

(C) 主格・目的格の代名詞「それは・それを（に）」

(D) 代名詞「もう一つ」

空所に入る適切な代名詞を選ぶ。Green Space スーパーマーケットが行っているキャンペーンの内容を関係副詞 where 以降で説明している。where 以降は customers buying two or more locally-grown onions will get ------- free of charge「地元産の玉ねぎを2つ以上購入したお客様は無料で〜をもらえる」となる。同じものをもう一つ追加でもらえるという意味になる (D) another が正解。

Questions 131-134 refer to the following notice.　　　　　　　　▶ TRACK_235

Our dining area is currently unavailable due to expansion work. Since our restaurant 131. as one of the "top places for dinner in Bridgewater" in the local newspaper last year, our guests have doubled. These days, we always have long waiting lines on weekends. In order to accommodate more customers, we 132. a renovation of the eating space.

The dining room will be closed until July 25. 133., you can still enjoy some of our popular dishes at home. The list includes all-time favorites such as Mamma's Lasagna, Garlic Bread and Chicken Steak. For orders over $100, we offer free delivery to your door. You can either call 443-555-2121 or just drop in at our place. 134..

Pastew Kitchen

【和訳】

問題 131-134 は次のお知らせに関するものです。

当店のダイニングエリアは拡張工事のため、現在ご利用いただけません。昨年、地方紙で当レストランが「Bridgewater におけるディナーに最適な場所」の 1 つとして選ばれて以来、お客様の数は 2 倍に増えています。このところ、週末には毎度長い待ち行列ができています。より多くのお客様を受け入れるために、当店はお食事スペースの改装を行っております。

ダイニングエリアは 7 月 25 日まで閉鎖される予定です。ですが、いくつかの当店の人気メニューをご自宅でお楽しみいただくことが依然として可能です。リストには、「ママのラザニア」や「ガーリックトースト」、「チキンステーキ」などの定番メニューも含まれています。100 ドルを超えるご注文の場合、ご自宅への無料配送をいたします。443-555-2121 へお電話いただくか、当店の店舗に立ち寄っていただいても構いません。* 準備に時間がかかるメニューもあることを心に留めておいてください。

Pastew Kitchen

語彙チェック	☐ expansion　拡張　☐ double　2 倍になる　☐ accommodate　〜を収容する
	☐ drop in　立ち寄る

TEST 1
TEST 2
TEST 3
4
TEST 5
TEST 6
TEST 7
8
TEST 9
TEST 10

131 ☐☐☐ 正解 B 動詞の態

(A) chose	(A) 動詞 choose「〜を選ぶ」の過去形
(B) was chosen	(B) 過去形の受動態
(C) choosing	(C) 動名詞・現在分詞
(D) chosen	(D) 過去分詞

選択肢には動詞 choose の変化形が並ぶ。空所を含む、接続詞 since が導く節には述語動詞がないので空所に必要。述語動詞となるのは (A) か (B) だが、他動詞 choose の目的語となる名詞（句）が空所後に見当たらないことから、ここでは受動態が使われていると考えることができる。よって、正解は (B)。

132 ☐☐☐ 正解 B 時制

(A) will undergo	(A) 助動詞＋動詞 undergo「〜を経験する」の原形
(B) are undergoing	(B) 現在進行形
(C) have undergone	(C) 現在完了
(D) underwent	(D) 過去形

冒頭に、Our dining area is currently unavailable due to expansion work「当店のダイニングエリアは拡張工事のため、現在ご利用いただけません」とある。空所後の a renovation of the eating space「食事スペースの改装」とは、このダイニングエリアの拡張工事のことを指すので、今も改装作業が続いているとわかる。よって、現在進行形の (B) が正解。

133 ☐☐☐ 正解 B 語彙

(A) Moreover	(A) 副詞「その上、加えて」
(B) Nevertheless	(B) 副詞「それにもかかわらず」
(C) Unfortunately	(C) 副詞「残念ながら」
(D) Additionally	(D) 副詞「さらに」

選択肢はすべて副詞なので、文意に合うものを選ぶ。空所前の文は「7月25日までダイニングエリアが閉鎖される」という内容。それに対し、空所後の文では「それでも人気メニューのいくつかは自宅で楽しむことができる」と述べられている。したがって、逆接の意味を表す (B) が正解。

134 ☐☐☐ 正解 D 文挿入

(A) We will let you know the construction date as soon as possible.	(A) 我々はできる限り早めに工事の日付をお伝えするつもりです。
(B) To apply for the part-time server job, send us an e-mail.	(B) その接客係のアルバイトに応募するためには、E メールをお送りください。
(C) The pizza oven has recently been refurbished.	(C) ピザオーブンは最近整備されました。
(D) Keep in mind that some dishes might take longer to prepare.	(D) 準備に時間がかかるメニューもあることを心に留めておいてください。

第2段落では主に、ダイニングエリアが閉鎖中でも自宅で楽しむことのできるメニューについて述べられており、空所は本文の最後にある。空所の直前の文では「当店の店舗に立ち寄っていただいても構いません」と書かれていることから、文意に合うのは (D)。

語彙チェック ☐ refurbish 〜を改装する、修理調整する

MANCHESTER (14 June)- The Rossom Garden will be holding a festival this weekend to celebrate its fiftieth anniversary this year. 135. Ms. Barbara Delarosa is known for her love of roses since her youth. She wrote in her autobiography about her 136., "The roses are my children." Ten new varieties have since been created by her, 137. them the "Barosa." 138.. During the festival, there will be stands around the Garden selling various rose goods such as rose soap, jam, and fragrances. Visitors can enjoy over 100 kinds of roses in full bloom while strolling in the sun.

【和訳】
問題 135-138 は次の記事に関するものです。

マンチェスター（6 月 14 日）— Rossom ガーデンは今週末、今年で 50 周年となることを祝うためにフェスティバルを開催する。創立者である Barbara Delarosa 氏は、若い頃からのバラへの愛で知られている。彼女は自身の情熱についての自伝の中で、「バラは私の子供たちである」と書いた。これまで 10 の新種が彼女によって生み出され、そのうちの一つが「Barosa」である。* その花びらは青みがかった紫色をしている。フェスティバルでは庭園のあちこちに売店が置かれ、バラの石鹸やジャム、フレグランスなど、様々なバラの商品が売られる予定だ。来訪者は太陽の下で散歩をしながら、100 種を超える満開のバラを楽しむことができる。

語彙チェック   ☐ autobiography   自伝   ☐ variety   種類   ☐ stand   屋台
                      ☐ full bloom   満開   ☐ stroll   散歩する

135 　□□□　正解 C　　語彙

(A) Governor	(A) 名詞「知事」
(B) Interpreter	(B) 名詞「通訳」
(C) Founder	(C) 名詞「創立者」
(D) Chairperson	(D) 名詞「議長」

選択肢には人の職業や立場を表す名詞が並ぶ。空所は直後の名詞句 Ms. Barbara Delarosa と同格関係にある。1 文目では「Rossom ガーデンが 50 周年を祝うためにフェスティバルを開催する」と述べられており、空所を含む 2 文目には「Barbara Delarosa 氏はバラを愛したことで知られている」とある。よって、Ms. Barbara Delarosa は Rossom ガーデンの創立者であると考えるのが自然。よって、(C) が正解。

136 　□□□　正解 A　　語彙

(A) passion	(A) 名詞「情熱」
(B) observation	(B) 名詞「観察」
(C) offer	(C) 名詞「申し出」
(D) criticism	(D) 名詞「批評」

空所を含む文の前文で、「Barbara Delarosa 氏は、若い頃からバラを愛したことで知られている」と述べられている。また、彼女は自伝の中に「バラは私の子供たちである」と書いたとあることから、自伝は彼女のバラへの情熱に関するものであると考えるのが自然。よって、(A) が正解。

137 　□□□　正解 B　　前 vs 接

(A) despite	(A) 前置詞「〜にもかかわらず」
(B) among	(B) 前置詞「〜の中の一つで」
(C) and	(C) 接続詞「〜と」
(D) while	(D) 接続詞「〜する間に」

空所の直後に続く代名詞 them は、この文の主語 Ten new varieties を指す。よって、「〜の中の一つで」という意味の前置詞 (B) among を入れると文意が通る。

138 　□□□　正解 D　　文挿入

(A) A lot of people have visited the Rossom Garden.	(A) 多くの人々が Rossom ガーデンを訪れた。
(B) One of her children is taking care of the property.	(B) 彼女の子供のうちの一人は不動産の管理をしている。
(C) The book has been selling very well recently.	(C) その本はこのところ非常によく売れている。
(D) Its petals are purple with a blue tint to them.	(D) その花びらは青みがかった紫色をしている。

空所の前文では、Barbara Delarosa 氏が作った新種のバラの一種である Barosa という品種が登場する。この Barosa というバラの特徴を述べる (D) が空所に入ると自然な流れになる。

語彙チェック　□ property 不動産　□ petal 花びら　□ tint 色、色合い

To: minihara@bbu.com
From: crosenberg@edipub.com
Date: February 9
Subject: Comic Adaptation Request

Dear Ms. Hara,

I work at Editerione Publishers, and recently read your novel Burlesca serialized in the weekly magazine Goofdailer. Being an editor 139., I was fascinated by the carefully structured plot and well written characters. Would you consider adapting your work for comics? Nowadays, comic books are popular among adults as well as the youth. As you have a very 140. writing style, I am confident that it will attract readers of all ages. Your vivid imagery 141. easily into visual media. Please inform us if you are interested in this offer, so that we can meet together to discuss the details further. 142..

Sincerely,
Cristine Rosenberg
Chief Editor, Editerione Publishers

【和訳】

問題 139-142 は次の E メールに関するものです。

受信者：minihara@bbu.com
送信者：crosenberg@edipub.com
日付：2 月 9 日
件名：マンガ脚色依頼

Hara 様

私は Editerione 出版社で働いており、週刊誌 Goofdailer で連載されていたあなたの小説『Burlesca』を最近拝読いたしました。私自身編集者として、入念に組み立てられた構想やよく描かれた人物に魅了されました。あなたの作品をマンガ用に脚色することを考えてみていただけないでしょうか。近頃マンガは、若者はもちろん大人にも人気があります。あなたの文調はとても叙述的なので、すべての年代の読者を引きつけるだろうと私は確信しております。あなたの鮮明なイメージは、容易に映像メディアに移しかえることができるでしょう。このオファーにご興味があればお知らせください。お会いして、詳細について話し合いましょう。* ご連絡を心待ちにしております。

敬具

Cristine Rosenberg
編集長、Editerione 出版社

語彙チェック　☐ adaptation　脚色　☐ serialize　～を連載する　☐ fascinate　～を魅了する
☐ plot　構想　☐ adapt ～ for …　～を…に脚色する
☐ imagery　比喩的表現、イメージ

139 □□□ 正解 B 代／関

(A) yourself
(B) myself
(C) himself
(D) oneself

(A) 再帰代名詞「あなた自身」
(B) 再帰代名詞「私自身」
(C) 再帰代名詞「彼自身」
(D) 再帰代名詞「自分自身」

選択肢には再帰代名詞が並ぶ。空所を含む文の主語は I である。よって、空所に (B) myself を入れて an editor myself「私自身編集者として〜」とすると文意が通る。

140 □□□ 正解 C 品詞

(A) describing
(B) described
(C) descriptive
(D) descriptively

(A) 動詞 describe「〜を記述する」の動名詞・現在分詞
(B) 過去形・過去分詞
(C) 形容詞「叙述的な」
(D) 副詞「叙述的に」

空所の前の冠詞 a からカンマ前の style までが、他動詞 have の目的語となる名詞句。空所直前には副詞の very があり、直後には writing style「文調」という名詞句が続く。よって、副詞に修飾されることができ、かつ名詞句を修飾することができる形容詞の (C) が正解。

141 □□□ 正解 A 動詞の態×時制

(A) could be translated
(B) might have translated
(C) has been translated
(D) to be translated

(A) 助動詞＋動詞 translate「〜を変換する」の受動態
(B) 助動詞＋現在完了
(C) 現在完了の受動態
(D) to 不定詞の受動態

空所には、この文の述語動詞となるものが必要。本文の 3 文目に Would you consider adapting your work for comics?「あなたの作品をマンガ用に脚色することを考えてみてもらえないか」とあるので、空所を含む文は「（もし漫画化すれば）あなたの鮮明なイメージを映像メディアに変化させることは容易だろう」という意味だと考えられる。よって、可能性の助動詞 could を用いた受動態の (A) が正解。

142 □□□ 正解 D 文挿入

(A) I hope that I have answered your question.
(B) Your payment needs to be done by credit card.
(C) We will send you an itinerary as soon as possible.
(D) I am looking forward to hearing from you.

(A) あなたのご質問にお答えできたことを願っています。
(B) あなたのお支払いはクレジットカードでなされる必要があります。
(C) 我々はできるだけ早く、あなたに旅程表をお送りいたします。
(D) ご連絡を心待ちにしております。

空所は本文の最後にある。空所直前には Please inform us if you are interested in this offer.「このオファーにご興味があればお知らせください」とあり、this offer はこの E メールの趣旨である小説のマンガへの脚色を検討してほしいという内容を指す。よって、(D) が正解。

語彙チェック □ itinerary 旅程表 □ hear from 〜 〜から連絡をもらう

Questions 143-146 refer to the following advertisement.

TRACK_238

Tired of buying drinking water from the store? We confidently recommend you try Triplet Water Dispenser! You will be able to enjoy cold or hot water any time of the year at your convenience. There is no need for you to do anything for installation. Once you apply for the service online, our staff will visit your house and **143.** the equipment for you. Triplet Water comes in a 24-liter bottle. When the **144.** water reaches a certain level, an alert will be automatically sent to order a new bottle. Our staff will come to pick up empty water bottles in **145.** for a new one. **146.**. We guarantee that you will never run short of water again!

【和訳】

問題 143-146 は次の広告に関するものです。

お店で飲料水を買ってくることにうんざりしていませんか？Triplet Water Dispenser を試されることを、我々は自信を持ってお勧めいたします！一年中いつでもあなたの都合に合わせて、冷たい水も熱いお湯もお楽しみいただけます。設置するのに、あなたは何もする必要はございません。当サービスにオンラインでお申し込みいただければすぐに、スタッフがお宅をご訪問いたしまして装置を設置いたします。Triplet Water は 24 リットルのボトルで売られています。残っている水が特定の水準に達すると、新しいボトルを注文するように自動的に警告が送られます。スタッフが新しいものと引き換えに空の水のボトルを回収しにお伺いします。* お客様の 97% が我々のサービスに満足感を示しています。あなたがもう決して水を切らすことがないと保証いたします！

語彙チェック □ at one's convenience （人）の都合のよいときに □ installation 設置 □ come in ～ ～の形で提供される □ run short of ～ ～を切らす

TEST 1
TEST 2
TEST 3
TEST 4
TEST 5
TEST 6
TEST 7
TEST 8
TEST 9
TEST 10

143 　　　　正解 A　　　　語彙

(A) set up
(B) take away
(C) look into
(D) pull out

(A)「～を設置する、据え付ける」
(B)「～を取り除く」
(C)「～を調べる」
(D)「～を引き出す」

文意に合う適切な句動詞を選ぶ。空所後の目的語にあたる the equipment は広告にある water dispenser であると考えられる。空所を含む文の前文で、There is no need for you to do anything for installation「設置のためにあなたは何もする必要がない」と設置について述べているので、「～を設置する」という意味の (A) set up を入れると文意が通る。

144 　　　　正解 B　　　　準動詞

(A) remained
(B) remaining
(C) remains
(D) remainder

(A) 動詞 remain「残る」の過去形・過去分詞
(B) 現在分詞
(C) 三人称単数現在形
(D) 名詞「残り」

選択肢には動詞 remain の変化形と派生語の名詞が並ぶ。空所は When 節の主語である名詞 water の直前にあるので、名詞を修飾する語が入ると判断できる。よって、「残っている水」という能動の関係で、名詞 water を修飾する現在分詞の (B) が正解。

145 　　　　正解 D　　　　語彙

(A) insurance
(B) quality
(C) brief
(D) exchange

(A) 名詞「保険」
(B) 名詞「品質」
(C) 名詞「要約」
(D) 名詞「交換」

空所を含む文は「従業員が空のボトルを回収しに来る」という内容であり、かつ空所の前後には前置詞の in と for があることから、in exchange for ～で「～と交換に」という意味になる (D) を入れると文意が通る。

146 　　　　正解 D　　　　文挿入

(A) Send us back the bottles when you have finished drinking.
(B) Our support team would be happy to answer any problem you have with the laptop.
(C) Thank you for taking the time to take part in our survey.
(D) Ninety Seven percent of our customers have expressed satisfaction with our service.

(A) 飲み終わりましたら、我々にボトルを送り返してください。
(B) ノートパソコンに関する問題について、我々のサポートチームが喜んでお答えします。
(C) 我々の調査への参加にお時間をいただき、ありがとうございます。
(D) お客様の 97% が我々のサービスに満足感を示しています。

広告の趣旨は Triplet Water Dispenser という商品の購入を促すもの。本文では商品のセールスポイントが述べられているので、その流れにしたがって顧客満足度の数値を提示すると自然な話の流れになる。よって、正解は (D)。

語彙チェック □ satisfaction 満足

TEST 8

解答&解説

TEST 8　正解一覧

Part 5

問題番号	正解	1 2 3
101	C	☐☐☐
102	B	☐☐☐
103	C	☐☐☐
104	B	☐☐☐
105	B	☐☐☐
106	D	☐☐☐
107	C	☐☐☐
108	A	☐☐☐
109	A	☐☐☐
110	B	☐☐☐
111	C	☐☐☐
112	A	☐☐☐
113	C	☐☐☐
114	D	☐☐☐
115	D	☐☐☐

問題番号	正解	1 2 3
116	C	☐☐☐
117	B	☐☐☐
118	D	☐☐☐
119	D	☐☐☐
120	B	☐☐☐
121	D	☐☐☐
122	D	☐☐☐
123	A	☐☐☐
124	A	☐☐☐
125	D	☐☐☐
126	D	☐☐☐
127	B	☐☐☐
128	A	☐☐☐
129	B	☐☐☐
130	A	☐☐☐

Part 6

問題番号	正解	1 2 3
131	B	☐☐☐
132	D	☐☐☐
133	A	☐☐☐
134	A	☐☐☐
135	C	☐☐☐
136	D	☐☐☐
137	A	☐☐☐
138	C	☐☐☐

問題番号	正解	1 2 3
139	C	☐☐☐
140	B	☐☐☐
141	A	☐☐☐
142	D	☐☐☐
143	C	☐☐☐
144	A	☐☐☐
145	B	☐☐☐
146	D	☐☐☐

Part 5

▶ TRACK_239

| 101 | □ □ □ | 正解 C | 前 vs 接 |

All employees were reminded ------- the meeting to attend the ceremony to mark the company's twentieth anniversary.

(A) of

(B) when

(C) at

(D) though

すべての従業員は会議で、会社の 20 周年を記念する式典に出席するよう念を押されました。

(A) 前置詞「〜の」

(B) 接続詞「〜するとき」

(C) 前置詞「〜で」

(D) 接続詞「〜だが」

述語動詞 were reminded の文構造を見抜くことがポイント。空所の前の were reminded と後ろの to 不定詞句 to attend から、remind 人 to do「(人)に〜することを思い出させる」の受動態の形が使われていることがわかる。よって、(C) を入れて at the meeting「会議で」とし、場所を表す前置詞句を挿入する形にするのが適切。

▶ TRACK_240

| 102 | □ □ □ | 正解 B | 前 vs 接 |

The Superiron should not be used directly on garments made of polyester ------- synthetic fibers are susceptible to high heat.

(A) to

(B) since

(C) so

(D) without

合成繊維は高熱の影響を受けやすいので、Superiron をポリエステル製の衣服に直接使用してはいけません。

(A) 前置詞「〜へ」

(B) 接続詞「〜なので」

(C) 接続詞「それで、その結果」

(D) 前置詞「〜なしで」

選択肢には前置詞と接続詞が並ぶ。空所の前後はどちらも S + V のそろった文であるので、空所には接続詞が入る。空所後の文は空所前の文の理由を示していることがわかるので、正解は (B)。

語彙チェック □ garment 衣服 □ polyester ポリエステル □ synthetic fiber 合成繊維 □ be susceptible to 〜 〜の影響を受けやすい

| 103 | □□□ 正解 **C** | 品詞 |

According to the online survey, a few customers expressed ------- with the content of the Goodfood delivery subscription.

(A) satisfactorily
(B) satisfactory
(C) satisfaction
(D) satisfy

そのオンライン調査によると、Goodfood 配達サブスクリプションの内容に満足感を示しているお客様も数名います。

(A) 副詞「申し分なく」
(B) 形容詞「満足のいく」
(C) 名詞「満足、満足感」
(D) 動詞 satisfy「〜を満足させる」の原形

空所は述語動詞 expressed と、with が導く前置詞句の間にある。express は「〜を表現する、示す」という意味の他動詞であり、かつ能動態で使われていることから、空所には目的語となる語が必要。よって、名詞の (C) が正解。

| 104 | □□□ 正解 **B** | 語法 |

Please be advised that you should renew your membership in time in order not to ------- it invalid.

(A) ratify
(B) render
(C) issue
(D) incur

会員資格を無効にしないように、遅れずにそれを更新してください。

(A) 動詞 ratify「〜を批准する」の原形
(B) 動詞 render「〜を…の状態にする」の原形
(C) 動詞 issue「〜を発行する」の原形
(D) 動詞 incur「〜をこうむる」の原形

in order not to「〜しないように」に続く適切な動詞を選ぶ。空所の後には動詞の目的語となる代名詞の it と、形容詞 invalid が続いていることから、空所に入る動詞は後ろに O + C をとることのできる語法を持つものに絞られる。選択肢の動詞のうち、当てはまるのは (B) のみ。

語彙チェック　□ in time　間に合って　□ invalid　無効の

105	□□□	正解 B	語彙

The ------- version of the budget proposal, approved by the department head, must be handed in by Friday.

(A) leading
(B) final
(C) meticulous
(D) blank

部長から承認された、予算案の最終版は、金曜日までに提出されなければなりません。

(A) 形容詞「主要な」
(B) 形容詞「最後の、最終の」
(C) 形容詞「細心の注意を払った」
(D) 形容詞「白紙の」

この文の主語は文頭から proposal まで、述語動詞にあたるのは must be handed in の部分。カンマで挟まれた部分は主語を修飾しており、approved by the department head「部長から承認された」とあるので、予算案は The final version「最終版」であると考えられる。よって、正解は (B)。

106	□□□	正解 D	前置詞

Mr. White expressed the appreciation ------- his sales team members to the marketing department for its providing information in a timely manner.

(A) in
(B) for
(C) to
(D) of

White さんはマーケティング部に、情報を迅速に提供してくれたことに対する営業チームメンバーの感謝の気持ちを表しました。

(A) 前置詞「〜に」
(B) 前置詞「〜のために」
(C) 前置詞「〜へ」
(D) 前置詞「〜の」

述語動詞 expressed の語法から、文構造を掴むことがポイント。express 〜 to A で「A に〜を表す、表現する」という意味になる。よって、空所を含む名詞句は express という動詞によって表す内容にあたるとわかる。文意より、the appreciation of his sales team members「彼の営業チームメンバーの感謝の気持ち」という意味になる (D) が正解。

語彙チェック □ in a timely manner 迅速に

> 🔔 ここが落とし穴
> (C) を選んだ人…expressed の後ろに the appreciation という目的語になれる名詞句がすでにあるので、his sales team members が感謝を表す相手と考えると、(C) to が入りそうだが、ここでは、さらに後ろに to the marketing department と感謝を表す相手があるので不正解となる。1 文を最後まで読んで解答しよう。

| 107 | □□□ | 正解 **C** | 代／関 |

The Groudile Restaurant decides ------- dishes will be on the recommendation menu based on the home-grown vegetables available each day.

Groudile レストランは、その日に入手できる自家栽培の野菜に基づいて、何の料理をおすすめメニューに載せるかを決めます。

(A) those

(B) its

(C) what

(D) how

(A) 代名詞「それらの」

(B) 所有格の代名詞「その」

(C) 疑問代名詞「何の」

(D) 関係副詞

> The Groudile Restaurant が主語、decides が述語動詞。空所以降は decides の目的語にあたる部分。(C) what を入れると what dishes will be on the recommendation menu「何の料理をおすすめメニューに載せるか」となり文意が通る。

| 108 | □□□ | 正解 **A** | 語彙 |

Our restaurant will appear on the cover of the June issue of *HealthLives* magazine, which features ------- dishes for vegetarians.

私たちのレストランは『HealthLives』という、ベジタリアン向けのおいしい料理を特集する雑誌の 6 月号の表紙に掲載されます。

(A) palatable

(B) tenacious

(C) fruitful

(D) discreet

(A) 形容詞「おいしい」

(B) 形容詞「粘り強い」

(C) 形容詞「有益な」

(D) 形容詞「分別のある」

> 選択肢はすべて形容詞。空所は動詞 features の目的語となる名詞 dishes の直前にあるので、dishes「料理」を修飾するのに適切なものを選ぶ。よって、正解は (A)。

109 □□□ 正解 A 前置詞

A couple of weeks ------- the busiest season of the year, Qroad Inc. has been providing its employees with complimentary meals to help them stay in shape.

(A) into

(B) for

(C) on

(D) since

繁忙期に突入して数週間、Qroad 社は従業員が健康を維持するのを手伝うために、彼らに無料の食事を提供しています。

(A) 前置詞「〜の中に」

(B) 前置詞「〜のために」

(C) 前置詞「〜の上に」

(D) 前置詞「〜以来」

選択肢はすべて前置詞。空所には A couple of weeks「数週間」と the busiest season of the year「一年で最も忙しい時期」という 2 つの名詞句をつなぐ前置詞を入れる。into 〜で「（ある状態）になって」と変化を表すことができるので、正解は (A)。

語彙チェック □ complimentary 無料の □ stay in shape 健康を維持する

110 □□□ 正解 B 前 vs 接

Palmer Consultations specializes in increasing product sales ------- effective branding techniques and promotion strategies.

(A) because

(B) through

(C) despite

(D) yet

Palmer Consultations 社は、効果的なブランディング技術と販促戦略を通じて、製品の売り上げを増加させることを専門としています。

(A) 接続詞「〜なので」

(B) 前置詞「〜を通じて」

(C) 前置詞「〜にもかかわらず」

(D) 接続詞「しかし」

選択肢には接続詞と前置詞が並ぶ。空所の後ろには effective branding techniques と promotion strategies という 2 つの名詞句が and によって並置されていることから、空所には前置詞が入る。文意より、手段を表す前置詞である (B) through が正解。

111

Of the popular programs at GML Radio, BB's Music and Cooking Channel is ------- running the longest.

GML ラジオの人気番組の中で、BB's Music and Cooking Channel は最も長く続いているものです。

(A) what

(B) other than

(C) the one

(D) aside from

(A) 関係代名詞

(B)「～以外の」

(C)「もの」

(D)「～に加えて」

この文は、of からカンマまでの部分が強調のために文頭に出た形。空所後には running the longest と分詞句の形が続いている。名詞句の (C) the one を入れると、the one を後ろから修飾する現在分詞の形になり、文意が通る。one は program を指す。

112

Riverdale Hill branch will conduct a poll next month and choose its head -------.

Riverdale Hill 支店は来月投票を行って、内部からその支店長を選びます。

(A) from within

(B) in addition

(C) in case

(D) so far

(A)「内部から」

(B)「加えて」

(C)「もし～ならば」

(D)「今までのところ」

この文は助動詞 will に続く動詞 conduct と choose が and でつながれており、空所は choose に続く部分にある。(A) を入れると「来月投票を行って、内部から支店長を選ぶ」という意味になり文意が通る。

113 　　　□□□　正解 C　　動詞の態

Whenever a delay in shipment occurs, clients ------- quickly of it via e-mail.

(A) information
(B) inform
(C) are informed
(D) informal

発送に遅れが生じたときはいつでも、お客様はEメールを通じてすぐにそれを知らされます。

(A) 名詞「情報」
(B) 動詞 inform「〜に知らせる」の原形
(C) 受動態
(D) 形容詞「非公式の」

カンマまでは Whenever が導く副詞節であるため、カンマ以降はこの文の主節である。clients が主語、空所には述語動詞となる動詞が入る。inform は「〜に知らせる」という意味の動詞であり、clients「お客様」は「知らされる」側なので、正解は受動態の (C)。

114 　　　□□□　正解 D　　品詞×語彙

Library visitors can have ------- to the materials in the stack room when filling out paperwork.

(A) accessibly
(B) accessory
(C) accessing
(D) access

図書館の訪問者は書類に記入すると、書庫にある資料を利用することができます。

(A) 副詞「利用しやすく」
(B) 名詞「アクセサリー」
(C) 動詞 access「〜を利用する」の動名詞・現在分詞
(D) 名詞「利用」

空所は他動詞 have と、to が導く前置詞句の間にある。他動詞は後ろに目的語が必要なので、空所には目的語となる名詞が入るとわかる。have access to 〜で「〜を利用する」という意味になる (D) が正解。

語彙チェック　□ stack room　書庫

115 □□□ 正解 D 語彙

Mr. Brown has been looking for a venue where he can ------- a farewell party for Ms. Cooper, who is going to be transferred to a different branch.

(A) accommodate

(B) post

(C) admonish

(D) throw

Brown さんは、違う支店に異動になる、Cooper さんの送別会を開催することができる会場を探しています。

(A) 動詞 accommodate「～を収容する」の原形

(B) 動詞 post「～を掲示する」の原形

(C) 動詞 admonish「～に忠告する」の原形

(D) 動詞 throw「～を開催する」の原形

空所は関係副詞 where 節の述語動詞にあたる。続く目的語は a farewell party「送別会」なので、throw a farewell party で「送別会を開催する」という意味になる (D) が正解。

語彙チェック □ farewell party 送別会

116 □□□ 正解 C 語彙

Cubic Cream will be ------- several of its current ice cream choices, which will be replaced with new ones based on customer requests.

(A) accessing

(B) specializing

(C) discontinuing

(D) combining

Cubic Cream は、現在のアイスクリームのフレーバーのうちいくつかを生産終了する予定で、それらは顧客の要望に基づいて新しいものに取り換えられます。

(A) 動詞 access「～を利用する」の現在分詞

(B) 動詞 specialize「専門にする」の現在分詞

(C) 動詞 discontinue「～の製造を中止する」の現在分詞

(D) 動詞 combine「結びつく」の現在分詞

空所に適切な現在分詞を入れて進行形をつくる。目的語は several of its current ice cream choices であり、非制限用法の関係代名詞 which 節で which will be replaced with new ones「それは新しいものに取り換えられる」と述べられている。よって、「～の製造を中止する」という意味の (C) が正解。

| 117 | □□□ | 正解 B | 語彙×語法 |

Pour the cake batter into a square pan and ------- out the surface with a spatula.

ケーキの生地を角皿に注いで、へらで表面を平らにしてください。

(A) spill

(A) 動詞 spill「～をこぼす」の原形

(B) even

(B) 動詞 even「～を平らにする」の原形

(C) take

(C) 動詞 take「～を取る」の原形

(D) fill

(D) 動詞 fill「～を満たす」の原形

ケーキ作りの手順を説明する内容の文。選択肢には動詞の原形が並んでいるので、pour から始まる命令文と空所から始まる命令文が and で並列されているとわかる。空所直後には out があるので、even out ～で「～を平らにする」という意味になる (B) が入ると文意が通る。

語彙チェック □ square pan　角皿　□ spatula　へら(調理器具)

Beacon's Point

副詞の even「～でさえ」のほか、even には形容詞で「平らな、公平な」、動詞で「～を平らにする、～の収支を合わせる」という意味もある。合わせて覚えておこう。

| 118 | □□□ | 正解 D | 品詞 |

------ to the Kidman's Marketing Company Awards this year were the largest ever in the history of the awards.

今年の Kidman's Marketing 社賞への投稿は、賞の歴史の中で最多でした。

(A) Submitting

(A) 動詞 submit「～を提出する」の動名詞・現在分詞

(B) Submissive

(B) 形容詞「従順な」

(C) Submit

(C) 動詞の原形

(D) Submissions

(D) 名詞「提出物」

文の述語動詞は be 動詞の were で、空所は主語の部分に含まれる。文頭から this year までの部分に主語となる名詞がないので、空所には名詞が入ると考えられる。正解は (D)。

ここが落とし穴

(A) を選んだ人…Submitting は一見、動名詞として主語になることができそうだが、「～を提出する」という意味では他動詞なので、後ろに目的語が必要。submit to ～は「～に服従する」という意味。

⊙ TRACK_257

| 119 | □□□ | 正解 D | 語法 |

It is advisable that employees ------- from using photocopiers on the second floor during regular maintenance work.

定期メンテナンス作業の間、従業員は 2 階にあるコピー機を使うことを控えるのが望ましいです。

(A) refraining

(B) refrained

(C) to refrain

(D) refrain

(A) 動詞 refrain「控える」の動名詞・現在分詞

(B) 過去形・過去分詞

(C) to 不定詞

(D) 動詞の原形

選択肢には動詞 refrain の異なる形が並ぶ。空所は It is advisable that ～という構文内にあることがポイント。この構文では、that 節内の動詞は原形または〈should ＋動詞の原形〉になるので、正解は (D)。

語彙チェック □ advisable　望ましい

Beacon's Point
形容詞 advisable「望ましい」を使った It is advisable that ～という構文内の動詞が原形になるのは、その前に should が省略されているためである。

⊙ TRACK_258

| 120 | □□□ | 正解 B | 語彙 |

To be a successful candidate, your achievements and business results, as well as your potential for growth, are important -------.

採用合格者になるためには、成長の可能性はもちろん、業績やビジネスの結果が重要な資質です。

(A) opportunities

(B) qualities

(C) cases

(D) varieties

(A) 名詞「機会」の複数形

(B) 名詞「資質」の複数形

(C) 名詞「場合」の複数形

(D) 名詞「種類」の複数形

形容詞 important に修飾される名詞を選ぶ。述語動詞は be 動詞の are なので、空所には補語として、主語と意味的にイコールの関係になる名詞が入るとわかる。achievements「業績」や business results「ビジネスの結果」といった名詞を言い換えることができるのは (B)。

| 121 | □□□ | 正解 D | 準動詞 |

The keynote speakers for the conference ------- at the airport by 11 A.M. will be picked up by event organizer Patrick Cho.

(A) will arrive

(B) arrived

(C) has arrived

(D) arriving

午前 11 時までに空港に到着している会議の基調講演者は、イベント主催者の Patrick Cho によって車で迎えられます。

(A) 助動詞 + 動詞 arrive「到着する」の原形

(B) 過去形・過去分詞

(C) 現在完了

(D) 現在分詞

空所後にある will be picked up がこの文の述語動詞。よって、空所は文の主語である名詞句内に含まれており、名詞句 The keynote speakers for the conference を後置修飾する句をつくると考える。先行詞は「会議の基調講演者」なので、「到着している」という意味になる (D) が正解。

語彙チェック □ keynote speaker 基調講演者

| 122 | □□□ | 正解 D | 品詞×語彙 |

An environmentalist group, Green Movement, submitted a petition to plant more trees along High Street with thousands of ------- to the Greenhill Council.

(A) signed

(B) significance

(C) signs

(D) signatures

環境保護団体 Green Movement は、大通り沿いにより多くの木を植えるための嘆願書を、何千もの署名と共に Greenhill 評議会に提出しました。

(A) 動詞 sign「〜に署名する」の過去形・過去分詞

(B) 名詞「重要性」

(C) 名詞「記号」の複数形

(D) 名詞「署名」の複数形

空所の前に with thousands とあるので、空所には前置詞 with の目的語となる名詞、かつ可算名詞の複数形のものが入る必要がある。「署名」という意味を持つ (D)signatures が適切。(C) sign は動詞では「〜に署名する」という意味を持つが、名詞の場合「署名」という意味はなく、「記号、しるし」という意味になる。日本語の「サイン」という意味はないので注意。

語彙チェック □ petition 嘆願書

TEST 1
TEST 2
TEST 3
TEST 4
TEST 5
TEST 6
TEST 7
TEST 8
TEST 9
TEST 10

▶ TRACK_261

| 123 | □□□ | 正解 A | 前 vs 接 |

------- Mukidire Corporation is now a leading company in logistics, it started as a small moving business 20 years ago.

現在 Mukidire 社は物流の主要企業ですが、20年前に小さな引っ越し会社として始まりました。

(A) Although

(B) However

(C) Provided

(D) Despite

(A) 接続詞「〜だが」

(B) 副詞「しかしながら」

(C) 接続詞「もし〜ならば」

(D) 前置詞「〜にもかかわらず」

空所以降には S + V がそろっており、カンマ以降にも S + V の形がある。よって、空所には2つの文をつなぐことのできる接続詞が入るとわかる。文意より、逆接の接続詞である (A) が正解。

語彙チェック □ logistics　物流

▶ TRACK_262

| 124 | □□□ | 正解 A | 語彙 |

Among the ------- of Aromam Group, only Boisens Partners had early fund-raising success.

Aromam グループの子会社の中で、Boisens Partners だけが初期の資金集めに成功しました。

(A) subsidiaries

(B) developments

(C) traders

(D) occupations

(A) 名詞「子会社」の複数形

(B) 名詞「住宅団地」の複数形

(C) 名詞「貿易業者」の複数形

(D) 名詞「職業」の複数形

空所は Among に導かれる前置詞句内にある。前置詞 among は「〜の間で」という意味で、可算名詞の複数形を後に続ける。空所に (A) subsidiaries を入れると、文の主語であるBoisens Partners が、Aromam グループの子会社の 1 つということになり文意が通る。よって、(A) が正解。

語彙チェック □ fund-raising　資金集め

125 □□□ 正解 D 語彙

Before making the decision to sell her property, Tomoe Mazowita first ------- advice from experts on how to make it appealing to potential buyers.

(A) charged

(B) facilitated

(C) dealt

(D) sought

Tomoe Mazowita は自身の不動産を売却する決断をする前に、それを見込み客にとって魅力的なものにする方法について、最初に専門家に助言を求めました。

(A) 動詞 charge「～を請求する」の過去形

(B) 動詞 facilitate「～を促進する」の過去形

(C) 動詞 deal「～を分配する」の過去形

(D) 動詞 seek「～を求める」の過去形

空所には主語 Tomoe Mazowita に対する述語動詞が入り、目的語は空所直後の advice となる。seek advice from ～で「～に助言を求める」という意味になる (D) が入ると文意に合う。

語彙チェック □ property　不動産　□ potential buyer　見込み客

126 □□□ 正解 D 代／関

The participants in the seminar will be provided with a recorded video of the lecture online in case they absent ------- from it.

(A) their own

(B) them

(C) theirs

(D) themselves

セミナーの参加者が欠席した場合には、オンラインでその講義の録画ビデオが提供されます。

(A)「彼ら自身の」

(B) 目的格の代名詞「彼らを[に]」

(C) 所有代名詞「彼らのもの」

(D) 再帰代名詞「彼ら自身」

空所の直前に absent という動詞があることに注目する。absent は再帰代名詞 oneself を伴って、absent oneself from ～の形で「～を欠席する」という意味になる。よって、正解は (D)。

語彙チェック □ in case ～　～の場合には、～に備えて

127

□ □ □　正解 **B**　前 vs 接

------- the payroll office to have sufficient time to distribute paychecks, please submit time sheets on schedule.

給与課が給料を支払うのに十分な時間を持てるように、タイムシートを予定通りに提出してください。

(A) So that

(A)「～するように」

(B) In order for

(B) in order for A to *do* の形で「A が～するために」

(C) Such as

(C)「～のような」

(D) In case of

(D)「～の場合は」

空所後からカンマまでの間に S ＋ V は含まれていないので、空所には前置詞の働きをするものが入るとわかる。空所後の名詞句 the payroll office が、to 不定詞の主語になっているのを見抜くことがポイント。In order for *A* to *do* の形で「A が～するために」という意味になる (B) が正解。

語彙チェック　□ payroll office　給与課　□ distribute　～を分配する　□ paycheck　給料

128

□ □ □　正解 **A**　語彙×語法

Singsingle Ltd. ------- a new scheme, seeing that the previous plan was not producing desirable results.

Singsingle 有限会社は以前の計画が望ましい結果を生み出していないことに気づき、新しい計画を考案しました。

(A) devised

(A) 動詞 devise「～を考案する」の過去形

(B) varied

(B) 動詞 vary「変化する」の過去形

(C) convinced

(C) 動詞 convince「～を納得させる」の過去形

(D) notified

(D) 動詞 notify「～に知らせる」の過去形

空所は文の述語動詞にあたり、直後に目的語である a new scheme「新しい計画」という名詞句が続く。よって、目的語をとることのできる他動詞であり、かつ文意に合う (A) が正解。

語彙チェック　□ scheme　計画　□ desirable　望ましい

| 129 | □□□ | 正解 B | 品詞 |

The Supliwatch is made of a light compound metal ------- to water and shock.

(A) resisting

(B) resistant

(C) resist

(D) resistance

Supliwatch は、水や衝撃に強い軽量の合成金属でできています。

(A) 動詞 resist「〜に抵抗する」の動名詞・現在分詞

(B) 形容詞「抵抗力のある」

(C) 動詞の原形

(D) 名詞「抵抗」

空所前までの部分で「Supliwatch は軽量の合成金属でできている」という文が完成しているので、空所以降は直前の名詞句 a light compound metal「軽量の合成金属」を後置修飾する形容詞句であると考える。resistant to 〜で「〜に抵抗力のある」という意味になる (B) が正解。

語彙チェック ☐ compound metal　合成金属

| 130 | □□□ | 正解 A | 品詞 |

The Landied Center is available for ------- use such as a venue for events and exhibitions.

(A) general

(B) generally

(C) generalize

(D) generalizing

Landied センターは、イベントや展覧会の会場といった一般的な利用が可能です。

(A) 形容詞「一般的な」

(B) 副詞「一般に」

(C) 動詞 generalize「〜を一般化する」の原形

(D) 動名詞・現在分詞

選択肢には異なる品詞が並ぶ。空所は前置詞 for と不可算名詞 use の間にあるので、名詞を修飾する形容詞の働きをする語が入ると考える。general use で「一般的な利用」という意味になる (A) が正解。

語彙チェック ☐ venue　会場

Part 6

Questions 131-134 refer to the following article. ⊙ TRACK_269

Passing the tradition on to the next generation

Granvillehane's is the oldest candle making studio in Quebec. The studio takes pride in its handmade candles 131. ingredients are organic beeswax and honey. This makes the candles popular among consumers interested in natural products. The current owner is Ms. Loreen Granville, who 132. in France to learn about foreign techniques. Ms. Granville returned to her hometown to take over her father's business last month. She has expressed her passionate feelings towards the art. "I want more people to get to know our candles. They will 133. be as fascinated as I am." Aside from making traditional candles, Granvillehane's is experimenting with new styles and designs. 134.. It will be available until May 1.

【和訳】

問題 131-134 は次の記事に関するものです。

伝統を次の世代へ引き継ぐ

Granvillehane's はケベックで最も古いキャンドルの製造スタジオである。同スタジオは、材料がオーガニックの蜜蝋と花蜜である手作りのキャンドルに誇りを持つ。これにより、自然製品に興味のある消費者の間でそのキャンドルが人気になっている。現在のオーナーである Loreen Granville 氏は、外国の技術を学ぶためにフランスで勉強をした。Granville 氏は先月、父親の仕事を引き継ぐために故郷に戻った。彼女は、芸術に対する情熱的な気持ちを述べた。「もっと多くの人に私たちのキャンドルを知ってほしいんです。彼らはきっと私と同じくらい魅了されるでしょう。」伝統的なキャンドルを作るほか、Granvillehane's は新しいスタイルとデザインを試している。* 最近、客が自身の顔をキャンドルの上に彫ってもらうことができるサービスを始めた。それは、5 月 1 日まで利用可能となっている。

語彙チェック	☐ take pride in 〜　〜に誇りを持つ　☐ beeswax　蜜蝋　☐ honey　花蜜
	☐ take over 〜　〜を引き継ぐ　☐ passionate　情熱的な
	☐ be fascinated　魅了される　☐ aside from 〜　〜のほかに
	☐ experiment with 〜　〜を試す　☐ available　利用できる

131

正解 B　　代／関

(A) that
(B) whose
(C) what
(D) which

(A) 主格・目的格の関係代名詞
(B) 所有格の関係代名詞
(C) 関係代名詞
(D) 主格・目的格の関係代名詞

選択肢には関係代名詞が並ぶ。空所の直前には its handmade candles という先行詞があり、直後には ingredients という名詞が続く。空所後を見ると、S + V + C という文の要素がそろっている。よって、直後に名詞を続けて先行詞を修飾する節を導く、所有格の関係代名詞 (B) whose が正解。

> 🕵 **ここが落とし穴**
>
> (D) を選んだ人…物を表す先行詞である its handmade candles「(Granvillehane's の) 手作りのキャンドル」を見て、すぐに (D) に飛びついたかもしれない。which は主格・目的格の両方の役目を果たすが、空所の直後を見ると文の要素はすでにそろっているため誤り。先行詞以降の文もしっかり読むようにしよう!

TEST 1

TEST 2

TEST 3

TEST 4

TEST 5

TEST 6

TEST 7

TEST 8

TEST 9

TEST 10

132　　　　　　　　□□□　正解 D　　　時制

(A) studies
(B) will study
(C) is studying
(D) studied

(A) 動詞 study「勉強する」の三人称単数現在形
(B) 助動詞＋動詞の原形
(C) 現在進行形
(D) 過去形

空所に適切な時制の動詞を入れる。次の文に「先月、父親の仕事を引き継ぐために故郷に戻った」とあることから、すでに外国の技術を学び終えて、故郷のケベックへ戻ったと判断できる。よって、過去形の (D) が正解。

133　　　　　　　　□□□　正解 A　　　語彙

(A) certainly
(B) nevertheless
(C) otherwise
(D) unfortunately

(A) 副詞「きっと」
(B) 副詞「それにもかかわらず」
(C) 副詞「さもなければ」
(D) 副詞「残念なことに」

空所を含む文中の as I am は as I am fascinated「私が魅了されているように」が省略された形。6 文目に「彼女は、芸術に対する情熱的な気持ちを述べた」とあるので、Granville さんが魅了されているのと同様に They(=people)「人々」も魅了されるであろう、と確信を持って発言をしていると推測できる。よって、(A) が正解。

134　　　　　　　　□□□　正解 A　　　文挿入

(A) It has recently started a service where customers can get their faces carved on candles.
(B) Their old motifs include butterflies and flowers, which have been popular for 100 years.
(C) The factory is planning to use cheap materials to make up for the increasing running costs.
(D) Candles had been used to provide light and warmth in the past.

(A) 最近、客が自身の顔をキャンドルの上に彫ってもらうことができるサービスを始めた。
(B) 古い模様には蝶と花が含まれ、100 年間人気であり続けている。
(C) 増え続ける維持費を埋め合わせるため、その工場は安い材料を使用することを計画している。
(D) 昔は、明かりと暖かさを提供するためにキャンドルが使用されていた。

空所の直前の文では、Granvillehane's が伝統的なキャンドルのほかにも新しいスタイルとデザインを試している、ということが述べられている。よって、新しい試みに該当する具体例として、a service where customers can get their faces carved on candles「客が自身の顔をキャンドルの上に彫ってもらうことができるサービス」について説明している (A) が正解。次の文の It はこのサービスのことを指している。

語彙チェック　□ carve　〜を彫る　□ motif　模様、モチーフ
　　　　　　　　□ make up for 〜　〜の埋め合わせをする　□ running costs　維持費
　　　　　　　　□ warmth　暖かさ

Questions 135-138 refer to the following instructions.

TRACK_270

The Yippi Tent is suitable for all weather conditions and is easy to put together. Before taking it with you on your trip, make sure that there are no missing parts. Our package 135. of three sections, two rods, and a storage bag. 136. the contents at the place where you want to set up your tent. 137.. Unfold the fabric and place it on the ground, front side facing up. Be careful not to assemble your tent inside out 138. it might cause damage to the fabric. Carefully slide the rods through the pockets with the matching numbers. Before storing, wipe off any dirt on the outside.

【和訳】

問題 135-138 は次の指示書に関するものです。

Yippi テントはすべての天候状態に適しており、組み立てが簡単です。旅行に持っていく前に、欠けているパーツがないかをご確認ください。我々のパッケージは 3 つの部品と 2 本のポール、そして収納バッグから成り立っております。テントを設営したい場所の上で内容物を空にしてください。* 作業する地面にはでこぼこや小枝がないことをお確かめください。表側を上にして、生地を広げ地面に置いてください。生地を傷つけてしまう可能性がございますので、テントを裏返しに組み立てないようにご注意ください。合致する番号の穴に慎重にポールを通してください。保管する前に、外側に付いているいかなる汚れも拭き取ってください。

語彙チェック
- be suitable for 〜　〜に適している　condition　（周囲の）状況、状態
- put together 〜　〜を組み立てる　missing　欠けている、紛失している
- rod　棒、ポール　storage bag　収納かばん　content　内容物
- unfold　〜を広げる　fabric　生地　face up　表を上にして
- assemble　〜を組み立てる　inside out　裏返しに、裏表逆に
- store　〜を保管する　wipe off　〜を拭き取る　dirt　汚れ

214

135 □□□ 正解 C 時制

(A) consistent
(B) consisted
(C) consists
(D) consistently

(A) 形容詞「一貫した」
(B) 動詞 consist「成り立つ」の過去形・過去分詞
(C) 三人称単数現在形
(D) 副詞「一貫して」

Our package が主語、three sections 以下が目的語。文中には述語動詞が不足しているので、動詞の (B) と (C) が正答の候補となる。この文書は、商品の取り扱い方法について説明する指示書なので、現在形の (C) が正解。consist of〜で「〜から成る」という意味。

136 □□□ 正解 D 語彙

(A) Attach
(B) Fill
(C) Acquire
(D) Empty

(A) 動詞 attach「〜を取り付ける」の原形
(B) 動詞 fill「〜を満たす」の原形
(C) 動詞 acquire「〜を習得する」の原形
(D) 動詞 empty「〜を空にする」の原形

前の文で、部品 3 つとポール 2 本、そして収納バッグがパッケージに含まれていると述べられている。空所を含む文中の the contents は「内容物」を意味し、パッケージに入っているものだと推測できる。テントを設営する際には、パッケージに入っている内容物を出して部品を組み立てる必要があるとわかるので、(D) が適切。

Beacon's Point

empty は「空の」を意味する形容詞としておなじみで、full「満タンの」の反意語として覚えている人も多いことだろう。今回は動詞の用法 empty「〜を空にする」が正答となっている。この場合誤答の (B) fill「〜を満たす」が反意語になるので、セットで覚えておこう!

137 □□□ 正解 A 文挿入

(A) Confirm that the ground you work on is clear of bumps or twigs.
(B) This product is made of lightweight and waterproof material.
(C) Only certified technicians are allowed to operate the equipment.
(D) Enter your passcode to gain access to the attached document.

(A) 作業する地面にはでこぼこや小枝がないことをお確かめください。
(B) この製品は軽くて耐水性のある素材で作られています。
(C) 有資格の技術者のみ、装置を操作することが許可されています。
(D) 添付書類のアクセス権を手に入れるために、パスコードを入力してください。

空所の前後の文は、どちらもテントを設営する際の手順について述べている。よって、テントの設営作業を行う際の注意点を述べた (A) を入れると自然な流れとなる。

語彙チェック □ bump （道路などの）隆起 □ twig 小枝 □ lightweight 軽量の
□ waterproof 耐水性の □ certified 資格を有する □ attached 添付された

138 □□□ 正解 C 前 vs 接

(A) like
(B) in
(C) since
(D) of

(A) 接続詞「〜のように」
(B) 前置詞「〜の中で」
(C) 接続詞「〜なので」
(D) 前置詞「〜の」

空所後は S + V の形になっているので、空所には接続詞が入ると考えられる。文の前半では、テントを裏返しに組み立てないように、と注意喚起がなされている。一方、文の後半では、it might cause damage to the fabric「生地を傷つけてしまう可能性がある」とあり、テントを裏返しに組み立ててはならない理由が続いていると判断できる。よって、空所には理由を表す接続詞の (C) since が適切。

The D75 Locomotive has served as a means of transportation in Brisbane City for 30 years. More than 100 million people has used this train so far. Because of 139., the train bodies will be replaced with new ones. 140., all electronic display boards on our railcars will be in full color, and the gap between the platform and the vehicles will be minimized. 141.. Passengers will be able to choose from a variety of channels to enjoy on them during their journeys. The 142. process will begin on January 3, and is scheduled to be completed by the end of the month.

【和訳】

問題 139-142 は次のお知らせに関するものです。

D75 機関車は 30 年間、Brisbane 市の交通手段として役目を果たしています。今日まで、1 億人以上の人々がこの列車を利用してきました。老朽化のために、車体は新しいものに取り替えられる予定です。その結果、車両上の電子表示盤はフルカラーとなり、プラットフォームと乗り物の間隔は縮小されます。* さらには各座席の背面の個別モニターが特徴となります。旅の間にお客様は、様々なテレビのチャンネルをモニター上で選び、お楽しみいただけます。改造作業は 1 月 3 日に始まり、今月末までに完成される予定です。

語彙チェック ☐ locomotive 機関車 ☐ means 手段 ☐ replace ~ with … ~を…と交換する ☐ electronic 電子の ☐ railcar 鉄道車両 ☐ gap 隔たり ☐ minimize ~を最小限にする ☐ channel （テレビ等の）チャンネル

139

☐☐☐ 正解 **C** 語彙

(A) oversight
(B) detour
(C) aging
(D) outage

(A) 名詞「見落とし」
(B) 名詞「遠回り」
(C) 名詞「老朽化」
(D) 名詞「停電、（機械などの）停止」

1～2 文目では、D75 機関車が 30 年間もの長い間交通手段として役目を果たし、多くの人が列車を利用してきたことについて述べている。ここから、車体が新しいものに取り替えられるのは、長く利用されたことによる aging「老朽化」が原因によるものであるとわかる。よって、(C) が正解。

TEST 1
TEST 2
TEST 3
TEST 4
TEST 5
TEST 6
TEST 7
TEST 8
TEST 9
TEST 10

140   □□□   正解 B   語彙

(A) Overall	(A) 副詞「概して」
(B) As a result	(B)「その結果」
(C) Internationally	(C) 副詞「国際的に」
(D) In the meantime	(D)「その間に」

前の文では、機関車の車両が新しいものに取り替えられることが述べられている。空所を含む文では、電子表示盤がフルカラーになることや、プラットフォームと乗り物の間隔が縮小されるといった効果が挙げられている。これは車両を新しくした結果起こることだとわかるので、「その結果」を意味する (B) が適切。

141   □□□   正解 A   文挿入

(A) They will even feature an individual monitor on the back of each seat.	(A) さらには各座席の背面の個別モニターが特徴となります。
(B) Railway staff will continue to be stationed in booths located beside the gates.	(B) 鉄道スタッフは改札の横にあるブースに引き続き配置される予定です。
(C) The updated timetable can be found on our Web site.	(C) 更新された時刻表はウェブサイトでご覧いただけます。
(D) Also, free network service will be available for everyone.	(D) さらに、全員に対して無料のネットワークサービスが利用可能となります。

次の文に Passengers will be able to choose from a variety of channels to enjoy on them「乗客は、様々なテレビのチャンネルをそれらの上で選び、楽しむことができる」とあるので、them が指すものが何かを考える。個別モニター上でテレビのチャンネルを選ぶことができる、とすると文意が通るので、(A) が正解。

語彙チェック   □ feature   ～を特徴とする   □ station   ～を配置する   □ booth   ブース、空間
      □ updated   更新された

> **⚡ここが落とし穴**
>
> (D) を選んだ人…前の文で述べられた新たな工事内容に並列し、Also から始まる (D) を選んだかもしれない。だが、次の文にある enjoy on them「それらの上で楽しむことができる」の them が何を受けているか不明なので、ここでは不正解となる。

142   □□□   正解 D   品詞

(A) converted	(A) 動詞 convert「～を変える」の過去形・過去分詞
(B) convert	(B) 動詞の原形
(C) convertible	(C) 形容詞「変えられる」
(D) conversion	(D) 名詞「改造」

空所を含む The ------- process「～作業」は、1 月 3 日に始まり今月末までに完成される予定である、と述べられている。文書全体から、これから始まる作業とは、D75 機関車の車体交換工事であると理解できる。よって、これを「改造」と表した (D) が正解。

To: mribeiro@dayrp.com
From: ffriis@ffwebdes.com
Date: April 22
Subject: Your company Web site design
Attachment: 🖉 draft design

Dear Mr. Ribeiro,

I 143. to inform you about the draft design for your Web site. You have expressed the importance of using blue and green in the background 144. with the colors in your company logo. However, as you are running a 145. business, I would suggest using warmer colors instead. This is because red, orange or brown appeal to viewers as appetizing. Of course, the logo will appear prominently on the top of the screen, as well as at the bottom of each page. 146..

I have attached some images so that you can get an idea of what the finished product will look like. I am open to any requests.

Cordially,

Felix Friis
Ffriis Web Design

【和訳】

問題 143-146 は次の E メールに関するものです。

受信者：mribeiro@dayrp.com
送信者：ffriis@ffwebdes.com
日付：4 月 22 日
件名：貴社のウェブサイトのデザイン
添付：下書きのデザイン

Ribeiro 様

貴社のウェブサイトの下書きのデザインについてお伝えするためにメールを書いております。あなたから、会社のロゴの色に対応させるために背景に青色と緑色を使用する重要性についてお伝えいただいていました。ですが、貴社はケータリングビジネスを運営されていますので、暖色を代わりに使用することをご提案します。これは、赤やオレンジ、また茶色が食欲をそそる色として見る人に訴えるためです。もちろん、ロゴは各ページ下部同様、スクリーンの上部に目を引くように表示されます。*2 か所に配置することで、見逃すことはありません。

完成したものがどのように見えるかがわかるよう、いくつかのイメージ画像を添付いたしました。いかなるご依頼もお受けしております。

敬具

Felix Friis
Ffriis ウェブデザイン

語彙チェック　☐ draft　下書き　☐ appeal　（人の心に）訴える　☐ appetizing　食欲のそそる
☐ prominently　目立って　☐ bottom　下部　☐ get an idea of ～　～がわかる
☐ be open to ～　～に開かれている

TEST 1
TEST 2
TEST 3
TEST 4
TEST 5
TEST 6
TEST 7
TEST 8
TEST 9
TEST 10

143 ☐☐☐ 正解 C 時制

(A) write	(A) 動詞 write「手紙を書く」の原形
(B) wrote	(B) 過去形
(C) am writing	(C) 現在進行形
(D) have written	(D) 現在完了

件名には「貴社のウェブサイトのデザイン」とあり、ウェブサイトのデザインの下書きについて情報を伝えるために、今 Friis さんがメールを書いているということがわかる。空所以降の文でも下書きのデザインについて詳しく説明をしているので、今ちょうどメールを書いているところだ、という意味を表す現在進行形の (C) が正解。

Beacon's Point

よく、メールや手紙の冒頭に I am writing to inform you about ～「～について伝えるために（メールや手紙を）書いています」という文が置かれることがある。ほかにも、I am writing to inquire about ～「～について尋ねるために書いている」や、I am writing to apologize for ～「～について謝罪するために書いている」などの表現は頻出で、文書の目的によって to 以下の内容が変化する。その文書全体の目的を掴むことができるので、読み飛ばさないようにしよう！

144 ☐☐☐ 正解 A 準動詞

(A) to correspond	(A) 動詞 correspond「一致する」の to 不定詞
(B) is corresponding	(B) 現在進行形
(C) corresponded	(C) 過去形・過去分詞
(D) correspondence	(D) 名詞「一致すること」

空所前に文の要素である S ＋ V ＋ O の形がそろっている。空所に to 不定詞の (A) を入れ、空所以下を副詞句にすると、背景に青色と緑色を使用する重要性について Ribeiro さんが伝えていた理由を表す文となり、文意が通る。よって、(A) が正解。correspond with ～で「～に一致する」となる。

145 ☐☐☐ 正解 B 語彙

(A) travel	(A) 名詞「旅行」
(B) catering	(B) 名詞「ケータリング、仕出し業」
(C) construction	(C) 名詞「建設」
(D) accounting	(D) 名詞「会計」

空所を含む文の後半では、デザインに暖色を使用することを勧めている。また、次の 4 文目で、それらの色は appeal to viewers as appetizing「食欲をそそる色として見る人に訴える」と、暖色が効果的な理由について述べられている。よって、Ribeiro さんは食に関するビジネスを運営していると判断できるので、(B) が正解。

146 ☐☐☐ 正解 D 文挿入

(A) A Web site is a good way to promote your company to potential buyers.	(A) ウェブサイトは、見込み客に会社を宣伝するためのよい手段です。
(B) When you click on the link, you will automatically be logged in.	(B) リンクをクリックすると、自動的にログインされます。
(C) Express delivery costs an additional 1,000 yen.	(C) 速達便は追加で 1000 円の費用がかかります。
(D) By placing it in two locations, there is no way you can miss it.	(D) 2 か所に配置することで、見逃すことはありません。

空所直前の文を見ると、ロゴが the top of the screen「スクリーンの上部」と the bottom of each page「各ページ下部」の 2 か所に表示されるということが述べられている。よって、これらを two locations と表現した (D) を入れると文意が通る。

語彙チェック ☐ potential buyer 見込み客 ☐ log in ログインする ☐ express delivery 速達便

TEST 9

解答&解説

TEST 9　正解一覧

Part 5

問題番号	正解	1 2 3	問題番号	正解	1 2 3
101	A	☐☐☐	116	B	☐☐☐
102	C	☐☐☐	117	A	☐☐☐
103	B	☐☐☐	118	B	☐☐☐
104	D	☐☐☐	119	C	☐☐☐
105	C	☐☐☐	120	A	☐☐☐
106	A	☐☐☐	121	D	☐☐☐
107	D	☐☐☐	122	B	☐☐☐
108	A	☐☐☐	123	D	☐☐☐
109	A	☐☐☐	124	C	☐☐☐
110	D	☐☐☐	125	A	☐☐☐
111	B	☐☐☐	126	B	☐☐☐
112	C	☐☐☐	127	B	☐☐☐
113	D	☐☐☐	128	C	☐☐☐
114	A	☐☐☐	129	D	☐☐☐
115	C	☐☐☐	130	C	☐☐☐

Part 6

問題番号	正解	1 2 3	問題番号	正解	1 2 3
131	C	☐☐☐	139	D	☐☐☐
132	C	☐☐☐	140	B	☐☐☐
133	B	☐☐☐	141	C	☐☐☐
134	C	☐☐☐	142	C	☐☐☐
135	A	☐☐☐	143	A	☐☐☐
136	C	☐☐☐	144	B	☐☐☐
137	C	☐☐☐	145	B	☐☐☐
138	D	☐☐☐	146	D	☐☐☐

　　　　　　　　　　　　　　　　　　　　　　　　▶ TRACK_273

| 101 | □□□ | 正解 A | 語彙 |

Considering the availability of the attendees, the meeting date was ------- set to January 9.

(A) conveniently

(B) occasionally

(C) marginally

(D) intensely

参加者の出席できる可能性を考慮して、会議の日取りは 1 月 9 日にうまい具合に調整されました。

(A) 副詞「うまい具合に、好都合に」

(B) 副詞「ときどき」

(C) 副詞「わずかに」

(D) 副詞「激しく」

選択肢はすべて副詞なので、文意に合うものを選ぶ。カンマ以降の文は会議の日取りが調整されたという内容なので、(A) を入れると was conveniently set で「うまい具合に調整された」となり、文意が通る。

語彙チェック □ considering　〜を考慮すると

　　　　　　　　　　　　　　　　　　　　　　　　▶ TRACK_274

| 102 | □□□ | 正解 C | 動詞の態 |

At Gooseat Airlines, business class passengers ------- to choose their meals from 10 options.

(A) entitle

(B) entitled

(C) are entitled

(D) have entitled

Gooseat 航空会社では、ビジネスクラスの乗客は 10 個の選択肢から食事を選ぶ権利があります。

(A) 動詞 entitle「〜に権利を与える」の原形

(B) 過去形・過去分詞

(C) 現在形の受動態

(D) 現在完了

この文には述語動詞がないので空所に入るとわかる。主語は business class passengers「ビジネスクラスの乗客」で、直後には to 不定詞が続くことから、be entitled to do で「〜する権利がある」という意味になる (C) が正解。

103

□ □ □ 　正解 **B** 　動詞の態×主述の一致

The Sugadin training machine is recommended for those who ------- to put on upper body muscle.

(A) wants

(B) want

(C) are wanted

(D) have been wanted

Sugadin トレーニングマシンは、上半身の筋肉をつけたいと思っている方におすすめです。

(A) 動詞 want「〜を望む」の三人称単数現在形

(B) 現在形

(C) 現在形の受動態

(D) 現在完了の受動態

空所に適切な動詞の形を選ぶ。空所は主格の関係代名詞 who に導かれる節内の動詞にあたる。先行詞は those で、those who 〜で「〜する人たち」という意味を表す。主語となる those は複数であり、主語と動詞は能動関係なので、正解は (B)。

語彙チェック 　□ put on 〜　（速度・体重など）を増やす　□ upper body　上半身

104

□ □ □ 　正解 **D** 　語彙

Swizzana offers factory workers and their families ------- in the Troppus area.

(A) outreach

(B) galas

(C) memorabilia

(D) housing

Swizzana 社は工場作業員とその家族に、Troppus 地域にある住宅を提供しています。

(A) 名詞「福祉活動」

(B) 名詞「お祭り、祝祭」の複数形

(C) 名詞「記念品、思い出の品」

(D) 名詞「住宅」

選択肢はすべて名詞。述語動詞は offers で、続く factory workers and their families が提供する相手を指すので、その後には提供するものがくると考えられる。会社が従業員とその家族に提供するものとして、(D) を入れると housing in the Troppus area「Troppus 地域にある住宅」となり文意が通る。

105 □□□ 正解 C 準動詞

------- in mergers and acquisitions as well as intellectual properties, Dessent Law Firm has 200 clients overall.

(A) To be specialized

(B) Specializes

(C) Specializing

(D) Specialization

Dessent 法律事務所は知的財産だけでなく合併と買収を専門に扱っており、全部で 200 の顧客を抱えています。

(A) 動詞 specialize「専門に扱う」の to 不定詞の受動態

(B) 三人称単数現在形

(C) 現在分詞

(D) 名詞「専門化」

カンマ以降の節が主節であり、冒頭の空所からカンマまでに S + V の形は含まれていない。空所に (C) を入れると、主節と同じ主語をとる分詞構文の形になり文意が通る。specialize in ～で「～を専門に扱う」という意味。

語彙チェック □ merger 合併 □ acquisition 買収 □ intellectual property 知的財産 □ overall 全体として、概して

106 □□□ 正解 A 語彙

Ms. Nikita Owen was ------- mentioned at the annual banquet for her proposal of the successful Welknort application.

(A) repeatedly

(B) absolutely

(C) mutually

(D) patiently

年に一度の祝宴で、うまくいった Welknort アプリの提案の件で Nikita Owen さんのことが幾度も言及されました。

(A) 副詞「繰り返して」

(B) 副詞「完全に、まったく」

(C) 副詞「相互に」

(D) 副詞「根気よく」

選択肢はすべて副詞なので、文意に合うものを選ぶ。空所の位置から、この副詞は述語動詞にかかるものだと判断できる。was repeatedly mentioned で「繰り返し名前を挙げられた」という意味になる (A) が正解。

語彙チェック □ banquet 祝宴

| 107 | □□□ | 正解 D | 品詞×慣用表現 |

------- next Monday, uniforms at Laga Burgers will be abolished.

(A) Effecting

(B) Effected

(C) Effectively

(D) Effective

来週の月曜日より、Laga Burgers の制服は廃止されます。

(A) 動詞 effect「〜をもたらす」の動名詞・現在分詞

(B) 過去形・過去分詞

(C) 副詞「事実上、実質的には」

(D) 形容詞「有効である」

空所の直後に next Monday「来週の月曜日」という期限を表す語句があることがポイント。形容詞 effective には「(法律などが) 有効である、実施されている」という意味がある。主節の内容は「制服が廃止される」というものなので、(D) を入れると「来週の月曜日より有効で、制服が廃止される」となり文意が通る。

語彙チェック □ abolish 〜を廃止する

| 108 | □□□ | 正解 A | 品詞 |

Given sufficient explanation, the stockholders ------- on the new merger of Myakka and Thondd's.

(A) agreed

(B) agreeing

(C) agreement

(D) agreeably

十分な説明を考慮して、株主たちは Myakka 社と Thondd's 社の新たな合併について合意しました。

(A) 動詞 agree「合意する」の過去形

(B) 動名詞・現在分詞

(C) 名詞「合意」

(D) 副詞「快く」

冒頭からカンマまでが前置詞句なので、空所が含まれているのは主節である。主節には主語 the stockholders に対する述語動詞が欠けていることから、(A) が正解とわかる。Given がここでは前置詞であることに注意。

語彙チェック □ given 〜 〜を考慮すると □ stockholder 株主

| 109 | | 正解 A | 主述の一致 |

Express trains from the city center to
Terminal 1 ------- from this platform.

(A) depart
(B) departing
(C) departs
(D) to depart

市の中心から第 1 ターミナルまでの特急列車は
こちらのプラットフォームから出発します。

(A) 動詞 depart「出発する」の現在形
(B) 動名詞・現在分詞
(C) 三人称単数現在形
(D) to 不定詞

選択肢には動詞 depart の変化形が並ぶ。この文には述語動詞がないので、空所に必要。
主語は Express trains と複数形なので、正解は (A)。

| 110 | | 正解 D | 語彙 |

Feedback to the interns will be
provided ------- via e-mail in two weeks.

(A) voluntarily
(B) periodically
(C) significantly
(D) individually

インターン生たちへのフィードバックは、2 週間
後に E メールで一人一人に送られます。

(A) 副詞「自発的に」
(B) 副詞「定期的に」
(C) 副詞「著しく、はっきりと」
(D) 副詞「個々に、それぞれに」

選択肢はすべて副詞なので、文意から適切なものを選ぶ。「インターン生にフィードバックが
送られる」という内容で、複数形 interns よりインターン生は複数いるとわかる。空所に (D)
を入れると「フィードバックは個別に送られる」という意味になり、文意が通る。

ここが落とし穴
(B) を選んだ人…periodically は「定期的に」という意味なので、最後の in two weeks「2 週
間後に」という記述と合わない。

111 | 正解 B | 語彙

Nicties Times requires their journalists to report accurate facts from a reliable ------- of information.

(A) pattern

(B) source

(C) assurance

(D) assistance

Nicties Times 社は自社の報道記者に、信頼できる情報源からの正確な事実を報道するよう要求しています。

(A) 名詞「模範、手本」

(B) 名詞「源」

(C) 名詞「保証」

(D) 名詞「援助、助力」

この文の述語動詞は requires で、require A to do「A に〜するよう要求する」という表現が使われている。to 以降では、Nicties Times 社が自社の報道記者に要求している内容が述べられているとわかる。空所に (B) が入ると、a reliable source of information で「信頼できる情報源」となり文意が通る。

112 | 正解 C | 語彙

The rental agreement for the property on O'Kahn Road will be concluded when the full ------- has been paid by the end of the month.

(A) installment

(B) allowance

(C) deposit

(D) ventilation

O'Kahn 通りにある物件の賃貸契約は、月末までに頭金が全額支払われたときに締結されます。

(A) 名詞「分割払い」

(B) 名詞「手当」

(C) 名詞「頭金、手付金」

(D) 名詞「換気」

選択肢はすべて名詞なので、文意に合うものを選ぶ。空所は when が導く節の主語に含まれる。主節は「賃貸契約が締結される」という内容なので、when 節では「どのようにしたら賃貸契約が締結されるのか」が述べられていると考えられる。よって、when the full deposit has been paid で「頭金が全額支払われたとき」という意味になる (C) が正解。

語彙チェック　□ agreement　契約　□ conclude　〜を締結させる

| 113 | □ □ □ | 正解 D | 品詞×語彙 |

All electrical appliances should be run and thoroughly inspected by expert ------- prior to being sold.

(A) technical

(B) technically

(C) technique

(D) technicians

すべての電化製品は販売される前に、専門の技術者たちによって稼働され徹底的に点検されるべきです。

(A) 形容詞「技術用の」

(B) 副詞「技術的に」

(C) 名詞「技術」

(D) 名詞「技術者」の複数形

空所は動作主を表す前置詞 by に続く名詞句の中にある。空所の直後には prior to 〜「〜の前に」に導かれる別の句が続くことから、空所には expert に修飾される名詞が入ると判断できる。run「〜を稼働させる」と inspect「〜を点検する」という動作を行う動作主として、人を表す名詞の (D) が適切。

語彙チェック　□ electrical appliance　電化製品　□ run　連続で運転する
□ thoroughly　徹底的に

| 114 | □ □ □ | 正解 A | 品詞×語彙 |

Seikkohl Hotel is known for its gallery exhibiting sculptures created by ------- Tracey Nygard.

(A) founder

(B) foundation

(C) found

(D) founded

Seikkohl ホテルは、設立者の Tracey Nygard によって作られた彫刻を展示しているギャラリーで知られています。

(A) 名詞「設立者」

(B) 名詞「創立、設立」

(C) 動詞 found「〜を設立する」の原形

(D) 過去形・過去分詞

空所は動作主を表す前置詞 by が導く名詞句の中にある。空所直後の Tracey Nygard という人物名と同格関係になり、かつ過去分詞の created に対する動作主となる (A) が正解。

語彙チェック　□ sculpture　彫刻

115 □□□ 正解 C 品詞

Tuimon's has an ------- workshop focusing on the goals of the event to ensure volunteer participation.

(A) introduce

(B) introducing

(C) introductory

(D) introduction

Tuimon's は、ボランティアの参加を確保するというイベントの目的に焦点を当てた入門的なワークショップを開催しています。

(A) 動詞 introduce「〜を導入する」の原形

(B) 動名詞・現在分詞

(C) 形容詞「入門的な」

(D) 名詞「紹介、導入」

空所は冠詞の an と名詞 workshop の間にあり、an から workshop までで述語動詞 has の目的語になっている。よって、名詞 workshop を修飾する形容詞で、「入門的なワークショップ」という意味になる (C) が正解。

116 □□□ 正解 B 語彙

Drivers were compelled to take a detour due to the road ------- in urban Masstome.

(A) testimony

(B) congestion

(C) purveyor

(D) proficiency

運転手たちは都市部の Masstome における道路渋滞のために、遠回りをすることを強いられました。

(A) 名詞「証拠、証言」

(B) 名詞「混雑」

(C) 名詞「調達人」

(D) 名詞「熟達」

空所は due to に続く名詞句内にある。due to 〜は「〜が原因で」という意味なので、運転手が遠回りすることを強いられた理由として適切な内容になるようにする。よって、road congestion で「道路渋滞」という意味になる (B) が正解。

語彙チェック　□ be compelled to *do*　〜することを強いられる　□ take a detour　遠回りをする

117 □□□ 正解 A　　語彙

Many volunteered to work at the new office in San Diego, since the company will cover the housing costs of ------- employees.

(A) transferring

(B) registering

(C) encouraging

(D) expediting

転任する社員の住宅費は会社がまかなうので、多くの人が San Diego にある新しいオフィスで働くことを進んで申し出ました。

(A) 動詞 transfer「転任する」の現在分詞

(B) 動詞 register「登録する」の現在分詞

(C) 動詞 encourage「〜を励ます」の現在分詞

(D) 動詞 expedite「〜をはかどらせる」の現在分詞

空所は前置詞 of に続く名詞句に含まれ、直後には名詞 employees があるので、employees を修飾するのに最も適切なものを選ぶ。空所に (A) を入れると transferring employees で「転任する社員」という意味になり、前半の「多くの人が新しいオフィスで働くことを進んで申し出た」という文意にも合う。

語彙チェック　☐ cover　〜をまかなう

118 □□□ 正解 B　　語法

Mr. Shen Wan ------- from the other candidates because of his achievements in food science.

(A) handed in

(B) stood out

(C) got by

(D) looked for

Shen Wan さんは食品科学における功績が理由で、他の候補者から際立っていました。

(A) hand in で「〜を提出する」

(B) stand out で「目立つ、際立つ」

(C) get by で「通る」

(D) look for で「〜を探す」

選択肢には句動詞の過去形が並ぶ。空所の後ろには前置詞の from が続くので、自動詞が使われるとわかる。stand out from 〜で「〜から目立つ、際立つ」という意味になる (B) が空所に入ると、「他の候補者から際立っていた」となり文意に合う。

| 119 | □□□ | 正解 C | 代／関 |

Gigancard users are required to access the Web site and update their personal details ------- as soon as possible.

(A) them

(B) they

(C) themselves

(D) their own

Gigancard の利用者は、できるだけ早く自分自身でウェブサイトにアクセスして個人情報を更新するよう要求されます。

(A) 目的格の代名詞「彼らを（に）」

(B) 主格の代名詞「彼らは」

(C) 再帰代名詞「彼ら自身」

(D)「彼ら自身の（もの）」

空所前までに S ＋ V ＋ O という文の要素がそろっており、空所後には as soon as に導かれる別の句が続く。よって、空所には主語を強調する働きを持つ再帰代名詞の (C) が入るとわかる。「自分自身でウェブサイトにアクセスして個人情報を更新する」という意味になる。

| 120 | □□□ | 正解 A | 語彙×語法 |

Joan Kimura ------- the spectators gathered for the show, *Night of Light*, as one of the executive producers.

(A) addressed

(B) talked

(C) insulated

(D) collaborated

『Night of Light』というショーに集まった観客に、Joan Kimura さんは製作責任者の 1 人として挨拶をしました。

(A) 動詞 address「〜に話をする、演説する」の過去形

(B) 動詞 talk「話す」の過去形

(C) 動詞 insulate「〜を隔離する」の過去形

(D) 動詞 collaborate「協力する」の過去形

選択肢はすべて動詞の過去形。空所直後には目的語となる名詞句が続くことから、空所には他動詞が入るとわかる。後半に as one of the executive producers「製作責任者の 1 人として」とあることから、「ショーの製作責任者として観客に挨拶をする」という意味になる (A) が入ると自然。

| 121 | □□□ | 正解 D | 語彙 |

Statistics show that ------- assistance is a key element to improve the productivity of any organization.

(A) conspicuous

(B) mature

(C) aspiring

(D) reciprocal

相互支援がいかなる組織の生産性を向上させるにもカギとなる要素であると、統計は示しています。

(A) 形容詞「わかりやすい、明白な」

(B) 形容詞「成熟した」

(C) 形容詞「意欲的な」

(D) 形容詞「相互の」

選択肢はすべて形容詞。空所は that 節の主語 assistance の直前にあるので、名詞 assistance を修飾する形容詞として文意に合うものを選ぶ。(D) を入れると reciprocal assistance で「相互支援」という意味になり、「組織の生産性を向上させるカギとなる要素」という補語の内容とも合う。よって、(D) が正解。

語彙チェック □ statistics 統計 □ element 要素

| 122 | □□□ | 正解 B | 準動詞 |

Among the three speakers, questions ------- to Mr. Parker were the largest in number.

(A) address

(B) addressed

(C) addressing

(D) addressable

3 人の話し手の中で、Parker さんに向けられた質問が数として最も多くありました。

(A) 動詞 address「(…に向けて)〜を言う」の原形

(B) 過去分詞

(C) 動名詞・現在分詞

(D) 形容詞「処理可能な、解決できる」

空所の直前には名詞 questions があり、直後には前置詞 to が続く。カンマ以降の主節の述語動詞は be 動詞の were なので、空所は前置詞 to と結びついて、主節の主語である questions を後置修飾するとわかる。よって、questions addressed to 〜で「〜に向けられた質問」という意味になる (B) が正解。

| 123 | | □□□ 正解 D | 前置詞 |

Roll the cookie dough ------- small round pieces and place them on the baking tray.

(A) for

(B) on

(C) about

(D) into

クッキーの生地を丸めていくつかの小さな丸いかたまりにし、それらを調理用トレーに並べてください。

(A) 前置詞「〜のために」

(B) 前置詞「〜の上に」

(C) 前置詞「〜について」

(D) 前置詞「〜に」

Roll the cookie dough「クッキーの生地を丸める」という内容の後に、small round pieces「いくつかの小さな丸いかたまり」という名詞句が続く。よって、変化や推移を表す前置詞である (D) into を空所に入れると文意が通る。

語彙チェック □ dough　生地

| 124 | | □□□ 正解 C | 語彙 |

The generous compensation and flexible work hours offered to Plumflis' staff is one of the reasons it has become the most ------- employer for designers.

(A) durable

(B) complicated

(C) attractive

(D) comprehensive

Plumflis' の社員に提供される気前のよい報酬と融通の利く労働時間が、同社がデザイナーたちにとって最も魅力的な雇用主になった理由の 1 つです。

(A) 形容詞「耐久性のある」

(B) 形容詞「複雑な」

(C) 形容詞「魅力的な」

(D) 形容詞「包括的な」

選択肢にはすべて形容詞が並んでいるので、文意より適切なものを選ぶ。この文の述語動詞は is なので、主語はその前までの「Plumflis' の社員に提供される気前のよい報酬と融通の利く労働時間」となる。空所に (C) attractive を入れると、それらが理由で最も魅力的な雇用主になったという流れになり文意が通る。よって、(C) が正解。

語彙チェック □ generous　気前のよい　□ compensation　報酬　□ flexible　融通の利く

| 125 | □□□ | 正解 A | 前置詞 |

All products are sent to our regional warehouses from our manufacturing facilities ------- being sorted and shipped to customers.

(A) before

(B) among

(C) during

(D) with

すべての製品は分類されてお客様に発送される前に、当社の製造施設から地域の倉庫に送られます。

(A) 前置詞「〜の前に」

(B) 前置詞「〜の中で」

(C) 前置詞「〜の間に」

(D) 前置詞「〜と一緒に」

選択肢はすべて前置詞なので、文意に合うものを選ぶ。空所に (A) before を入れると「(製品が) 分類されてお客様に発送される前に」という意味の前置詞句になり、空所前の「製品が製造施設から地域の倉庫に送られる」という内容とも合うので、正解は (A)。

| 126 | □□□ | 正解 B | 語彙 |

------- it is advertised through social media, Moonfit Theme Park will experience a sharp rise in its turnout.

(A) Unless

(B) Once

(C) Although

(D) Whether

ひとたび SNS を通じて宣伝されれば、Moonfit テーマパークは来場者数の急激な増加が見込めるでしょう。

(A) 接続詞「〜しない限り」

(B) 接続詞「一度〜すると」

(C) 接続詞「〜だが」

(D) 接続詞「〜かどうか」

選択肢はすべて接続詞なので、文意に合うものを選ぶ。カンマ以降の主節は will を使って未来の出来事について述べている。空所に (B) Once を入れると「ひとたび SNS で宣伝されれば」という意味になり、主節の内容とも合う。よって、正解は (B)。

語彙チェック　□ turnout　出席者数、来場者数

| 127 | □□□ 正解 B | 前置詞 |

Dry the surface of your Foberri leather wallet ------- room temperature after cleaning.

(A) throughout

(B) at

(C) within

(D) along

お手入れ後は室温で Foberri 革財布の表面を乾かしてください。

(A) 前置詞「〜の至るところに」

(B) 前置詞「〜で」

(C) 前置詞「〜以内に」

(D) 前置詞「〜に沿って」

選択肢はすべて前置詞。空所直後には room temperature「室温」という名詞句が続く。度合いを表す前置詞である (B) at を入れると、at room temperature「室温で」となり、文意も通る。よって、正解は (B)。

| 128 | □□□ 正解 C | 時制 |

Pinte Cosmetics ------- a scented lip balm series inspired by Holat Cupcakes next week, featuring some of their popular choices.

(A) released

(B) to release

(C) is releasing

(D) were released

Pinte Cosmetics は Holat Cupcakes に着想を得て、それらの人気商品のいくつかを特色とした香り付きリップクリームシリーズを来週発売します。

(A) 動詞 release「〜を発売する」の過去形・過去分詞

(B) to 不定詞

(C) 現在進行形

(D) 過去形の受動態

inspired からカンマまでは直前の名詞句 a scented lip balm series を修飾している。よって、空所にはこの名詞句を目的語にとる述語動詞が入る。カンマ前までの主節に、next week という時を表す語句があることに注目する。next week「来週」は未来のことを指すので、未来の予定を表す現在進行形の (C) が正解。

語彙チェック □ scented においがする □ lip balm リップクリーム

| 129 | □□□ | 正解 D | 代／関 |

Mr. Davidson distributed brochures of the office circulation system to seminar participants, ------- are IT engineers from various companies.

(A) of which

(B) which they

(C) anything but

(D) most of whom

Davidson さんは事務所の循環システムのパンフレットをセミナー参加者に配布しましたが、彼らのほとんどは様々な企業の IT エンジニアでした。

(A) 前置詞「～の」＋目的格の関係代名詞

(B) 目的格の関係代名詞＋主格の代名詞「彼らは」

(C)「少しも…ない」

(D) most of「～のほとんど」＋目的格の関係代名詞

空所の直前にカンマがあることがポイント。選択肢のうち、カンマにより区切られた節をつなげることができるのは、関係代名詞の非制限用法を持つ (B) と (D)。文意より、前出のseminar participants を指し、「彼らのほとんどは」という意味で関係代名詞節の主語になる (D) が正解。

| 130 | □□□ | 正解 C | 前 vs 接 |

The Bettuce Museum is handing out bookmarks as gifts to visitors in order ------- arrival.

(A) to

(B) between

(C) of

(D) and

Bettuce 美術館では到着順に、来館者に土産物としてしおりを配布しています。

(A) 前置詞「～に」

(B) 前置詞「～の間に」

(C) 前置詞「～の」

(D) 接続詞「そして」

選択肢には前置詞と接続詞が並ぶ。直後に名詞 arrival「到着」が続くことから、空所には前置詞が入るとわかる。直前の in order と結びつき、in order of ～で「～の順に」という意味になる (C) が正解。

語彙チェック □ bookmark しおり

 ここが落とし穴
(A) を選んだ人…in order to *do* で「～するために」という表現があるが、ここでは動詞の原形ではなく名詞の arrival が続いているため不適切。

TEST 1

TEST 2

TEST 3

TEST 4

TEST 5

TEST 6

TEST 7

TEST 8

TEST 9

TEST 10

Questions 131-134 refer to the following letter.

⏵ TRACK_303

Dear Customer,

This letter is 131. you that it has been one year since your last visit. We recommend that all adults have regular checkups in order to keep their teeth in good shape. According to the survey conducted by the Dental Association, approximately 80 percent of the population have 132. with their oral condition. Even though they are minor, it is important to consult a professional.

133.. Clients have told us that the telephone line was always busy, so we wanted to make a change. Visit www.veekinedentalclinic.com to make an appointment, or you can still call us during business hours. We hope this 134. is convenient for you.

Best Regards,
Veekine Dental Clinic

【和訳】

問題 131-134 は次の手紙に関するものです。

お客様へ

この手紙はあなたの最後の訪問から一年が経過したことをお知らせするものです。歯を健康な状態に保つために、当クリニックはすべての大人の方々に定期的な検査を受けることをお勧めしております。歯科医師会によって実施された調査によると、人口の約 80 パーセントが口内環境に問題を抱えています。たとえそれらが小さな問題であっても、専門家に相談することが大切です。

*当クリニックの予約ウェブサイトが現在利用可能です。お客様から電話回線がいつも混雑しているとお聞きしていたので、変更を加えたいと思っておりました。ご予約をするには www.veekinedentalclinic.com にアクセスしていただくか、あるいは営業時間中にお電話していただくことも依然として可能です。この追加があなたにとって便利なものとなっていることを願っています。

敬具
Veekine 歯科クリニック

語彙チェック □ checkup　検査　□ keep 〜 in good shape　〜を良い状態に保つ
□ oral condition　口内環境　□ minor　小さい、大したことない　□ line　回線

131　□□□ 正解 **C**　準動詞

(A) inform	(A) 動詞 inform「〜に知らせる」の原形
(B) information	(B) 名詞「情報」
(C) to inform	(C) to 不定詞
(D) informed	(D) 過去形・過去分詞

選択肢には動詞 inform の変化形と派生語が並ぶ。空所の前の is はこの文の述語動詞なので、空所以降は主語を説明する補語になると考えることができる。また、空所の後には目的語となる名詞 you と that 節が続いている。よって、主語 This letter に対する補語となる名詞句をつくり、かつ後ろに目的語を続けることができる (C) が正解。

132

□□□ 正解 **C** 品詞

(A) issued
(B) issuable
(C) issues
(D) issuer

(A) 動詞 issue「〜を発行する」の過去形・過去分詞
(B) 形容詞「発行できる」
(C) 名詞「問題」の複数形
(D) 名詞「発行人」

空所直前には他動詞 have があり、直後には前置詞 with が続く。よって、他動詞の目的語になることができ、with their oral condition「口内環境に関する」につながる (C) が正解。

⚠ ここが落とし穴

(A) を選んだ人…一見すると現在完了の〈have ＋過去分詞〉も入りそうだが、issue は他動詞であるので、後ろに目的語が必要。ここでは直後に前置詞が続き、目的語となる名詞が見当たらないので不正解。

133

□□□ 正解 **B** 文挿入

(A) Many visitors have taken private lessons.
(B) Our reservation Web site is now available.
(C) You may get advice from a certified consultant.
(D) Please subscribe to enjoy our great discounts.

(A) 多くの訪問者は個人レッスンを受けています。
(B) 当クリニックの予約ウェブサイトが現在利用可能です。
(C) 有資格のコンサルタントからアドバイスを受けていただけます。
(D) 大幅な割引を受けるにはぜひ定期購読してください。

空所は本文第 2 段落の冒頭にある。直後の文には「電話の回線がいつも混雑しているという声があったので、変更を加えたかった」という内容が述べられている。また、さらに次の文には「ウェブサイトか電話で予約をすることができる」とある。よって、正解は (B)。

Beacon's Point

本文第 2 段落 3 文目後半の still という単語に注目。この文はネットと電話の 2 つの予約方法について説明しているものだが、still は「依然として、相変わらず」という意味があるので、2 つのうち電話は予約方法として以前から存在していたとわかる。よって、2 文目の make a change「変更を加える」とは「予約ウェブサイトを開設する」ことだとわかるので、(B) が正解だと判断することができる。

語彙チェック □ certified 有資格の、公認の

134

□□□ 正解 **C** 語彙

(A) location
(B) permission
(C) addition
(D) alternation

(A) 名詞「場所」
(B) 名詞「許可」
(C) 名詞「追加」
(D) 名詞「交替」

空所直前の this とそれに続く空所部分が hope の目的語となる節の主語。この主語が前文までの「現在は電話に加えてオンラインでも予約をすることができる」という内容を指していると考えると、「この追加」と言い換えることができるので (C) addition が正解。「予約方法としてオンライン予約が選択肢に加わったことで、より便利になることを願っている」となり、文意にも合う。

TEST 2
TEST 3
TEST 4
TEST 5
TEST 6
TEST 7
TEST 8
TEST 9
TEST 10

MELBOURNE (19 December) – Techfuzies and Otnocom have announced today the 135. merger of their business operations. This merger is expected to bring a unified solution for mobile phones and communications to the enterprise market. Techfuzies will acquire Otnocom's assets and customer contracts. The business will operate under the Techfuzies brand. 136..

The CEO of Otnocom commented about this decision. "It is a difficult 137., but I am confident that we can cooperate together and provide value to our clients. I 138. with the manager of Techfuzies about the details." According to him, the merger will be finalized next year.

【和訳】

問題 135-138 は次の記事に関するものです。

メルボルン（12 月 19 日）―Techfuzies 社と Otnocom 社は今日、計画された企業運営の合併を発表した。この合併により、携帯電話と通信の総合ソリューションを法人市場に提供することが期待されます。Techfuzies 社が Otnocom 社の資産と顧客契約を買収する。当企業は Techfuzies 社の商標の下で運営される。*しかしながら、ほとんどの社員は現在の職場と同じ部署で継続して雇用される。

Otnocom 社の最高経営責任者はこの決断についてコメントした。「それは難しい処置ではありますが、我々は共に協力してお客様に価値を提供することができると、私は確信しております。詳細について、Techfuzies 社の経営者と交渉しているところです」。彼によると、合併は来年完了する予定だ。

語彙チェック ☐ merger 合併 ☐ unified 統合された ☐ enterprise 企業 ☐ asset 資産
☐ brand ブランド、商標 ☐ confident 確信した

240

135

| □□□ | 正解 A | 準動詞 |

(A) planned
(B) planning
(C) plan
(D) having planned

(A) 動詞 plan「〜を計画する」の過去分詞
(B) 動名詞・現在分詞
(C) 動詞の原形
(D) 完了形の分詞

選択肢には動詞 plan の変化形が並ぶ。空所の直前には the があり、直後には merger という名詞が続くことから、空所には名詞を修飾することのできる形が入るとわかる。merger は「合併」という意味で、合併は「計画される」ものなので、受動関係になる (A) が正解。

136

| □□□ | 正解 C | 文挿入 |

(A) It is known for its outstanding customer care service.
(B) The new mobile device will come with a three-year warranty.
(C) However, most staff will continue to be employed in the same departments as their current workplace.
(D) No matter what business you are in, it is important to know the needs of the customer.

(A) それは優れた顧客ケアサービスで知られている。
(B) その新しい携帯機器は、3 年間の保証付きだ。
(C) しかしながら、ほとんどの社員は現在の職場と同じ部署で継続して雇用される。
(D) 何の企業に所属していようと、顧客の需要を知ることは重要だ。

記事は Techfuzies 社と Otnocom 社の合併を報じるものであり、さらに空所直前の 3〜4 文目では「Techfuzies 社が Otnocom 社を買収する」ことと、「合併後は Techfuzies 社の商標のもとで企業が運営される」ことが述べられている。よって、「しかし買収後も現在の職場と同じ部署で働くことができる」という意味の (C) を入れると、買収後の企業形態について話している流れに合う。

語彙チェック □ be known for 〜　〜で知られている　□ outstanding　優れた、傑出している
□ warranty　保証　□ workplace　職場

137

| □□□ | 正解 C | 語彙 |

(A) conflict
(B) period
(C) move
(D) promotion

(A) 名詞「論争」
(B) 名詞「期間」
(C) 名詞「処置」
(D) 名詞「昇進」

選択肢はすべて名詞。空所は Otnocom 社の最高経営責任者によるコメント内に含まれており、このコメントは第 1 段落で述べられている Techfuzies 社との合併に関するものである。よって、この合併のことを move「処置」と言い換えた (C) が正解。

138

| □□□ | 正解 D | 時制 |

(A) have been negotiated
(B) was negotiated
(C) would have negotiated
(D) am negotiating

(A) 動詞 negotiate「交渉する」の現在完了の受動態
(B) 過去形の受動態
(C) 助動詞＋現在完了
(D) 現在進行形

この文の述語動詞として適切な形のものを選ぶ。主語は I、つまり Otnocom 社の最高経営責任者なので、続く動詞は能動態が適切。また、第 2 段落の最後の文より、Techfuzies 社と Otnocom 社の合併はまだ完了していないので、現在も交渉中という意味になる (D) が正解。

241

Review: Sinrome Suites

Last summer I went to Boston on a business trip, and I decided to stay at Sinrome Suites. I had a meeting with some of my clients there, so I really needed to be 139. close proximity to the business district. 140.. As I had a lot of material samples to bring with me, a helping hand was necessary.

I received excellent service during my stay. The staff kindly let me use their meeting room with microphones and projectors. It was convenient to have these 141. to rehearse my presentations.

One thing I noticed was the complication of the 142. process. The Web site had problems with its user interface, so it took a full hour to finalize my reservation. If they could improve this, I would certainly be returning to Sinrome Suites.

【和訳】
問題 139-142 は次のレビューに関するものです。

レビュー：Sinrome Suites

去年の夏に私は出張でボストンに行き、Sinrome Suites に滞在することに決めました。そこで何人かの顧客と会議があったので、どうしても商業地区のすぐそばにいる必要があったのです。*別の要因は彼らが提供している無料のシャトルサービスでした。私はたくさんの生地サンプルを持ち運ばなければならなかったので、手助けが必要でした。

滞在中、私は素晴らしいサービスを受けました。スタッフの方々は親切にも、マイクとプロジェクターのある会議室を私に使わせてくれました。プレゼンテーションのリハーサルをするのにそうした備品があったのは便利でした。

一点気づいたのは、予約手順の複雑さでした。ウェブサイトはユーザーインターフェースに問題があったので、予約を完了するのに丸1時間かかりました。もし彼らがこれを改善することができたら、私はきっと Sinrome Suites を再訪するでしょう。

語彙チェック □ proximity　近いこと、近接　□ business district　商業地区
□ rehearse　〜のリハーサルをする　□ complication　複雑さ
□ user interface　ユーザーインターフェース、閲覧者側の画面表示

TEST 1
TEST 2
TEST 3
TEST 4
TEST 5
TEST 6
TEST 7
TEST 8
TEST 9
TEST 10

139 □□□ 正解 D 前置詞×慣用表現

(A) for
(B) with
(C) at
(D) in

(A) 前置詞「～のために」
(B) 前置詞「～と一緒に」
(C) 前置詞「～で」
(D) 前置詞「～に」

選択肢はすべて前置詞。空所後の close proximity という名詞句は、in close proximity to ～で「～のすぐ近くに」という意味になり、ここでの文意にも合うので、(D) が正解。

140 □□□ 正解 B 文挿入

(A) The area is very busy throughout the day.
(B) Another factor was the free shuttle service they offered.
(C) This new attempt was proved to be very successful.
(D) It is scheduled to take place in one of the concert halls.

(A) そのエリアは一日中とても混雑しています。
(B) 別の要因は彼らが提供している無料のシャトルサービスでした。
(C) この新しい試みはとてもうまくいきました。
(D) それはコンサートホールの 1 つで行われる予定です。

空所の前の文では、このレビューの書き手が Sinrome Suites に滞在することを決めた理由が述べられている。さらに空所後を見てみると、「荷物が多かったので手助けが必要だった」という内容が続く。よって、文意に合うのは (B)。

語彙チェック □ shuttle 定期往復便 □ attempt 試み
□ be scheduled to *do* ～する予定である

141 □□□ 正解 C 語彙

(A) packages
(B) applications
(C) facilities
(D) substitutes

(A) 名詞「包み、荷物」の複数形
(B) 名詞「申込用紙」の複数形
(C) 名詞「設備」の複数形
(D) 名詞「代用品」の複数形

空所の前の these「これらの」に注目。these と空所部分が指すのは、前文の microphones and projectors「マイクとプロジェクター」であると考えられる。これらの言い換えとなり、「プレゼンテーションのリハーサルをするのに便利だった」という内容にも合う (C) が正解。

142 □□□ 正解 C 語彙

(A) construction
(B) checkout
(C) booking
(D) cleaning

(A) 名詞「建設」
(B) 名詞「チェックアウト」
(C) 名詞「予約」
(D) 名詞「掃除」

選択肢はすべて名詞なので、空所に入る語は後ろに続く process「手順」と複合名詞をつくると考えられる。同段落 2 文目では「ウェブサイトの問題によって予約にとても時間がかかった」という内容が述べられていることから、booking process で「予約手順」となる (C) が正解。

⏵TRACK_306

Dissanery provides a large collection of sturdy furniture. 143. our chairs and tables can be on the high end for some people, they last for decades if used appropriately. Customers can choose from our pre-made designs in our catalog. You are able to see some pictures of our products online. 144.. We suggest you come to one of our showrooms. That's 145. you could get more detailed advice by our skilled consultants who are eager to learn what your preferences are. If you want to save time, you can complete the questionnaire online 146.. Let your ideas come to life at Dissanery!

【和訳】

問題 143-146 は次の広告に関するものです。

Dissanery は頑丈な家具のコレクションをたくさん提供しております。当社の椅子やテーブルは、ある人々にとっては高価であるかもしれませんが、それらは適切にご使用いただければ何十年も長持ちします。お客様は当社のカタログに載っている既存のデザインからお選びいただけます。製品の写真は何枚かオンラインでご覧いただくことが可能です。*別の方法ですと、生地を選んで、お客様のお好みに合わせてそれをお仕立てください。当社のショールームの 1 つにお越しいただくことをお勧めしています。そうしていただくことで、お客様の嗜好がどれなのかを熱心に聞いてくれる熟練のコンサルタントによる、より詳細なアドバイスをもらうことができます。時間を節約したい場合は、あらかじめオンラインで質問事項を記入していただくことが可能です。Dissanery であなたのアイデアを実現させましょう!

語彙チェック ☐ sturdy 頑丈な ☐ high end 最高級の、高価な ☐ appropriately 適切に
☐ pre-made あらかじめ作られた ☐ be eager to *do* ～する気が十分である
☐ complete ～に記入する ☐ come to life 現実になる

TEST 1

TEST 2

TEST 3

TEST 4

TEST 5

TEST 6

TEST 7

TEST 8

TEST 9

TEST 10

143 | 正解 A | 前 vs 接

(A) Although
(B) Despite
(C) Since
(D) Therefore

(A) 接続詞「〜だが」
(B) 前置詞「〜にもかかわらず」
(C) 接続詞「〜して以来」
(D) 副詞「それゆえに」

空所後には S + V の形が続き、カンマ後にも S + V の形が見られることから、空所には 2 つの文をつなぐ接続詞が入るとわかる。前半部分では「価格が高いこと」、後半部分では「長持ちすること」が述べられているので、「高価だが長持ちする」という意味になる (A) が正解。

144 | 正解 B | 文挿入

(A) The key to taking a good photograph is to consider the arrangement of elements within the frame.
(B) Otherwise, select a material and tailor it according to your taste.
(C) Free delivery service is available to locations within the city.
(D) Your registration online will be confirmed within the day of your initial account sign-up.

(A) よい写真を撮る秘訣は、枠の中で要素の配置を考慮することです。
(B) 別の方法ですと、生地を選んで、お客様のお好みに合わせてそれをお仕立てください。
(C) 無料配送サービスは市内の所在地までならご利用可能です。
(D) オンライン予約は最初のアカウント登録の日のうちに承認されます。

まず、3 文目に「カタログに載っている既存のデザインから選ぶことができる」とある。(B) の otherwise は「別の方法では」という意味を表すので、既製品から選ぶ方法とオーダーメイド製品を注文する方法が対比されていると考えると自然な文になる。また、本文の最後には Let your ideas come to life「あなたのアイデアを現実にさせる」とあり、これはオーダーメイド製品のことを指すと考えられる。よって、(B) が正解。

語彙チェック ☐ arrangement 配置 ☐ tailor 〜を仕立てる ☐ taste 好み、嗜好
☐ initial 最初の

145 | 正解 B | 代／関

(A) who
(B) how
(C) what
(D) why

(A) 主格の関係代名詞
(B) 関係副詞
(C) 関係代名詞
(D) 関係副詞

空所の直前には That's とあり、直後には S + V の要素を含む節が続く。その節の内容は「熟練のコンサルタントからアドバイスを得ることができる」というもの。さらに、前文では「ショールームを訪れることをお勧めする」という内容が述べられている。よって、「ショールームを実際に訪れることで、コンサルタントからアドバイスを得ることができる」という文意になると考えられるため、(B) が正解。That's how 〜で「そのようにして〜」という意味になる。

146 | 正解 D | 語彙

(A) daily
(B) sometimes
(C) carefully
(D) beforehand

(A) 副詞「毎日」
(B) 副詞「ときどき」
(C) 副詞「注意深く」
(D) 副詞「あらかじめ」

選択肢はすべて副詞。空所を含む文の前半部分は条件を表す if 節で「時間を節約したい場合は」と示されており、空所はそれに続く主節の文末にある。主節ではショールームを訪れた時に時間を短縮するためにできることが述べられていると考えられることから、「あらかじめオンラインで質問事項を記入する」という意味になる (D) が正解。

TEST 10

解答&解説

TEST 10　正解一覧

Part 5

問題番号	正解	1 2 3		問題番号	正解	1 2 3
101	B	☐☐☐		116	B	☐☐☐
102	C	☐☐☐		117	D	☐☐☐
103	B	☐☐☐		118	A	☐☐☐
104	D	☐☐☐		119	C	☐☐☐
105	B	☐☐☐		120	B	☐☐☐
106	C	☐☐☐		121	B	☐☐☐
107	D	☐☐☐		122	A	☐☐☐
108	A	☐☐☐		123	D	☐☐☐
109	C	☐☐☐		124	C	☐☐☐
110	C	☐☐☐		125	C	☐☐☐
111	D	☐☐☐		126	A	☐☐☐
112	A	☐☐☐		127	D	☐☐☐
113	C	☐☐☐		128	B	☐☐☐
114	D	☐☐☐		129	A	☐☐☐
115	A	☐☐☐		130	D	☐☐☐

Part 6

問題番号	正解	1 2 3		問題番号	正解	1 2 3
131	D	☐☐☐		139	B	☐☐☐
132	C	☐☐☐		140	A	☐☐☐
133	C	☐☐☐		141	D	☐☐☐
134	B	☐☐☐		142	C	☐☐☐
135	D	☐☐☐		143	B	☐☐☐
136	C	☐☐☐		144	B	☐☐☐
137	A	☐☐☐		145	C	☐☐☐
138	D	☐☐☐		146	A	☐☐☐

Part 5   ▶ TRACK_307

| 101 | □□□ | 正解 B | 語法 |

After his dedication over the years, Mr. Thomas finally ------- to become the branch manager.

(A) gave up

(B) managed

(C) finished

(D) enabled

長年にわたる献身の後に、Thomas さんはついに支店長になることができました。

(A) 句動詞 give up「〜を諦める」の過去形

(B) 動詞 manage「〜をなんとかやり遂げる」の過去形

(C) 動詞 finish「〜を終える」の過去形

(D) 動詞 enable「〜に…を可能にさせる」の過去形

空所に入る適切な述語動詞を選ぶ。空所の後ろに to become という to 不定詞が続いていることに着目する。manage to *do* で「なんとか〜する」という意味になり文意にも合うので、(B) が正解。

語彙チェック □ dedication 献身

> (♪) ここが落とし穴
> (D) は enable *A* to do「A に〜することを可能にさせる」というように、動詞の後に目的語が必要。

                                                          ▶ TRACK_308

| 102 | □□□ | 正解 C | 代／関 |

Peppirks.com offers free shipping on the next purchase ------- a customer reports a late delivery.

(A) wherever

(B) whatever

(C) whenever

(D) whichever

Peppirks.com 社は、顧客が配達の遅延を報告したときはいつでも、次回の購入での無料配送を提供しています。

(A) 複合関係詞「どこへ（で）〜しようとも」

(B) 複合関係詞「〜するものは何でも」

(C) 複合関係詞「〜するときはいつでも」

(D) 複合関係詞「どちらが〜しようとも」

空所の前と後ろに節があり、前半では「次回の購入で無料配送を提供する」こと、後半では「顧客が配達の遅延を報告する」ことについて述べられている。文意より、配達の遅延が報告されたときは無料配達を提供する、という流れにすると自然。よって、(C) が正解。

TRACK_309

103 　　　　　正解 B 　　　　語彙

In order to ------- them, some of the oldest books are located in the closed stacks that only librarians can gain access to.

(A) advocate

(B) preserve

(C) measure

(D) upgrade

それらを保存するために、最も古い本のいくつかは、司書のみが入ることのできる閉架書庫に置かれています。

(A) 動詞 advocate「〜を主張する」の原形

(B) 動詞 preserve「〜を保存する」の原形

(C) 動詞 measure「〜を測る」の原形

(D) 動詞 upgrade「〜をアップグレードする」の原形

「〜するために」という意味になる in order to に続く動詞を選ぶ。空所の後の them は some of the oldest books「最も古い本のいくつか」を指しており、カンマ以降の文ではそれらが閉架書庫に置かれているという内容が述べられている。「最も古い本のいくつか」を目的語にとり、なおかつ後半の内容にもつながるのは (B) のみ。

語彙チェック □ stack　書庫　□ librarian　司書　□ gain access to〜　〜に入る

TRACK_310

104 　　　　　正解 D 　　　　動詞の態

The success of the launch event for the Frutpood office chair taking place at Coomzen Hall was highly -------.

(A) anticipating

(B) anticipation

(C) to anticipate

(D) anticipated

Coomzen Hall で行われた Frutpood オフィスチェアの発売イベントの成功は、とても期待されていました。

(A) 動詞 anticipate「〜を期待する」の動名詞・現在分詞

(B) 名詞「予期」

(C) to 不定詞

(D) 過去分詞

この文の主語は文頭から Coomzen Hall までで、その後に be 動詞の過去形 was が続いている。主語は「発売イベントの成功」なので、受動態の形をとって「期待されていた」とすると意味が通る。よって、過去分詞の (D) anticipated が正解。

249

105　正解 B　前 vs 接

------- Seoch Real Estate is a start-up company specializing in renting corporate properties, they have been able to afford expensive advertising campaigns.

(A) Despite
(B) Although
(C) When
(D) Regarding

Seoch 不動産は企業向け不動産の賃貸しを専門とする新規企業ですが、高額の広告キャンペーンを行う余裕があります。

(A) 前置詞「〜にもかかわらず」
(B) 接続詞「〜だけれども」
(C) 接続詞「〜するときに」
(D) 前置詞「〜に関して」

カンマを挟んで 2 つの節が並んでいるので、これらををつなぐ接続詞が空所に必要。カンマより前の節では「Seoch 不動産が新規企業である」こと、後半では「この会社が高額の広告キャンペーンを行う余裕があること」が述べられている。新規企業なのに高額の広告キャンペーンを行う余裕がある、という逆接の関係が成り立つので、逆接の接続詞 (B) Although を選ぶ。

語彙チェック　□ corporate　企業の　□ property　不動産物件

106　正解 C　準動詞

The guidebook advertises the Sanstyaca Square as a place where tourists can enjoy local food ------- by light music.

(A) accompaniment
(B) accompanying
(C) accompanied
(D) to accompany

そのガイドブックは、旅行客が軽音楽とともに地元の料理を楽しめる場所として Sanstyaca 広場を宣伝しています。

(A) 名詞「付属物」
(B) 動詞 accompany「〜に付随して起こる」の動名詞・現在分詞
(C) 過去分詞
(D) to 不定詞

空所は a place を修飾する関係副詞 where に続く節内にある。空所に (C) accompanied が入ると、空所以降が local food を後置修飾して「旅行客が軽音楽とともに地元の料理を楽しめる」となるので、文意が通る。accompanied by 〜で「〜が伴う」という意味。

語彙チェック　□ light music　軽音楽

107

□□□ 　正解 D 　　語彙

Mauritz Breggren has ------- been in charge of financial services in Kasign Holdings for three years.

Mauritz Breggren は、Kasign Holdings 社の金融業務を 3 年間一人で担当しています。

(A) approximately

(B) familiarly

(C) permanently

(D) solely

(A) 副詞「およそ」

(B) 副詞「親しく」

(C) 副詞「永久に、不変に」

(D) 副詞「一人で」

選択肢はすべて副詞。「Mauritz Breggren という人物が 3 年間、Kasign Holdings 社の金融業務を担当している」という内容なので、この文の動詞を修飾する副詞として意味が通るのは (D) solely のみ。

⚠ ここが落とし穴

(C) を選んだ人…文の後半に for three years「3 年間」という記述があるので、「永久に、不変に」という意味の permanently は不正解。

108

□□□ 　正解 A 　　語彙×語法

Those working at Eloz Artisans are craftspeople who ------- at making silver accessories.

Eloz Artisans 社で働いている人々は、シルバーアクセサリーの製作に秀でている職人たちです。

(A) excel

(B) subordinate

(C) encompass

(D) deteriorate

(A) 動詞 excel「秀でている」の現在形

(B) 動詞 subordinate「〜を従属させる」の現在形

(C) 動詞 encompass「〜を取り囲む」の現在形

(D) 動詞 deteriorate「悪化する」の現在形

空所は craftspeople を修飾する関係代名詞 who の節内にある。空所後に at があることから、excel at doing「〜することに秀でている」の形をつくる自動詞の用法がある (A) が正解。

語彙チェック 　□ craftspeople 　職人

109 ☐☐☐ 正解 C 語彙

Free Dorphines, the internationally famous football club, ------- its players as professionals in the club policy and the importance of discipline.

(A) introduces

(B) integrates

(C) indoctrinates

(D) inclines

国際的に有名なフットボールクラブの Free Dorphines は、プロとしてクラブの方針や鍛錬の重要性をその選手たちに教え込んでいます。

(A) 動詞 introduce「～を導入する」の三人称単数現在形

(B) 動詞 integrate「～を統合する」の三人称単数現在形

(C) 動詞 indoctrinate「～に教え込む」の三人称単数現在形

(D) 動詞 incline「～を傾ける」の三人称単数現在形

空所前までがこの文の主語なので、空所に入る適切な述語動詞を選ぶ。目的語は its players「その選手たち」なので、文意が通るのは (C) indoctrinates のみ。

語彙チェック ☐ discipline 鍛錬 ☐ indoctrinate *A* in *B* A に B を教え込む

110 ☐☐☐ 正解 C 前置詞

Aria Kane will share useful tactics ------- how to improve customer satisfaction in the next session.

(A) in

(B) by

(C) on

(D) against

Aria Kane は、次の会期で顧客満足度を向上させる方法についての有用な戦略を共有する予定です。

(A) 前置詞「～の中に」

(B) 前置詞「～によって」

(C) 前置詞「～について」

(D) 前置詞「～に反対して」

空所までの部分では、Aria Kane という人物が戦略を共有する予定であることが述べられている。空所以降には how to improve customer satisfaction「顧客満足度を向上させる方法」とあるので、これが共有される戦略の内容であると考えられる。よって、「～について」という意味を表すことができる前置詞 (C) on が正解。

語彙チェック ☐ tactics 戦略

111 □□□ 正解 D 品詞

Keesk Associates has introduced a ventilation system that enables air to circulate ------- throughout the office.

(A) even

(B) evened

(C) more even

(D) evenly

Keesk Associates 社は、空気がオフィス中を均等に循環することができる換気システムを導入しました。

(A) 副詞「〜さえ」

(B) 動詞 even「〜を均一にする」の過去形・過去分詞

(C) 形容詞 even「均一な」の比較級

(D) 副詞「均等に」

空所は a ventilation system「換気システム」を修飾する関係代名詞 that 節内にある。that 節の中は、「空気がオフィス中を循環することができる」となっており、空所の語がなくても意味が成り立つ文になっている。よって、動詞 circulate を修飾することができ、なおかつ文意が通る副詞の (D) evenly が正解。

語彙チェック □ ventilation 換気 □ circulate 循環する

112 □□□ 正解 A 代／関

Every year, the internship program at Marky Design Production has had a surplus of applicants, ------- are amateur designers and photographers.

(A) most of whom

(B) depending on

(C) all of them

(D) in progress

毎年 Marky Design Production でのインターンシッププログラムでは余るほどの応募者がいますが、そのほとんどがアマチュアのデザイナーや写真家です。

(A) most of「〜のほとんど」＋目的格の関係代名詞

(B)「〜に応じて」

(C)「それらのすべて」

(D)「進行中の」

空所の後ろには be 動詞 are が続いているので、空所以降は節の形になると考えられる。直前の名詞句 a surplus of applicants を先行詞にとる関係代名詞 whom を含み、カンマ以降の節の主語の働きをする (A) most of whom が適切。

語彙チェック □ surplus 余剰

> **ここが落とし穴**
> (C) を選んだ人…all of them を入れると、カンマの前後で 2 つの文ができてしまうので、…applicants, although all of them are amateur designers and photographers. のように、2 つの文をつなぐ接続詞が必要。

113 □□□ 正解 C 品詞×語彙

The three-year contract with the
corporate ------- expires on May 11.

(A) programming
(B) program
(C) programmer
(D) programmable

法人のプログラマーとの 3 年契約は 5 月 11 日
に満期になります。

(A) 名詞「プログラミング」
(B) 名詞「プログラム、番組」
(C) 名詞「プログラマー」
(D) 形容詞「プログラム化できる」

この文の述語動詞は expires なので、空所部分までが主語となる。空所の前には前置詞 with があるので、その後ろには名詞（句）が続くとわかる。corporate「法人の」は形容詞なので、空所には corporate が修飾する名詞が必要。The 3-year contract with ～「～との 3 年契約」に続く部分なので、契約相手となる (C) programmer が正解。

114 □□□ 正解 D 品詞

Always ------- the senior manager's
address on the mailing list when
contacting clients by e-mail.

(A) inclusive
(B) inclusion
(C) including
(D) include

顧客に E メールで連絡を取るときは、いつもメーリングリストにあるシニアマネージャーのアドレスを入れてください。

(A) 形容詞「包括的な」
(B) 名詞「包含、包括」
(C) 前置詞「～を含めて」
(D) 動詞 include「～を含む」の原形

接続詞 when「～するとき」の前までの部分には述語動詞がない。文頭には副詞の always「いつも」があり主語となるものも見当たらないので、主語が入らない命令文の形になると予想できる。よって、動詞の原形である (D) include が正解。

Beacon's Point
Part 5 では、副詞があることで文構造が複雑になり、間違えやすい問題がよく出てくる。この問題も、文頭にある副詞 Always が文構造を見えにくくしている。どうしても文構造がとれないときは、一度副詞を無視して考えてみることもテクニックの 1 つだ。

115　　□□□　正解 A　品詞

The Lilatche Pen can be attached to any metal ------- by its built-in magnet.

(A) surface

(B) surfaced

(C) to surface

(D) being surfaced

Lilatche ペンはその内蔵されたマグネットによって、どんな金属の表面にも貼り付けられます。

(A) 名詞「表面」

(B) 動詞 surface「～を浮上させる」の過去形・過去分詞

(C) to 不定詞

(D) 進行形の受動態

空所の後ろの by its built-in magnet「その内蔵されたマグネットによって」は、この文の述語動詞 can be attached を修飾している。空所に (A) surface が入ると、any metal surface「いかなる金属の表面」という名詞句をつくり、can be attached to「～に貼り付けられる」という内容にもつながる。

語彙チェック　□ built-in　内蔵の

ここが落とし穴

(B) を選んだ人…後ろに by があるので、受け身の意味になる過去分詞をついつい選んでしまったかもしれないが、ここでは文意に合わない。前後の単語だけで判断せず、文全体の構造をとるように注意しよう!

116　　□□□　正解 B　動詞の態×主述の一致

The Kiukambe Tunnel walls are covered with paintings of birds and plants that ------- New Zealand.

(A) symbolizes

(B) symbolize

(C) were symbolized

(D) symbolizing

Kiukambe トンネルの壁は、ニュージーランドを象徴する鳥や植物の絵で覆われています。

(A) 動詞 symbolize「～を象徴する」の三人称単数現在形

(B) 現在形

(C) 過去形の受動態

(D) 動名詞・現在分詞

空所の前の that は birds and plants を修飾する関係代名詞。この関係代名詞節には述語動詞がないので、述語動詞となるものを入れる。空所の後ろに目的語となる New Zealand があるので、能動態が適切。また、先行詞 birds and plants は複数なので、(B) が正解。

117　　　　□□□　正解 D　　　語彙

Mr. Olvera is known for his outstanding accomplishments, ------- in the field of computing sciences.

(A) keenly
(B) discreetly
(C) optimally
(D) especially

Olvera さんは、特に電子計算学の分野における傑出した功績で知られています。

(A) 副詞「鋭く」
(B) 副詞「慎重に」
(C) 副詞「最適に」
(D) 副詞「特に」

空所の前では、「Olvera さんはその傑出した功績で知られている」という内容が述べられている。一方、空所の後ろには in the field of computing sciences「電子計算学の分野において」とあるので、これは彼の功績について詳しく説明していると考えられる。文意より、「特に」という意味の (D) especially が適切。

語彙チェック　□ outstanding　傑出した　□ computing science　電子計算学

118　　　　□□□　正解 A　　　前 vs 接

------- contributing your article to *Azaledo Culture*, the manuscript should meet the minimum word count, making it no less than 600 words.

(A) When
(B) Where
(C) Who
(D) Which

『Azaledo Culture』にあなたの記事を寄稿する際は、原稿は最低語数に応じて 600 語より少なくならないようにする必要があります。

(A) 接続詞「～するとき」
(B) 副詞「どこで」
(C) 代名詞「誰が」
(D) 代名詞「どちら」

1 つ目のカンマ以降には節が続いているので、空所には前半と後半の内容をつなぐものが入る。空所に (A) When を入れると、接続詞 when 節で you are（主語と be 動詞）が省略されていると考えられ、意味も通る。

語彙チェック　□ contribute *A* to *B*　A を B に提供する　□ manuscript　原稿

119 □□□ 正解 C 数

Workers who have purchased equipment for business use should inform the finance department at the end of ------ month.

(A) only
(B) all
(C) each
(D) full

仕事での使用のために備品を購入した従業員は、各月末に経理部に知らせる必要があります。

(A) 形容詞「唯一の」
(B) 形容詞「すべての」
(C) 形容詞「それぞれの」
(D) 形容詞「いっぱいの」

選択肢はすべて形容詞。空所は at the end of ------- month「～の月の終わりに」という前置詞句の中にある。後ろには単数名詞 month があるので、単数名詞を修飾する形容詞として適切で文意に合うのは (C) each のみ。

120 □□□ 正解 B 語彙

Hapol Industries strives for the realization of a sustainable society by donating three percent of its ------- to local communities.

(A) fluctuation
(B) surplus
(C) care
(D) conservation

Hapol 産業は、剰余金の 3％を地域団体に寄付することで持続可能な社会の実現に励んでいます。

(A) 名詞「変動」
(B) 名詞「剰余金」
(C) 名詞「注意、配慮」
(D) 名詞「保護」

文の前半では、「Hapol 産業が持続可能な社会の実現に励んでいる」という内容が述べられており、by 以降でその方法について言及されている。by 以降は、by donating three percent of its ------- to local communities「～の 3％を地域団体に寄付することで」となるので、「剰余金」という意味を表す (B) surplus が適切。

語彙チェック □ strive for～ ～に励む □ sustainable 持続可能な

121 ☐☐☐ 正解 B 品詞

The city committee confirmed ------- to acquire several tracts of land from landowners to extend the Kudong Highway to Tuikkoy City.

(A) planning

(B) plans

(C) to plan

(D) planned

Kudong 幹線道路を Tuikkoy 市まで延長するために、市議会は地主から土地の区画を一部買収する計画を承認しました。

(A) 動詞 plan「〜を計画する」の動名詞・現在分詞

(B) 名詞「計画」の複数形

(C) to 不定詞

(D) 過去形・過去分詞

空所の前の confirmed はこの文の述語動詞。confirm の後ろには名詞句または that 節、wh 節などが続くので、空所には名詞の複数形である (B) plans が適切。空所直後の to 以降でその計画の内容について述べている。

語彙チェック ☐ tract 区画、地域 ☐ landowner 地主

Beacon's Point
plan のように名詞でも動詞でも使われる語には気を付けなければならない。構造が複雑な文では、このような語の品詞を間違って捉えてしまい、異なった内容で解釈してしまうことがある。今回の選択肢 (B) を見て、plans を動詞の三人称単数現在形として捉え誤答と判断した人は要注意だ。

122 ☐☐☐ 正解 A 品詞

Orronge ------- gardening supplies to both professional and self-taught gardeners.

(A) sells

(B) sale

(C) selling

(D) seller

Orronge では、プロの庭師と独学で園芸をする人の両方に園芸用品を売っています。

(A) 動詞 sell「〜を売る」の三人称単数現在形

(B) 名詞「販売」

(C) 動名詞・現在分詞

(D) 名詞「売り手」

この文の述語動詞が見当たらないので、空所には主語 Orronge に続く述語動詞となるものが入るとわかる。述語動詞の働きをするのは、(A) sells のみ。

語彙チェック ☐ self-taught 独学の

123 | 正解 D | 語彙

The health plan of Limemorre Insurance ------- medical expenses for a total of 1,000 euros per day.

(A) spends

(B) costs

(C) proceeds

(D) covers

Limemorre 保険会社の健康保険では、1日当たり計 1000 ユーロの医療費用がまかなわれます。

(A) 動詞 spend「〜を費やす」の三人称単数現在形

(B) 動詞 cost「(金額が)かかる」の三人称単数現在形

(C) 動詞 proceed「進む」の三人称単数現在形

(D) 動詞 cover「〜をまかなう」の三人称単数現在形

この文の主語 The health plan of Limemorre Insurance「Limemorre 保険会社の健康保険」に続く述語動詞を選ぶ。目的語は medical expenses「医療費用」なので、「〜をまかなう、〜を補償する」という意味を表す (D) covers が正解。

Beacon's Point

動詞 cover は多義語として TOEIC でよく出題される語。今回のような意味のほか、「〜を覆う」や「〜を取材する、報道する」といった意味もあることを覚えておこう!

124 | 正解 C | 前置詞

Plastic trays should be rinsed and disposed of in the containers ------- the store.

(A) without

(B) after

(C) behind

(D) like

プラスチックトレーはゆすいで、店の裏の容器に捨てる必要があります。

(A) 前置詞「〜なしで」

(B) 前置詞「〜の後」

(C) 前置詞「〜の裏側の」

(D) 前置詞「〜のような」

選択肢はすべて前置詞。空所の前に containers「容器」があるので、空所以降の前置詞句が containers を修飾すると考えられる。よって、behind the store で「店の裏の」という意味になる (C) behind が正解。

語彙チェック □ rinse 〜をゆすぐ □ dispose of〜 〜を捨てる

125

□□□　正解 **C**　　語彙

When a flight has been canceled due to weather conditions, the full fare will be returned to your ------- bank account.

(A) dominant

(B) following

(C) registered

(D) former

天候状況のために便がキャンセルされたときは、登録された銀行口座に全額料金が返金されます。

(A) 形容詞「支配的な」

(B) 形容詞「次の」

(C) 形容詞「登録された」

(D) 形容詞「以前の」

カンマまでの文より、天候が原因で便がキャンセルされたときについて説明しているとわかる。カンマ以降の文は the full fare will be returned to your ------- bank account「あなたの〜銀行口座に全額料金が返金されます」という内容なので、bank account を修飾して「登録された」という意味を表す (C) registered が空所に入ると意味が通る。

126

□□□　正解 **A**　　語彙

Install the latest software onto your device as soon as possible when it is not ------- updated.

(A) automatically

(B) prominently

(C) adversely

(D) conclusively

自動的に更新されないときは、なるべく早く最新のソフトウェアをデバイスにインストールしてください。

(A) 副詞「自動的に」

(B) 副詞「顕著に」

(C) 副詞「逆に」

(D) 副詞「決定的に」

文の前半ではなるべく早く最新のソフトウェアをインストールするように伝えており、最後に when it is not ------- updated「それが〜更新されないときは」とある。update という動詞を修飾するものとして適切なのは、「自動的に」という意味を表す (A) automatically。

▶ TRACK_333

TEST 1
TEST 2
TEST 3
TEST 4
TEST 5
TEST 6
TEST 7
TEST 8
TEST 9
TEST 10

127 □□□ 正解 D 語彙

The Ecardo umbrella has been popular for its ------- and stainless spokes.

(A) explicit

(B) feasible

(C) nutritious

(D) durable

Ecardo 社の傘は、その耐久性のあるさびない骨で人気があります。

(A) 形容詞「明確な」

(B) 形容詞「実現可能な」

(C) 形容詞「栄養のある」

(D) 形容詞「耐久性のある」

be popular for 〜で「〜で人気である」という意味なので、for の後ろには The Ecardo umbrella「Ecardo 社の傘」が人気である理由となるものが続く。選択肢はすべて形容詞なので、空所部分と stainless「さびない」という 2 つの形容詞が名詞 spokes「（傘の）骨」を修飾している形だとわかる。傘の骨について説明する形容詞として適切なのは、(D) durable のみ。

語彙チェック □ spoke 傘の骨

128 □□□ 正解 B 前 vs 接

At Procken Theater, there will be a fifteen-minute break ------- acts.

(A) because

(B) between

(C) during

(D) while

Procken 劇場では、芝居の間に 15 分間の休憩があります。

(A) 接続詞「〜なので」

(B) 前置詞「〜の間に」

(C) 前置詞「〜の間に」

(D) 接続詞「〜している間に」

選択肢には前置詞と接続詞が並ぶ。空所の後ろには acts「芝居」という名詞が続いているので、空所には前置詞が入る。空所の前では「15 分間の休憩がある」という内容が述べられているので、「芝居と芝居の間に」という意味になる (B) between が適切。

⚡ ここが落とし穴

(C) を選んだ人…during も日本語では「〜の間に」というように訳されるため、意味的には空所に入るように思えたかもしれない。しかし、during は「〜の期間に」という意味合いを持つため、during acts は「芝居中に」という意味になってしまう。「芝居中に 15 分間の休憩がある」というのは不自然なので、ここでは不正解となる。

129 □□□ 正解 A 準動詞

According to the marketing consultant, more than 70 percent of the customers ------- the Buxblosso light have seen the advertisement on television.

(A) purchasing

(B) purchased

(C) will purchase

(D) have purchased

マーケティングコンサルタントによると、Buxblosso 社の照明を購入する顧客の 70% 以上がテレビでの広告を見ています。

(A) 動詞 purchase「～を購入する」の現在分詞

(B) 過去形・過去分詞

(C) 助動詞＋動詞の原形

(D) 現在完了

カンマ以降の文の述語動詞は have seen なので、more から light までがこの文の主語。more than 70 percent of the customers「顧客の 70% 以上」という名詞句があるので、空所に (A) purchasing を入れると、「Buxblosso 社の照明を購入する顧客の 70%以上」というように the customers を後ろから修飾する形になり意味が通る。

130 □□□ 正解 D 代／関

Mr. Xiao Chen has provided consultations ------- to Tankolini Electronics for 12 years.

(A) he

(B) his

(C) him

(D) himself

Xiao Chen さんは彼自身、12 年間 Tankolini 電機に助言をしてきました。

(A) 主格の代名詞「彼は」

(B) 所有格の代名詞「彼の」

(C) 目的格の代名詞「彼を（に）」

(D) 再帰代名詞「彼自身」

空所に適切な代名詞を選ぶ。文構造を見ると、空所部分がなくても S ＋ V ＋ O の文の形が完成している。よって、主語を強調する働きを持つ再帰代名詞の (D) himself が正解。

TEST 1

TEST 2

TEST 3

TEST 4

TEST 5

TEST 6

TEST 7

TEST 8

TEST 9

TEST 10

Questions 131-134 refer to the following notice.　　　　⏵TRACK_337

Attention Lioness Mall visitors: North Parking Area is to be closed next week

On Sunday, July 7, North Parking Area will be closed all day. 131.. Visitors may use one of the public parking lots on 132. side of the Kook Boulevard instead. It takes approximately five minutes from Lioness Mall by an underground passage. A large sign 133. in front of each parking lot to guide drivers. Shoppers purchasing over $100 get four hours of free parking. The receipt can be 134. for a free parking ticket at the service counter on the ground floor. See the information board for more details.

【和訳】

問題 131-134 は次のお知らせに関するものです。

Lioness Mall にご来場の皆様：来週は北駐車場が閉鎖されます。

7 月 7 日日曜日は終日、北駐車場が閉鎖されます。* これは出入り口の修理が必要なためです。ご来場者様は代わりに、Kook 大通りの反対側にある公共駐車場の 1 つをご利用いただけます。そちらは Lioness Mall から地下道でおよそ 5 分かかります。運転手様をご案内するために、それぞれの駐車場の前に大きな看板が置かれる予定です。100 ドルを超えるお買い物をされた方は、4 時間無料で駐車いただけます。1 階のサービスカウンターで、レシートを無料の駐車券と交換することができます。さらなる詳細は情報板をご確認ください。

語彙チェック　☐ boulevard　大通り　☐ passage　通路、道路

131　　　　☐☐☐　　正解 **D**　　文挿入

(A) You can help by bringing your own shopping bag.
(B) Carts need to be stored in the designated space.
(C) It is visible from the Central Bus Terminal.
(D) This is because the gates need repairing.

(A) ご自分のお買い物袋をお持ちいただけると助かります。
(B) カートは指定の場所に置いておく必要があります。
(C) これは中央バス乗り場から見えます。
(D) これは出入り口の修理が必要なためです。

本文 1 文目では、7 月 7 日に北駐車場が閉鎖されるという内容が述べられている。(D) は閉鎖される理由を説明しているため、後ろに続く文として適切。

語彙チェック　☐ designated　指定された　☐ visible　見える

132 　　　　　正解 C　　代/関×数

(A) each
(B) other
(C) the other
(D) another

(A) 形容詞「それぞれの」
(B) 形容詞「ほかの」
(C) 「もう一方の」
(D) 形容詞「ほかの」

空所を含む文は、Visitors may use one of the public parking lots on ------- side of the Kook Boulevard instead「ご来場者様は代わりに、Kook 大通りの〜側にある公共駐車場の 1 つをご利用いただけます」という内容を表す。1 文目で北駐車場について述べられているので、Kook 大通りを挟み北駐車場がある方と反対側にある、という意味になる (C) the other を選ぶ。

Beacon's Point

other・the other・another は意味がよく似ているため、上級者でもしっかりと区別できていない人が多い。other は " 不特定のもの " を指して「ほかの」という意味を表し、後ろには単数名詞・複数名詞どちらかが続く。the other は " 残ったもの " を指して「もう一方の、反対の」という意味で、こちらも単数名詞・複数名詞どちらも続けることができる。そして、another は other と同じく " 不特定のもの " を指して「ほかの」を表すが、後ろには必ず単数名詞がくる。これらの使い分けによく注意しよう!

133 　　　　　正解 C　　動詞の態×時制

(A) placed
(B) was placed
(C) will be placed
(D) placing

(A) 動詞 place「〜を置く」の過去形・過去分詞
(B) 過去形の受動態
(C) 助動詞＋受動態
(D) 動名詞・現在分詞

空所の前にある A large sign「大きな看板」がこの文の主語で、述語動詞にあたるものがないので、空所には述語動詞となるものが入る。sign「看板」は「置かれる」ものなので、受動態が適切。また 1 文目より、北駐車場が閉鎖されるのはこれからのことなので、未来を表す (C) が正解。

ここが落とし穴

(B) を選んだ人…この選択肢のように、文法的には問題なく文の意味も通るが、時系列を考えると誤答と判断できるものもある。全体の文を読んで時制を判断したい。

134 　　　　　正解 B　　語彙

(A) filled
(B) exchanged
(C) installed
(D) accompanied

(A) 動詞 fill「〜を満たす」の過去分詞
(B) 動詞 exchange「〜を交換する」の過去分詞
(C) 動詞 install「〜を取り付ける」の過去分詞
(D) 動詞 accompany「〜に同行する」の過去分詞

空所の前の文で、「100 ドルを超える買い物をした人は 4 時間無料で駐車できる」という内容が述べられている。空所を含む部分は The receipt can be ------- for a free parking ticket となっており、空所に (B) exchanged を入れると「レシートを無料の駐車券と交換することができる」となり、文意が通る。exchange A for B で「A を B と交換する」という意味。

Welcome to the Web site of Zineden Agency. For 30 years, we have helped tourists discover the natural beauty of the Netherlands. There are a variety of tours you can enjoy throughout the year. 135., a lot of people visit our place from around the world.

We offer either private tours or group tours of varying sizes. These are led by 136. attendants fluent in English. All staff have been showing visitors around for more than 10 years, and are conversational locals, both men and women, who are familiar with the geography and history of this country. Feel free to ask questions 137. you have one.

138.. You can stroll along the canal, get on a cruise, or view the beautiful scenery. Click on the link below to see more of our tours.

www.zinedenagency.com

【和訳】

問題 135-138 は次のウェブページに関するものです。

Zineden Agency のウェブサイトへようこそ。我々は 30 年間、旅行客の皆様がオランダの自然の美しさを発見するお手伝いをしてきました。一年を通してお楽しみいただける様々なツアーがございます。そのため、世界中から多くの方が当店を訪れます。

当店はプライベートツアーと様々な規模の団体ツアーのどちらも提供しております。これらは、英語が流暢な熟練ガイドによって引率されます。スタッフは全員、10 年以上旅行客の皆様を案内しており、男性も女性も話のうまい地元の人たちで、この国の地理や歴史に精通しています。ご質問があればいつでも気軽にお尋ねください。

* 初めて訪れた旅行客の皆様には、一日の市内観光ツアーをお勧めします。運河沿いを散歩したり、クルージングをしたり、美しい景色を見たりすることができます。下記のリンクをクリックして、当店のツアーをさらにご覧ください。

www.zinedenagency.com

語彙チェック　☐ the Netherlands　オランダ　☐ varying　様々な
☐ conversational　話のうまい　☐ stroll　散策する　☐ canal　運河

TEST 1
TEST 2
TEST 3
TEST 4
TEST 5
TEST 6
TEST 7
TEST 8
TEST 9
TEST 10

135　正解 D　語彙

(A) Alternatively
(B) Otherwise
(C) Similarly
(D) Therefore

(A) 副詞「あるいは」
(B) 副詞「さもなければ」
(C) 副詞「同様に」
(D) 副詞「それゆえに」

空所の直後では、この店には世界中から多くの人が訪れるという内容が述べられている。前の文で様々なツアーを提供していることを説明しているので、これが世界中からお客さんを集めている理由だと考えられる。よって、空所には (D) が適切。

136　正解 C　語彙

(A) distinct
(B) female
(C) proficient
(D) elaborate

(A) 形容詞「目立った」
(B) 形容詞「女性の」
(C) 形容詞「熟練した」
(D) 形容詞「精巧な」

空所を含む文は、These are led by ------- attendants fluent in English. 「これらは、英語が流暢な〜案内係が引率します」となる。選択肢はすべて形容詞なので、後ろの attendants を修飾するものが入る。(A)(D) は人に対しては使わない。また、スタッフについて説明している次の文で both men and women「男性も女性も」とあるので、(B) は不適切。よって、(C) が正解。

137　正解 A　代／関

(A) whenever
(B) so that
(C) whatever
(D) what if

(A) 関係副詞「〜するときはいつでも」
(B)「〜するために」
(C) 関係副詞「〜するものは何でも」
(D)「もし〜ならどうなるか」

空所の前には、Feel free to ask questions「気軽にお尋ねください」とあり、空所の後ろには別の節が続く。空所に (A) whenever を入れると文の後半が「ご質問があるときはいつでも」となり、意味が通る。最後の代名詞 one は question を指す。

⚠ ここが落とし穴

(C) を選んだ人…後ろに続く節には主語も目的語もあるので、「〜するものは何でも」という意味を表す whatever は入らない。ちなみに、whatever を使う場合は Feel free to ask whatever questions you have.「ご質問があれば何でも気軽にお尋ねください」とすると文法的に正しい文となる。

138　正解 D　文挿入

(A) It is not necessary to apply for a visa before booking your flight.
(B) There are many restaurants that serve authentic Dutch cuisine.
(C) Please leave a comment so that we can improve in the future.
(D) We recommend the One-day City Tour to travelers visiting for the first time.

(A) フライトの予約をする前にビザの申請をする必要はありません。
(B) 本格的なオランダ料理を提供しているレストランがたくさんあります。
(C) 今後我々が改善できるように、ご意見をください。
(D) 初めて訪れた旅行客の皆様には、一日の市内観光ツアーをお勧めします。

空所に続く文では、運河沿いでの散歩やクルージング、また美しい景色を見ることができるという内容が述べられている。さらにその後の文では see more of our tours「当店のさらなるツアーを見る」ことを勧めているので、この段落ではある 1 つのツアーについて紹介していると考えられる。よって、(D) が正解。

語彙チェック　☐ authentic　本格的な　☐ cuisine　料理

Questions 139-142 refer to the following letter.

▶ TRACK_339

9 August
Ms. Yvonne Hertz
6 Whitchurch Road
Elton, TS21 9WE

Dear Ms. Hertz,

I appreciate your 139. the Pinkiewater Juice Advertising Campaign. More than one million people participated in this online campaign. We are now pleased to tell you that your slogan "Pick a Pinkie!" has been chosen as first prize. 140.. This phrase will certainly help our beverage appeal to more customers.

We have enclosed a special card as a prize. If you tap it on one of our vending machines, you can get a free Pinkiewater bottle! 141. can be used up to 100 times. We hope you enjoy this gift.

Thank you for 142. with us.

Yours respectfully,

Elaine Gilley
Marketing Manager, Kirspri Corporation

【和訳】

問題 139-142 は次の手紙に関するものです。

8 月 9 日
Yvonne Hertz 様
Whitchurch 通り 6 番地
Elton, TS21 9WE

Hertz 様

Pinkiewater Juice の広告キャンペーンにエントリーいただきありがとうございます。このオンラインキャンペーンには、100 万人以上の方に参加いただきました。今回、あなたのスローガンである "Pick a Pinkie!" が一位に選ばれたことを喜んでお知らせいたします。* 受賞作品は、11 月に始まる当社のテレビ CM に使用されます。このフレーズは、当社の飲料がより多くのお客様の興味を引く手助けになるはずです。

賞品として特別なカードを同封しております。当社の自動販売機の 1 台にそれを当てていただくと、Pinkiewater を 1 本無料で手に入れることができます！ こちらは 100 回までご利用いただけます。この贈り物をお楽しみいただけることを願っています。

ご協力いただきありがとうございました。

敬具

Elaine Gilley
マーケティング部長、Kirspri 社

139			正解 **B**	語法

(A) applying
(B) entering
(C) organizing
(D) participating

(A) 動詞 apply「申し込む」の動名詞
(B) 動詞 enter「〜に参加する」の動名詞
(C) 動詞 organize「〜を運営する」の動名詞
(D) 動詞 participate「参加する」の動名詞

選択肢には動名詞が並ぶ。空所の直後に the Pinkiewater Juice Advertising Campaign という名詞句があるので、これを目的語にとることができる他動詞が入ると考えられる。文意より (B) entering が正解。

---

140 | 正解 A | 文挿入

(A) The winner will be used in our TV commercial starting in November.

(B) Survey results showed that half of the customers did not know about this product.

(C) Pinkiewater Juice is sweetened with cane sugar, and preservative free.

(D) You are required to take three more courses to complete the program.

(A) 受賞作品は、11 月に始まる当社のテレビ CM に使用されます。

(B) 調査結果によると、お客様の半分がこの商品について知りませんでした。

(C) Pinkiewater Juice はサトウキビの糖で甘くされており、防腐剤は入っていません。

(D) そのプログラムを完了するには、あと 3 つの講習を受ける必要があります。

空所の前の文では、この手紙の受け取り手である Hertz さんのスローガンが賞に選ばれたことを伝えている。また、空所に続く文では、Hertz さんが提案したフレーズのおかげでこの会社の飲料がより多くのお客さんを引きつけるという内容が書かれている。このことから、Hertz さんの作品を用いた広告についての話をしている (A) が流れとして自然。(A) の文中の winner は「勝者」という意味ではなく、ここでは「受賞作品」という意味で使われている。

語彙チェック ☐ cane サトウキビ ☐ preservative 防腐剤

---

141 | 正解 D | 代／関

(A) One

(B) They

(C) Some

(D) This

(A) 代名詞「それ」

(B) 主格の代名詞「彼らは」

(C) 代名詞「いくつかのもの」

(D) 指示代名詞「これ」

空所を含む文は、------- can be used up to 100 times「〜は 100 回までご利用いただけます」という文。前の 2 文で、自動販売機に当てると Pinkiewater を 1 本無料でもらえる特別なカードについて説明しているので、それが 100 回まで使えるということだと考えられる。よって、a special card を言い換えた (D) This が正解。

---

142 | 正解 C | 語彙

(A) meeting

(B) agreeing

(C) collaborating

(D) investigating

(A) 動詞 meet「〜に会う」の動名詞

(B) 動詞 agree「賛成する」の動名詞

(C) 動詞 collaborate「協力する」の動名詞

(D) 動詞 investigate「〜を調査する」の動名詞

空所を含む文では、手紙の受け取り手である Hertz さんに感謝を伝えている。第 1 段落 1 文目より、Hertz さんは手紙の書き手である Gilley さんの会社の広告キャンペーンに応募しているので、この会社に協力していると言える。よって、(C) が正解。

▶TRACK_340

A New Leader of Seoul's Prominent Real Estate Business

Kevin Cooper at Indie Real Estate is a familiar name to business entrepreneurs. Ten years 143. he started his career at the company, he has been promoted to Chief Sales Officer.

Mr. Cooper has shared his philosophy with us. "Market trends change day by day. I always check multiple newspapers and find out what the clients' needs are in person." He also 144. the necessity of being close to his colleagues, saying, "Great ideas emerge from small conversations."

145.. Furthermore, he has officially stated that he is now planning to create a department which sells properties to individual clients as well. His 146. attitude towards the continuous growth of the company is seen as a positive example to most business people.

【和訳】

問題 143-146 は次の記事に関するものです。

ソウルの有名な不動産ビジネスの新しい先導者

Indie 不動産の Kevin Cooper は企業家たちによく知られる名前である。この会社で仕事を始めてから 10 年後、彼は最高販売責任者に昇進した。

Cooper さんは我々に彼の人生観を語った。「市場の動向は日々変わるものです。私はいつも複数の新聞をチェックして、顧客のニーズが何なのかを自分で調べます」。彼はまた、「よいアイデアは小さな会話から生まれるのです」と言って、同僚たちと密接であることの必要性を強調した。

＊ 同社は商業不動産における最大の市場占有率を保有している。さらに、彼は現在、個人の顧客にも不動産を売る部署を作る計画を立てていると公式に述べた。会社の継続的成長に対する彼の積極的な姿勢は、ほとんどの経営者にとって模範として見られている。

語彙チェック □ business entrepreneur　企業家　□ philosophy　人生観
　　　　　　　　　□ emerge from ～　～から出てくる

143 　□□□　正解 **B**　　前 vs 接

(A) for
(B) after
(C) until
(D) before

(A) 前置詞「～のために」
(B) 接続詞「～した後に」
(C) 接続詞「～するまで」
(D) 接続詞「～する前に」

空所の直後には Cooper さんが Indie 不動産で働き始めたこと、カンマ以降では彼が最高販売責任者に昇進したことが述べられている。時系列を考えると、昇進するのはその会社で働き始めた後なので、空所には (B) が入る。

144 正解 B 語彙

(A) meets
(B) stresses
(C) oversees
(D) interacts

(A) 動詞 meet「～に会う」の三人称単数現在形
(B) 動詞 stress「～を強調する」の三人称単数現在形
(C) 動詞 oversee「～を監督する」の三人称単数現在形
(D) 動詞 interact「交流する」の三人称単数現在形

この文の述語動詞を選ぶ。主語は He、目的語は空所に続く the necessity of being close to his colleagues「同僚たちと密接であることの必要性」なので、文意に合うのは (B) のみ。

145 正解 C 文挿入

(A) Seoul has been one of the busiest cities in the world.
(B) The rental application for this property is available on their Web site.
(C) The company has the largest market share in commercial real estate.
(D) Customers have been able to compare prices by means of specialized search engines.

(A) ソウルは世界で最もにぎやかな街の 1 つとなっている。
(B) この不動産の賃貸申込書は同社のウェブサイトで入手できる。
(C) 同社は商業不動産における最大の市場占有率を保有している。
(D) 顧客は専門の検索エンジンを使って価格を比較することができる。

空所に続く文では個人の顧客にも不動産を売るための計画を立てていることが述べられており、その次の文では会社の継続的成長に対する Cooper さんの姿勢についての内容が続いている。2 文とも会社の成長につながる内容を述べており、冒頭には Furthermore「さらに」があるので、空所部分にも会社の成長に関連した内容が入るのが適切。よって、(C) が正解。

語彙チェック　□ by means of ～　～を用いて

146 正解 A 語彙

(A) assertive
(B) initiative
(C) personal
(D) temporary

(A) 形容詞「積極的な」
(B) 形容詞「初めの」
(C) 形容詞「個人的な」
(D) 形容詞「一時的な」

空所はこの文の主語に含まれており、主語にあたる部分は His ------- attitude towards the continuous growth of the company「会社の継続的成長に対する彼の～姿勢」という内容。選択肢はすべて形容詞なので、どんな姿勢かを表す形容詞を選ぶ。前の文では Cooper さんが新しい計画を立てていることが述べられているので、会社の成長に対する彼の姿勢は (A) assertive「積極的な」ものだと言える。

Beacon's Point

assertive という単語は知っていただろうか。消去法で答えられた人も、意味があいまいな単語に出会ったら必ず自分のボキャブラリーに追加する癖をつけよう。assertive と似た意味を表す positive、aggressive、vigorous なども関連語として自分の中にストックしておこう。

990 点獲得
Part 5 & 6 専用マークシート
（コピーしてお使いください）

TEST 1 から TEST 10 までのマークシートと、フリーで使える10回分のマークシートを用意しました。2回目以降はランダムに選んで解くことができます。
本番さながらにマークシートを使って問題を解くようにしましょう。

Part 5 / Part 6 — TEST 1

No.	ANSWER A B C D	No.	ANSWER A B C D	No.	ANSWER A B C D	No.	ANSWER A B C D	No.	ANSWER A B C D
101	Ⓐ Ⓑ Ⓒ Ⓓ	111	Ⓐ Ⓑ Ⓒ Ⓓ	121	Ⓐ Ⓑ Ⓒ Ⓓ	131	Ⓐ Ⓑ Ⓒ Ⓓ	141	Ⓐ Ⓑ Ⓒ Ⓓ
102	Ⓐ Ⓑ Ⓒ Ⓓ	112	Ⓐ Ⓑ Ⓒ Ⓓ	122	Ⓐ Ⓑ Ⓒ Ⓓ	132	Ⓐ Ⓑ Ⓒ Ⓓ	142	Ⓐ Ⓑ Ⓒ Ⓓ
103	Ⓐ Ⓑ Ⓒ Ⓓ	113	Ⓐ Ⓑ Ⓒ Ⓓ	123	Ⓐ Ⓑ Ⓒ Ⓓ	133	Ⓐ Ⓑ Ⓒ Ⓓ	143	Ⓐ Ⓑ Ⓒ Ⓓ
104	Ⓐ Ⓑ Ⓒ Ⓓ	114	Ⓐ Ⓑ Ⓒ Ⓓ	124	Ⓐ Ⓑ Ⓒ Ⓓ	134	Ⓐ Ⓑ Ⓒ Ⓓ	144	Ⓐ Ⓑ Ⓒ Ⓓ
105	Ⓐ Ⓑ Ⓒ Ⓓ	115	Ⓐ Ⓑ Ⓒ Ⓓ	125	Ⓐ Ⓑ Ⓒ Ⓓ	135	Ⓐ Ⓑ Ⓒ Ⓓ	145	Ⓐ Ⓑ Ⓒ Ⓓ
106	Ⓐ Ⓑ Ⓒ Ⓓ	116	Ⓐ Ⓑ Ⓒ Ⓓ	126	Ⓐ Ⓑ Ⓒ Ⓓ	136	Ⓐ Ⓑ Ⓒ Ⓓ	146	Ⓐ Ⓑ Ⓒ Ⓓ
107	Ⓐ Ⓑ Ⓒ Ⓓ	117	Ⓐ Ⓑ Ⓒ Ⓓ	127	Ⓐ Ⓑ Ⓒ Ⓓ	137	Ⓐ Ⓑ Ⓒ Ⓓ		
108	Ⓐ Ⓑ Ⓒ Ⓓ	118	Ⓐ Ⓑ Ⓒ Ⓓ	128	Ⓐ Ⓑ Ⓒ Ⓓ	138	Ⓐ Ⓑ Ⓒ Ⓓ		
109	Ⓐ Ⓑ Ⓒ Ⓓ	119	Ⓐ Ⓑ Ⓒ Ⓓ	129	Ⓐ Ⓑ Ⓒ Ⓓ	139	Ⓐ Ⓑ Ⓒ Ⓓ		
110	Ⓐ Ⓑ Ⓒ Ⓓ	120	Ⓐ Ⓑ Ⓒ Ⓓ	130	Ⓐ Ⓑ Ⓒ Ⓓ	140	Ⓐ Ⓑ Ⓒ Ⓓ		

TEST **1**

Part 5 / Part 6 — TEST 2

No.	ANSWER A B C D	No.	ANSWER A B C D	No.	ANSWER A B C D	No.	ANSWER A B C D	No.	ANSWER A B C D
101	Ⓐ Ⓑ Ⓒ Ⓓ	111	Ⓐ Ⓑ Ⓒ Ⓓ	121	Ⓐ Ⓑ Ⓒ Ⓓ	131	Ⓐ Ⓑ Ⓒ Ⓓ	141	Ⓐ Ⓑ Ⓒ Ⓓ
102	Ⓐ Ⓑ Ⓒ Ⓓ	112	Ⓐ Ⓑ Ⓒ Ⓓ	122	Ⓐ Ⓑ Ⓒ Ⓓ	132	Ⓐ Ⓑ Ⓒ Ⓓ	142	Ⓐ Ⓑ Ⓒ Ⓓ
103	Ⓐ Ⓑ Ⓒ Ⓓ	113	Ⓐ Ⓑ Ⓒ Ⓓ	123	Ⓐ Ⓑ Ⓒ Ⓓ	133	Ⓐ Ⓑ Ⓒ Ⓓ	143	Ⓐ Ⓑ Ⓒ Ⓓ
104	Ⓐ Ⓑ Ⓒ Ⓓ	114	Ⓐ Ⓑ Ⓒ Ⓓ	124	Ⓐ Ⓑ Ⓒ Ⓓ	134	Ⓐ Ⓑ Ⓒ Ⓓ	144	Ⓐ Ⓑ Ⓒ Ⓓ
105	Ⓐ Ⓑ Ⓒ Ⓓ	115	Ⓐ Ⓑ Ⓒ Ⓓ	125	Ⓐ Ⓑ Ⓒ Ⓓ	135	Ⓐ Ⓑ Ⓒ Ⓓ	145	Ⓐ Ⓑ Ⓒ Ⓓ
106	Ⓐ Ⓑ Ⓒ Ⓓ	116	Ⓐ Ⓑ Ⓒ Ⓓ	126	Ⓐ Ⓑ Ⓒ Ⓓ	136	Ⓐ Ⓑ Ⓒ Ⓓ	146	Ⓐ Ⓑ Ⓒ Ⓓ
107	Ⓐ Ⓑ Ⓒ Ⓓ	117	Ⓐ Ⓑ Ⓒ Ⓓ	127	Ⓐ Ⓑ Ⓒ Ⓓ	137	Ⓐ Ⓑ Ⓒ Ⓓ		
108	Ⓐ Ⓑ Ⓒ Ⓓ	118	Ⓐ Ⓑ Ⓒ Ⓓ	128	Ⓐ Ⓑ Ⓒ Ⓓ	138	Ⓐ Ⓑ Ⓒ Ⓓ		
109	Ⓐ Ⓑ Ⓒ Ⓓ	119	Ⓐ Ⓑ Ⓒ Ⓓ	129	Ⓐ Ⓑ Ⓒ Ⓓ	139	Ⓐ Ⓑ Ⓒ Ⓓ		
110	Ⓐ Ⓑ Ⓒ Ⓓ	120	Ⓐ Ⓑ Ⓒ Ⓓ	130	Ⓐ Ⓑ Ⓒ Ⓓ	140	Ⓐ Ⓑ Ⓒ Ⓓ		

TEST **2**

TEST 3

Part 5								Part 6	
No.	ANSWER A B C D	No.	ANSWER A B C D	No.	ANSWER A B C D	No.	ANSWER A B C D	No.	ANSWER A B C D
101	Ⓐ Ⓑ Ⓒ Ⓓ	111	Ⓐ Ⓑ Ⓒ Ⓓ	121	Ⓐ Ⓑ Ⓒ Ⓓ	131	Ⓐ Ⓑ Ⓒ Ⓓ	141	Ⓐ Ⓑ Ⓒ Ⓓ
102	Ⓐ Ⓑ Ⓒ Ⓓ	112	Ⓐ Ⓑ Ⓒ Ⓓ	122	Ⓐ Ⓑ Ⓒ Ⓓ	132	Ⓐ Ⓑ Ⓒ Ⓓ	142	Ⓐ Ⓑ Ⓒ Ⓓ
103	Ⓐ Ⓑ Ⓒ Ⓓ	113	Ⓐ Ⓑ Ⓒ Ⓓ	123	Ⓐ Ⓑ Ⓒ Ⓓ	133	Ⓐ Ⓑ Ⓒ Ⓓ	143	Ⓐ Ⓑ Ⓒ Ⓓ
104	Ⓐ Ⓑ Ⓒ Ⓓ	114	Ⓐ Ⓑ Ⓒ Ⓓ	124	Ⓐ Ⓑ Ⓒ Ⓓ	134	Ⓐ Ⓑ Ⓒ Ⓓ	144	Ⓐ Ⓑ Ⓒ Ⓓ
105	Ⓐ Ⓑ Ⓒ Ⓓ	115	Ⓐ Ⓑ Ⓒ Ⓓ	125	Ⓐ Ⓑ Ⓒ Ⓓ	135	Ⓐ Ⓑ Ⓒ Ⓓ	145	Ⓐ Ⓑ Ⓒ Ⓓ
106	Ⓐ Ⓑ Ⓒ Ⓓ	116	Ⓐ Ⓑ Ⓒ Ⓓ	126	Ⓐ Ⓑ Ⓒ Ⓓ	136	Ⓐ Ⓑ Ⓒ Ⓓ	146	Ⓐ Ⓑ Ⓒ Ⓓ
107	Ⓐ Ⓑ Ⓒ Ⓓ	117	Ⓐ Ⓑ Ⓒ Ⓓ	127	Ⓐ Ⓑ Ⓒ Ⓓ	137	Ⓐ Ⓑ Ⓒ Ⓓ		
108	Ⓐ Ⓑ Ⓒ Ⓓ	118	Ⓐ Ⓑ Ⓒ Ⓓ	128	Ⓐ Ⓑ Ⓒ Ⓓ	138	Ⓐ Ⓑ Ⓒ Ⓓ		
109	Ⓐ Ⓑ Ⓒ Ⓓ	119	Ⓐ Ⓑ Ⓒ Ⓓ	129	Ⓐ Ⓑ Ⓒ Ⓓ	139	Ⓐ Ⓑ Ⓒ Ⓓ		
110	Ⓐ Ⓑ Ⓒ Ⓓ	120	Ⓐ Ⓑ Ⓒ Ⓓ	130	Ⓐ Ⓑ Ⓒ Ⓓ	140	Ⓐ Ⓑ Ⓒ Ⓓ		

TEST 4

Part 5								Part 6	
No.	ANSWER A B C D	No.	ANSWER A B C D	No.	ANSWER A B C D	No.	ANSWER A B C D	No.	ANSWER A B C D
101	Ⓐ Ⓑ Ⓒ Ⓓ	111	Ⓐ Ⓑ Ⓒ Ⓓ	121	Ⓐ Ⓑ Ⓒ Ⓓ	131	Ⓐ Ⓑ Ⓒ Ⓓ	141	Ⓐ Ⓑ Ⓒ Ⓓ
102	Ⓐ Ⓑ Ⓒ Ⓓ	112	Ⓐ Ⓑ Ⓒ Ⓓ	122	Ⓐ Ⓑ Ⓒ Ⓓ	132	Ⓐ Ⓑ Ⓒ Ⓓ	142	Ⓐ Ⓑ Ⓒ Ⓓ
103	Ⓐ Ⓑ Ⓒ Ⓓ	113	Ⓐ Ⓑ Ⓒ Ⓓ	123	Ⓐ Ⓑ Ⓒ Ⓓ	133	Ⓐ Ⓑ Ⓒ Ⓓ	143	Ⓐ Ⓑ Ⓒ Ⓓ
104	Ⓐ Ⓑ Ⓒ Ⓓ	114	Ⓐ Ⓑ Ⓒ Ⓓ	124	Ⓐ Ⓑ Ⓒ Ⓓ	134	Ⓐ Ⓑ Ⓒ Ⓓ	144	Ⓐ Ⓑ Ⓒ Ⓓ
105	Ⓐ Ⓑ Ⓒ Ⓓ	115	Ⓐ Ⓑ Ⓒ Ⓓ	125	Ⓐ Ⓑ Ⓒ Ⓓ	135	Ⓐ Ⓑ Ⓒ Ⓓ	145	Ⓐ Ⓑ Ⓒ Ⓓ
106	Ⓐ Ⓑ Ⓒ Ⓓ	116	Ⓐ Ⓑ Ⓒ Ⓓ	126	Ⓐ Ⓑ Ⓒ Ⓓ	136	Ⓐ Ⓑ Ⓒ Ⓓ	146	Ⓐ Ⓑ Ⓒ Ⓓ
107	Ⓐ Ⓑ Ⓒ Ⓓ	117	Ⓐ Ⓑ Ⓒ Ⓓ	127	Ⓐ Ⓑ Ⓒ Ⓓ	137	Ⓐ Ⓑ Ⓒ Ⓓ		
108	Ⓐ Ⓑ Ⓒ Ⓓ	118	Ⓐ Ⓑ Ⓒ Ⓓ	128	Ⓐ Ⓑ Ⓒ Ⓓ	138	Ⓐ Ⓑ Ⓒ Ⓓ		
109	Ⓐ Ⓑ Ⓒ Ⓓ	119	Ⓐ Ⓑ Ⓒ Ⓓ	129	Ⓐ Ⓑ Ⓒ Ⓓ	139	Ⓐ Ⓑ Ⓒ Ⓓ		
110	Ⓐ Ⓑ Ⓒ Ⓓ	120	Ⓐ Ⓑ Ⓒ Ⓓ	130	Ⓐ Ⓑ Ⓒ Ⓓ	140	Ⓐ Ⓑ Ⓒ Ⓓ		

TEST 5

Part 5								Part 6	
No.	ANSWER A B C D	No.	ANSWER A B C D	No.	ANSWER A B C D	No.	ANSWER A B C D	No.	ANSWER A B C D
101	Ⓐ Ⓑ Ⓒ Ⓓ	111	Ⓐ Ⓑ Ⓒ Ⓓ	121	Ⓐ Ⓑ Ⓒ Ⓓ	131	Ⓐ Ⓑ Ⓒ Ⓓ	141	Ⓐ Ⓑ Ⓒ Ⓓ
102	Ⓐ Ⓑ Ⓒ Ⓓ	112	Ⓐ Ⓑ Ⓒ Ⓓ	122	Ⓐ Ⓑ Ⓒ Ⓓ	132	Ⓐ Ⓑ Ⓒ Ⓓ	142	Ⓐ Ⓑ Ⓒ Ⓓ
103	Ⓐ Ⓑ Ⓒ Ⓓ	113	Ⓐ Ⓑ Ⓒ Ⓓ	123	Ⓐ Ⓑ Ⓒ Ⓓ	133	Ⓐ Ⓑ Ⓒ Ⓓ	143	Ⓐ Ⓑ Ⓒ Ⓓ
104	Ⓐ Ⓑ Ⓒ Ⓓ	114	Ⓐ Ⓑ Ⓒ Ⓓ	124	Ⓐ Ⓑ Ⓒ Ⓓ	134	Ⓐ Ⓑ Ⓒ Ⓓ	144	Ⓐ Ⓑ Ⓒ Ⓓ
105	Ⓐ Ⓑ Ⓒ Ⓓ	115	Ⓐ Ⓑ Ⓒ Ⓓ	125	Ⓐ Ⓑ Ⓒ Ⓓ	135	Ⓐ Ⓑ Ⓒ Ⓓ	145	Ⓐ Ⓑ Ⓒ Ⓓ
106	Ⓐ Ⓑ Ⓒ Ⓓ	116	Ⓐ Ⓑ Ⓒ Ⓓ	126	Ⓐ Ⓑ Ⓒ Ⓓ	136	Ⓐ Ⓑ Ⓒ Ⓓ	146	Ⓐ Ⓑ Ⓒ Ⓓ
107	Ⓐ Ⓑ Ⓒ Ⓓ	117	Ⓐ Ⓑ Ⓒ Ⓓ	127	Ⓐ Ⓑ Ⓒ Ⓓ	137	Ⓐ Ⓑ Ⓒ Ⓓ		
108	Ⓐ Ⓑ Ⓒ Ⓓ	118	Ⓐ Ⓑ Ⓒ Ⓓ	128	Ⓐ Ⓑ Ⓒ Ⓓ	138	Ⓐ Ⓑ Ⓒ Ⓓ		
109	Ⓐ Ⓑ Ⓒ Ⓓ	119	Ⓐ Ⓑ Ⓒ Ⓓ	129	Ⓐ Ⓑ Ⓒ Ⓓ	139	Ⓐ Ⓑ Ⓒ Ⓓ		
110	Ⓐ Ⓑ Ⓒ Ⓓ	120	Ⓐ Ⓑ Ⓒ Ⓓ	130	Ⓐ Ⓑ Ⓒ Ⓓ	140	Ⓐ Ⓑ Ⓒ Ⓓ		

TEST 6

No.	ANSWER A B C D	No.	ANSWER A B C D	No.	ANSWER A B C D	No.	ANSWER A B C D	No.	ANSWER A B C D
101	Ⓐ Ⓑ Ⓒ Ⓓ	111	Ⓐ Ⓑ Ⓒ Ⓓ	121	Ⓐ Ⓑ Ⓒ Ⓓ	131	Ⓐ Ⓑ Ⓒ Ⓓ	141	Ⓐ Ⓑ Ⓒ Ⓓ
102	Ⓐ Ⓑ Ⓒ Ⓓ	112	Ⓐ Ⓑ Ⓒ Ⓓ	122	Ⓐ Ⓑ Ⓒ Ⓓ	132	Ⓐ Ⓑ Ⓒ Ⓓ	142	Ⓐ Ⓑ Ⓒ Ⓓ
103	Ⓐ Ⓑ Ⓒ Ⓓ	113	Ⓐ Ⓑ Ⓒ Ⓓ	123	Ⓐ Ⓑ Ⓒ Ⓓ	133	Ⓐ Ⓑ Ⓒ Ⓓ	143	Ⓐ Ⓑ Ⓒ Ⓓ
104	Ⓐ Ⓑ Ⓒ Ⓓ	114	Ⓐ Ⓑ Ⓒ Ⓓ	124	Ⓐ Ⓑ Ⓒ Ⓓ	134	Ⓐ Ⓑ Ⓒ Ⓓ	144	Ⓐ Ⓑ Ⓒ Ⓓ
105	Ⓐ Ⓑ Ⓒ Ⓓ	115	Ⓐ Ⓑ Ⓒ Ⓓ	125	Ⓐ Ⓑ Ⓒ Ⓓ	135	Ⓐ Ⓑ Ⓒ Ⓓ	145	Ⓐ Ⓑ Ⓒ Ⓓ
106	Ⓐ Ⓑ Ⓒ Ⓓ	116	Ⓐ Ⓑ Ⓒ Ⓓ	126	Ⓐ Ⓑ Ⓒ Ⓓ	136	Ⓐ Ⓑ Ⓒ Ⓓ	146	Ⓐ Ⓑ Ⓒ Ⓓ
107	Ⓐ Ⓑ Ⓒ Ⓓ	117	Ⓐ Ⓑ Ⓒ Ⓓ	127	Ⓐ Ⓑ Ⓒ Ⓓ	137	Ⓐ Ⓑ Ⓒ Ⓓ		
108	Ⓐ Ⓑ Ⓒ Ⓓ	118	Ⓐ Ⓑ Ⓒ Ⓓ	128	Ⓐ Ⓑ Ⓒ Ⓓ	138	Ⓐ Ⓑ Ⓒ Ⓓ		
109	Ⓐ Ⓑ Ⓒ Ⓓ	119	Ⓐ Ⓑ Ⓒ Ⓓ	129	Ⓐ Ⓑ Ⓒ Ⓓ	139	Ⓐ Ⓑ Ⓒ Ⓓ		
110	Ⓐ Ⓑ Ⓒ Ⓓ	120	Ⓐ Ⓑ Ⓒ Ⓓ	130	Ⓐ Ⓑ Ⓒ Ⓓ	140	Ⓐ Ⓑ Ⓒ Ⓓ		

TEST 7

No.	ANSWER A B C D	No.	ANSWER A B C D	No.	ANSWER A B C D	No.	ANSWER A B C D	No.	ANSWER A B C D
101	Ⓐ Ⓑ Ⓒ Ⓓ	111	Ⓐ Ⓑ Ⓒ Ⓓ	121	Ⓐ Ⓑ Ⓒ Ⓓ	131	Ⓐ Ⓑ Ⓒ Ⓓ	141	Ⓐ Ⓑ Ⓒ Ⓓ
102	Ⓐ Ⓑ Ⓒ Ⓓ	112	Ⓐ Ⓑ Ⓒ Ⓓ	122	Ⓐ Ⓑ Ⓒ Ⓓ	132	Ⓐ Ⓑ Ⓒ Ⓓ	142	Ⓐ Ⓑ Ⓒ Ⓓ
103	Ⓐ Ⓑ Ⓒ Ⓓ	113	Ⓐ Ⓑ Ⓒ Ⓓ	123	Ⓐ Ⓑ Ⓒ Ⓓ	133	Ⓐ Ⓑ Ⓒ Ⓓ	143	Ⓐ Ⓑ Ⓒ Ⓓ
104	Ⓐ Ⓑ Ⓒ Ⓓ	114	Ⓐ Ⓑ Ⓒ Ⓓ	124	Ⓐ Ⓑ Ⓒ Ⓓ	134	Ⓐ Ⓑ Ⓒ Ⓓ	144	Ⓐ Ⓑ Ⓒ Ⓓ
105	Ⓐ Ⓑ Ⓒ Ⓓ	115	Ⓐ Ⓑ Ⓒ Ⓓ	125	Ⓐ Ⓑ Ⓒ Ⓓ	135	Ⓐ Ⓑ Ⓒ Ⓓ	145	Ⓐ Ⓑ Ⓒ Ⓓ
106	Ⓐ Ⓑ Ⓒ Ⓓ	116	Ⓐ Ⓑ Ⓒ Ⓓ	126	Ⓐ Ⓑ Ⓒ Ⓓ	136	Ⓐ Ⓑ Ⓒ Ⓓ	146	Ⓐ Ⓑ Ⓒ Ⓓ
107	Ⓐ Ⓑ Ⓒ Ⓓ	117	Ⓐ Ⓑ Ⓒ Ⓓ	127	Ⓐ Ⓑ Ⓒ Ⓓ	137	Ⓐ Ⓑ Ⓒ Ⓓ		
108	Ⓐ Ⓑ Ⓒ Ⓓ	118	Ⓐ Ⓑ Ⓒ Ⓓ	128	Ⓐ Ⓑ Ⓒ Ⓓ	138	Ⓐ Ⓑ Ⓒ Ⓓ		
109	Ⓐ Ⓑ Ⓒ Ⓓ	119	Ⓐ Ⓑ Ⓒ Ⓓ	129	Ⓐ Ⓑ Ⓒ Ⓓ	139	Ⓐ Ⓑ Ⓒ Ⓓ		
110	Ⓐ Ⓑ Ⓒ Ⓓ	120	Ⓐ Ⓑ Ⓒ Ⓓ	130	Ⓐ Ⓑ Ⓒ Ⓓ	140	Ⓐ Ⓑ Ⓒ Ⓓ		

TEST 8

No.	ANSWER A B C D	No.	ANSWER A B C D	No.	ANSWER A B C D	No.	ANSWER A B C D	No.	ANSWER A B C D
101	Ⓐ Ⓑ Ⓒ Ⓓ	111	Ⓐ Ⓑ Ⓒ Ⓓ	121	Ⓐ Ⓑ Ⓒ Ⓓ	131	Ⓐ Ⓑ Ⓒ Ⓓ	141	Ⓐ Ⓑ Ⓒ Ⓓ
102	Ⓐ Ⓑ Ⓒ Ⓓ	112	Ⓐ Ⓑ Ⓒ Ⓓ	122	Ⓐ Ⓑ Ⓒ Ⓓ	132	Ⓐ Ⓑ Ⓒ Ⓓ	142	Ⓐ Ⓑ Ⓒ Ⓓ
103	Ⓐ Ⓑ Ⓒ Ⓓ	113	Ⓐ Ⓑ Ⓒ Ⓓ	123	Ⓐ Ⓑ Ⓒ Ⓓ	133	Ⓐ Ⓑ Ⓒ Ⓓ	143	Ⓐ Ⓑ Ⓒ Ⓓ
104	Ⓐ Ⓑ Ⓒ Ⓓ	114	Ⓐ Ⓑ Ⓒ Ⓓ	124	Ⓐ Ⓑ Ⓒ Ⓓ	134	Ⓐ Ⓑ Ⓒ Ⓓ	144	Ⓐ Ⓑ Ⓒ Ⓓ
105	Ⓐ Ⓑ Ⓒ Ⓓ	115	Ⓐ Ⓑ Ⓒ Ⓓ	125	Ⓐ Ⓑ Ⓒ Ⓓ	135	Ⓐ Ⓑ Ⓒ Ⓓ	145	Ⓐ Ⓑ Ⓒ Ⓓ
106	Ⓐ Ⓑ Ⓒ Ⓓ	116	Ⓐ Ⓑ Ⓒ Ⓓ	126	Ⓐ Ⓑ Ⓒ Ⓓ	136	Ⓐ Ⓑ Ⓒ Ⓓ	146	Ⓐ Ⓑ Ⓒ Ⓓ
107	Ⓐ Ⓑ Ⓒ Ⓓ	117	Ⓐ Ⓑ Ⓒ Ⓓ	127	Ⓐ Ⓑ Ⓒ Ⓓ	137	Ⓐ Ⓑ Ⓒ Ⓓ		
108	Ⓐ Ⓑ Ⓒ Ⓓ	118	Ⓐ Ⓑ Ⓒ Ⓓ	128	Ⓐ Ⓑ Ⓒ Ⓓ	138	Ⓐ Ⓑ Ⓒ Ⓓ		
109	Ⓐ Ⓑ Ⓒ Ⓓ	119	Ⓐ Ⓑ Ⓒ Ⓓ	129	Ⓐ Ⓑ Ⓒ Ⓓ	139	Ⓐ Ⓑ Ⓒ Ⓓ		
110	Ⓐ Ⓑ Ⓒ Ⓓ	120	Ⓐ Ⓑ Ⓒ Ⓓ	130	Ⓐ Ⓑ Ⓒ Ⓓ	140	Ⓐ Ⓑ Ⓒ Ⓓ		

TEST 9

Part 5										Part 6				
No.	**ANSWER**	**No.**	**ANSWER**	**No.**	**ANSWER**	**No.**	**ANSWER**	**No.**	**ANSWER**
	A B C D		A B C D		A B C D		A B C D		A B C D
101	A B C D	111	A B C D	121	A B C D	131	A B C D	141	A B C D
102	A B C D	112	A B C D	122	A B C D	132	A B C D	142	A B C D
103	A B C D	113	A B C D	123	A B C D	133	A B C D	143	A B C D
104	A B C D	114	A B C D	124	A B C D	134	A B C D	144	A B C D
105	A B C D	115	A B C D	125	A B C D	135	A B C D	145	A B C D
106	A B C D	116	A B C D	126	A B C D	136	A B C D	146	A B C D
107	A B C D	117	A B C D	127	A B C D	137	A B C D		
108	A B C D	118	A B C D	128	A B C D	138	A B C D		
109	A B C D	119	A B C D	129	A B C D	139	A B C D		
110	A B C D	120	A B C D	130	A B C D	140	A B C D		

TEST 10

Part 5										Part 6				
No.	**ANSWER**	**No.**	**ANSWER**	**No.**	**ANSWER**	**No.**	**ANSWER**	**No.**	**ANSWER**
	A B C D		A B C D		A B C D		A B C D		A B C D
101	A B C D	111	A B C D	121	A B C D	131	A B C D	141	A B C D
102	A B C D	112	A B C D	122	A B C D	132	A B C D	142	A B C D
103	A B C D	113	A B C D	123	A B C D	133	A B C D	143	A B C D
104	A B C D	114	A B C D	124	A B C D	134	A B C D	144	A B C D
105	A B C D	115	A B C D	125	A B C D	135	A B C D	145	A B C D
106	A B C D	116	A B C D	126	A B C D	136	A B C D	146	A B C D
107	A B C D	117	A B C D	127	A B C D	137	A B C D		
108	A B C D	118	A B C D	128	A B C D	138	A B C D		
109	A B C D	119	A B C D	129	A B C D	139	A B C D		
110	A B C D	120	A B C D	130	A B C D	140	A B C D		

TEST ☐

Part 5										Part 6				
No.	**ANSWER**	**No.**	**ANSWER**	**No.**	**ANSWER**	**No.**	**ANSWER**	**No.**	**ANSWER**
	A B C D		A B C D		A B C D		A B C D		A B C D
101	A B C D	111	A B C D	121	A B C D	131	A B C D	141	A B C D
102	A B C D	112	A B C D	122	A B C D	132	A B C D	142	A B C D
103	A B C D	113	A B C D	123	A B C D	133	A B C D	143	A B C D
104	A B C D	114	A B C D	124	A B C D	134	A B C D	144	A B C D
105	A B C D	115	A B C D	125	A B C D	135	A B C D	145	A B C D
106	A B C D	116	A B C D	126	A B C D	136	A B C D	146	A B C D
107	A B C D	117	A B C D	127	A B C D	137	A B C D		
108	A B C D	118	A B C D	128	A B C D	138	A B C D		
109	A B C D	119	A B C D	129	A B C D	139	A B C D		
110	A B C D	120	A B C D	130	A B C D	140	A B C D		

Part 5 / Part 6

No.	ANSWER A B C D	No.	ANSWER A B C D	No.	ANSWER A B C D	No.	ANSWER A B C D	No.	ANSWER A B C D
101	Ⓐ Ⓑ Ⓒ Ⓓ	111	Ⓐ Ⓑ Ⓒ Ⓓ	121	Ⓐ Ⓑ Ⓒ Ⓓ	131	Ⓐ Ⓑ Ⓒ Ⓓ	141	Ⓐ Ⓑ Ⓒ Ⓓ
102	Ⓐ Ⓑ Ⓒ Ⓓ	112	Ⓐ Ⓑ Ⓒ Ⓓ	122	Ⓐ Ⓑ Ⓒ Ⓓ	132	Ⓐ Ⓑ Ⓒ Ⓓ	142	Ⓐ Ⓑ Ⓒ Ⓓ
103	Ⓐ Ⓑ Ⓒ Ⓓ	113	Ⓐ Ⓑ Ⓒ Ⓓ	123	Ⓐ Ⓑ Ⓒ Ⓓ	133	Ⓐ Ⓑ Ⓒ Ⓓ	143	Ⓐ Ⓑ Ⓒ Ⓓ
104	Ⓐ Ⓑ Ⓒ Ⓓ	114	Ⓐ Ⓑ Ⓒ Ⓓ	124	Ⓐ Ⓑ Ⓒ Ⓓ	134	Ⓐ Ⓑ Ⓒ Ⓓ	144	Ⓐ Ⓑ Ⓒ Ⓓ
105	Ⓐ Ⓑ Ⓒ Ⓓ	115	Ⓐ Ⓑ Ⓒ Ⓓ	125	Ⓐ Ⓑ Ⓒ Ⓓ	135	Ⓐ Ⓑ Ⓒ Ⓓ	145	Ⓐ Ⓑ Ⓒ Ⓓ
106	Ⓐ Ⓑ Ⓒ Ⓓ	116	Ⓐ Ⓑ Ⓒ Ⓓ	126	Ⓐ Ⓑ Ⓒ Ⓓ	136	Ⓐ Ⓑ Ⓒ Ⓓ	146	Ⓐ Ⓑ Ⓒ Ⓓ
107	Ⓐ Ⓑ Ⓒ Ⓓ	117	Ⓐ Ⓑ Ⓒ Ⓓ	127	Ⓐ Ⓑ Ⓒ Ⓓ	137	Ⓐ Ⓑ Ⓒ Ⓓ		
108	Ⓐ Ⓑ Ⓒ Ⓓ	118	Ⓐ Ⓑ Ⓒ Ⓓ	128	Ⓐ Ⓑ Ⓒ Ⓓ	138	Ⓐ Ⓑ Ⓒ Ⓓ		
109	Ⓐ Ⓑ Ⓒ Ⓓ	119	Ⓐ Ⓑ Ⓒ Ⓓ	129	Ⓐ Ⓑ Ⓒ Ⓓ	139	Ⓐ Ⓑ Ⓒ Ⓓ	TEST	
110	Ⓐ Ⓑ Ⓒ Ⓓ	120	Ⓐ Ⓑ Ⓒ Ⓓ	130	Ⓐ Ⓑ Ⓒ Ⓓ	140	Ⓐ Ⓑ Ⓒ Ⓓ		

Part 5 / Part 6

No.	ANSWER A B C D	No.	ANSWER A B C D	No.	ANSWER A B C D	No.	ANSWER A B C D	No.	ANSWER A B C D
101	Ⓐ Ⓑ Ⓒ Ⓓ	111	Ⓐ Ⓑ Ⓒ Ⓓ	121	Ⓐ Ⓑ Ⓒ Ⓓ	131	Ⓐ Ⓑ Ⓒ Ⓓ	141	Ⓐ Ⓑ Ⓒ Ⓓ
102	Ⓐ Ⓑ Ⓒ Ⓓ	112	Ⓐ Ⓑ Ⓒ Ⓓ	122	Ⓐ Ⓑ Ⓒ Ⓓ	132	Ⓐ Ⓑ Ⓒ Ⓓ	142	Ⓐ Ⓑ Ⓒ Ⓓ
103	Ⓐ Ⓑ Ⓒ Ⓓ	113	Ⓐ Ⓑ Ⓒ Ⓓ	123	Ⓐ Ⓑ Ⓒ Ⓓ	133	Ⓐ Ⓑ Ⓒ Ⓓ	143	Ⓐ Ⓑ Ⓒ Ⓓ
104	Ⓐ Ⓑ Ⓒ Ⓓ	114	Ⓐ Ⓑ Ⓒ Ⓓ	124	Ⓐ Ⓑ Ⓒ Ⓓ	134	Ⓐ Ⓑ Ⓒ Ⓓ	144	Ⓐ Ⓑ Ⓒ Ⓓ
105	Ⓐ Ⓑ Ⓒ Ⓓ	115	Ⓐ Ⓑ Ⓒ Ⓓ	125	Ⓐ Ⓑ Ⓒ Ⓓ	135	Ⓐ Ⓑ Ⓒ Ⓓ	145	Ⓐ Ⓑ Ⓒ Ⓓ
106	Ⓐ Ⓑ Ⓒ Ⓓ	116	Ⓐ Ⓑ Ⓒ Ⓓ	126	Ⓐ Ⓑ Ⓒ Ⓓ	136	Ⓐ Ⓑ Ⓒ Ⓓ	146	Ⓐ Ⓑ Ⓒ Ⓓ
107	Ⓐ Ⓑ Ⓒ Ⓓ	117	Ⓐ Ⓑ Ⓒ Ⓓ	127	Ⓐ Ⓑ Ⓒ Ⓓ	137	Ⓐ Ⓑ Ⓒ Ⓓ		
108	Ⓐ Ⓑ Ⓒ Ⓓ	118	Ⓐ Ⓑ Ⓒ Ⓓ	128	Ⓐ Ⓑ Ⓒ Ⓓ	138	Ⓐ Ⓑ Ⓒ Ⓓ		
109	Ⓐ Ⓑ Ⓒ Ⓓ	119	Ⓐ Ⓑ Ⓒ Ⓓ	129	Ⓐ Ⓑ Ⓒ Ⓓ	139	Ⓐ Ⓑ Ⓒ Ⓓ	TEST	
110	Ⓐ Ⓑ Ⓒ Ⓓ	120	Ⓐ Ⓑ Ⓒ Ⓓ	130	Ⓐ Ⓑ Ⓒ Ⓓ	140	Ⓐ Ⓑ Ⓒ Ⓓ		

Part 5 / Part 6

No.	ANSWER A B C D	No.	ANSWER A B C D	No.	ANSWER A B C D	No.	ANSWER A B C D	No.	ANSWER A B C D
101	Ⓐ Ⓑ Ⓒ Ⓓ	111	Ⓐ Ⓑ Ⓒ Ⓓ	121	Ⓐ Ⓑ Ⓒ Ⓓ	131	Ⓐ Ⓑ Ⓒ Ⓓ	141	Ⓐ Ⓑ Ⓒ Ⓓ
102	Ⓐ Ⓑ Ⓒ Ⓓ	112	Ⓐ Ⓑ Ⓒ Ⓓ	122	Ⓐ Ⓑ Ⓒ Ⓓ	132	Ⓐ Ⓑ Ⓒ Ⓓ	142	Ⓐ Ⓑ Ⓒ Ⓓ
103	Ⓐ Ⓑ Ⓒ Ⓓ	113	Ⓐ Ⓑ Ⓒ Ⓓ	123	Ⓐ Ⓑ Ⓒ Ⓓ	133	Ⓐ Ⓑ Ⓒ Ⓓ	143	Ⓐ Ⓑ Ⓒ Ⓓ
104	Ⓐ Ⓑ Ⓒ Ⓓ	114	Ⓐ Ⓑ Ⓒ Ⓓ	124	Ⓐ Ⓑ Ⓒ Ⓓ	134	Ⓐ Ⓑ Ⓒ Ⓓ	144	Ⓐ Ⓑ Ⓒ Ⓓ
105	Ⓐ Ⓑ Ⓒ Ⓓ	115	Ⓐ Ⓑ Ⓒ Ⓓ	125	Ⓐ Ⓑ Ⓒ Ⓓ	135	Ⓐ Ⓑ Ⓒ Ⓓ	145	Ⓐ Ⓑ Ⓒ Ⓓ
106	Ⓐ Ⓑ Ⓒ Ⓓ	116	Ⓐ Ⓑ Ⓒ Ⓓ	126	Ⓐ Ⓑ Ⓒ Ⓓ	136	Ⓐ Ⓑ Ⓒ Ⓓ	146	Ⓐ Ⓑ Ⓒ Ⓓ
107	Ⓐ Ⓑ Ⓒ Ⓓ	117	Ⓐ Ⓑ Ⓒ Ⓓ	127	Ⓐ Ⓑ Ⓒ Ⓓ	137	Ⓐ Ⓑ Ⓒ Ⓓ		
108	Ⓐ Ⓑ Ⓒ Ⓓ	118	Ⓐ Ⓑ Ⓒ Ⓓ	128	Ⓐ Ⓑ Ⓒ Ⓓ	138	Ⓐ Ⓑ Ⓒ Ⓓ		
109	Ⓐ Ⓑ Ⓒ Ⓓ	119	Ⓐ Ⓑ Ⓒ Ⓓ	129	Ⓐ Ⓑ Ⓒ Ⓓ	139	Ⓐ Ⓑ Ⓒ Ⓓ	TEST	
110	Ⓐ Ⓑ Ⓒ Ⓓ	120	Ⓐ Ⓑ Ⓒ Ⓓ	130	Ⓐ Ⓑ Ⓒ Ⓓ	140	Ⓐ Ⓑ Ⓒ Ⓓ		

Part 5   **Part 6**

No.	ANSWER A B C D	No.	ANSWER A B C D	No.	ANSWER A B C D	No.	ANSWER A B C D	No.	ANSWER A B C D
101	Ⓐ Ⓑ Ⓒ Ⓓ	111	Ⓐ Ⓑ Ⓒ Ⓓ	121	Ⓐ Ⓑ Ⓒ Ⓓ	131	Ⓐ Ⓑ Ⓒ Ⓓ	141	Ⓐ Ⓑ Ⓒ Ⓓ
102	Ⓐ Ⓑ Ⓒ Ⓓ	112	Ⓐ Ⓑ Ⓒ Ⓓ	122	Ⓐ Ⓑ Ⓒ Ⓓ	132	Ⓐ Ⓑ Ⓒ Ⓓ	142	Ⓐ Ⓑ Ⓒ Ⓓ
103	Ⓐ Ⓑ Ⓒ Ⓓ	113	Ⓐ Ⓑ Ⓒ Ⓓ	123	Ⓐ Ⓑ Ⓒ Ⓓ	133	Ⓐ Ⓑ Ⓒ Ⓓ	143	Ⓐ Ⓑ Ⓒ Ⓓ
104	Ⓐ Ⓑ Ⓒ Ⓓ	114	Ⓐ Ⓑ Ⓒ Ⓓ	124	Ⓐ Ⓑ Ⓒ Ⓓ	134	Ⓐ Ⓑ Ⓒ Ⓓ	144	Ⓐ Ⓑ Ⓒ Ⓓ
105	Ⓐ Ⓑ Ⓒ Ⓓ	115	Ⓐ Ⓑ Ⓒ Ⓓ	125	Ⓐ Ⓑ Ⓒ Ⓓ	135	Ⓐ Ⓑ Ⓒ Ⓓ	145	Ⓐ Ⓑ Ⓒ Ⓓ
106	Ⓐ Ⓑ Ⓒ Ⓓ	116	Ⓐ Ⓑ Ⓒ Ⓓ	126	Ⓐ Ⓑ Ⓒ Ⓓ	136	Ⓐ Ⓑ Ⓒ Ⓓ	146	Ⓐ Ⓑ Ⓒ Ⓓ
107	Ⓐ Ⓑ Ⓒ Ⓓ	117	Ⓐ Ⓑ Ⓒ Ⓓ	127	Ⓐ Ⓑ Ⓒ Ⓓ	137	Ⓐ Ⓑ Ⓒ Ⓓ		
108	Ⓐ Ⓑ Ⓒ Ⓓ	118	Ⓐ Ⓑ Ⓒ Ⓓ	128	Ⓐ Ⓑ Ⓒ Ⓓ	138	Ⓐ Ⓑ Ⓒ Ⓓ		
109	Ⓐ Ⓑ Ⓒ Ⓓ	119	Ⓐ Ⓑ Ⓒ Ⓓ	129	Ⓐ Ⓑ Ⓒ Ⓓ	139	Ⓐ Ⓑ Ⓒ Ⓓ	TEST	
110	Ⓐ Ⓑ Ⓒ Ⓓ	120	Ⓐ Ⓑ Ⓒ Ⓓ	130	Ⓐ Ⓑ Ⓒ Ⓓ	140	Ⓐ Ⓑ Ⓒ Ⓓ		

Part 5   **Part 6**

No.	ANSWER A B C D	No.	ANSWER A B C D	No.	ANSWER A B C D	No.	ANSWER A B C D	No.	ANSWER A B C D
101	Ⓐ Ⓑ Ⓒ Ⓓ	111	Ⓐ Ⓑ Ⓒ Ⓓ	121	Ⓐ Ⓑ Ⓒ Ⓓ	131	Ⓐ Ⓑ Ⓒ Ⓓ	141	Ⓐ Ⓑ Ⓒ Ⓓ
102	Ⓐ Ⓑ Ⓒ Ⓓ	112	Ⓐ Ⓑ Ⓒ Ⓓ	122	Ⓐ Ⓑ Ⓒ Ⓓ	132	Ⓐ Ⓑ Ⓒ Ⓓ	142	Ⓐ Ⓑ Ⓒ Ⓓ
103	Ⓐ Ⓑ Ⓒ Ⓓ	113	Ⓐ Ⓑ Ⓒ Ⓓ	123	Ⓐ Ⓑ Ⓒ Ⓓ	133	Ⓐ Ⓑ Ⓒ Ⓓ	143	Ⓐ Ⓑ Ⓒ Ⓓ
104	Ⓐ Ⓑ Ⓒ Ⓓ	114	Ⓐ Ⓑ Ⓒ Ⓓ	124	Ⓐ Ⓑ Ⓒ Ⓓ	134	Ⓐ Ⓑ Ⓒ Ⓓ	144	Ⓐ Ⓑ Ⓒ Ⓓ
105	Ⓐ Ⓑ Ⓒ Ⓓ	115	Ⓐ Ⓑ Ⓒ Ⓓ	125	Ⓐ Ⓑ Ⓒ Ⓓ	135	Ⓐ Ⓑ Ⓒ Ⓓ	145	Ⓐ Ⓑ Ⓒ Ⓓ
106	Ⓐ Ⓑ Ⓒ Ⓓ	116	Ⓐ Ⓑ Ⓒ Ⓓ	126	Ⓐ Ⓑ Ⓒ Ⓓ	136	Ⓐ Ⓑ Ⓒ Ⓓ	146	Ⓐ Ⓑ Ⓒ Ⓓ
107	Ⓐ Ⓑ Ⓒ Ⓓ	117	Ⓐ Ⓑ Ⓒ Ⓓ	127	Ⓐ Ⓑ Ⓒ Ⓓ	137	Ⓐ Ⓑ Ⓒ Ⓓ		
108	Ⓐ Ⓑ Ⓒ Ⓓ	118	Ⓐ Ⓑ Ⓒ Ⓓ	128	Ⓐ Ⓑ Ⓒ Ⓓ	138	Ⓐ Ⓑ Ⓒ Ⓓ		
109	Ⓐ Ⓑ Ⓒ Ⓓ	119	Ⓐ Ⓑ Ⓒ Ⓓ	129	Ⓐ Ⓑ Ⓒ Ⓓ	139	Ⓐ Ⓑ Ⓒ Ⓓ	TEST	
110	Ⓐ Ⓑ Ⓒ Ⓓ	120	Ⓐ Ⓑ Ⓒ Ⓓ	130	Ⓐ Ⓑ Ⓒ Ⓓ	140	Ⓐ Ⓑ Ⓒ Ⓓ		

Part 5   **Part 6**

No.	ANSWER A B C D	No.	ANSWER A B C D	No.	ANSWER A B C D	No.	ANSWER A B C D	No.	ANSWER A B C D
101	Ⓐ Ⓑ Ⓒ Ⓓ	111	Ⓐ Ⓑ Ⓒ Ⓓ	121	Ⓐ Ⓑ Ⓒ Ⓓ	131	Ⓐ Ⓑ Ⓒ Ⓓ	141	Ⓐ Ⓑ Ⓒ Ⓓ
102	Ⓐ Ⓑ Ⓒ Ⓓ	112	Ⓐ Ⓑ Ⓒ Ⓓ	122	Ⓐ Ⓑ Ⓒ Ⓓ	132	Ⓐ Ⓑ Ⓒ Ⓓ	142	Ⓐ Ⓑ Ⓒ Ⓓ
103	Ⓐ Ⓑ Ⓒ Ⓓ	113	Ⓐ Ⓑ Ⓒ Ⓓ	123	Ⓐ Ⓑ Ⓒ Ⓓ	133	Ⓐ Ⓑ Ⓒ Ⓓ	143	Ⓐ Ⓑ Ⓒ Ⓓ
104	Ⓐ Ⓑ Ⓒ Ⓓ	114	Ⓐ Ⓑ Ⓒ Ⓓ	124	Ⓐ Ⓑ Ⓒ Ⓓ	134	Ⓐ Ⓑ Ⓒ Ⓓ	144	Ⓐ Ⓑ Ⓒ Ⓓ
105	Ⓐ Ⓑ Ⓒ Ⓓ	115	Ⓐ Ⓑ Ⓒ Ⓓ	125	Ⓐ Ⓑ Ⓒ Ⓓ	135	Ⓐ Ⓑ Ⓒ Ⓓ	145	Ⓐ Ⓑ Ⓒ Ⓓ
106	Ⓐ Ⓑ Ⓒ Ⓓ	116	Ⓐ Ⓑ Ⓒ Ⓓ	126	Ⓐ Ⓑ Ⓒ Ⓓ	136	Ⓐ Ⓑ Ⓒ Ⓓ	146	Ⓐ Ⓑ Ⓒ Ⓓ
107	Ⓐ Ⓑ Ⓒ Ⓓ	117	Ⓐ Ⓑ Ⓒ Ⓓ	127	Ⓐ Ⓑ Ⓒ Ⓓ	137	Ⓐ Ⓑ Ⓒ Ⓓ		
108	Ⓐ Ⓑ Ⓒ Ⓓ	118	Ⓐ Ⓑ Ⓒ Ⓓ	128	Ⓐ Ⓑ Ⓒ Ⓓ	138	Ⓐ Ⓑ Ⓒ Ⓓ		
109	Ⓐ Ⓑ Ⓒ Ⓓ	119	Ⓐ Ⓑ Ⓒ Ⓓ	129	Ⓐ Ⓑ Ⓒ Ⓓ	139	Ⓐ Ⓑ Ⓒ Ⓓ	TEST	
110	Ⓐ Ⓑ Ⓒ Ⓓ	120	Ⓐ Ⓑ Ⓒ Ⓓ	130	Ⓐ Ⓑ Ⓒ Ⓓ	140	Ⓐ Ⓑ Ⓒ Ⓓ		

Part 5 / **Part 6**

No.	ANSWER A B C D	No.	ANSWER A B C D	No.	ANSWER A B C D	No.	ANSWER A B C D	No.	ANSWER A B C D
101	Ⓐ Ⓑ Ⓒ Ⓓ	111	Ⓐ Ⓑ Ⓒ Ⓓ	121	Ⓐ Ⓑ Ⓒ Ⓓ	131	Ⓐ Ⓑ Ⓒ Ⓓ	141	Ⓐ Ⓑ Ⓒ Ⓓ
102	Ⓐ Ⓑ Ⓒ Ⓓ	112	Ⓐ Ⓑ Ⓒ Ⓓ	122	Ⓐ Ⓑ Ⓒ Ⓓ	132	Ⓐ Ⓑ Ⓒ Ⓓ	142	Ⓐ Ⓑ Ⓒ Ⓓ
103	Ⓐ Ⓑ Ⓒ Ⓓ	113	Ⓐ Ⓑ Ⓒ Ⓓ	123	Ⓐ Ⓑ Ⓒ Ⓓ	133	Ⓐ Ⓑ Ⓒ Ⓓ	143	Ⓐ Ⓑ Ⓒ Ⓓ
104	Ⓐ Ⓑ Ⓒ Ⓓ	114	Ⓐ Ⓑ Ⓒ Ⓓ	124	Ⓐ Ⓑ Ⓒ Ⓓ	134	Ⓐ Ⓑ Ⓒ Ⓓ	144	Ⓐ Ⓑ Ⓒ Ⓓ
105	Ⓐ Ⓑ Ⓒ Ⓓ	115	Ⓐ Ⓑ Ⓒ Ⓓ	125	Ⓐ Ⓑ Ⓒ Ⓓ	135	Ⓐ Ⓑ Ⓒ Ⓓ	145	Ⓐ Ⓑ Ⓒ Ⓓ
106	Ⓐ Ⓑ Ⓒ Ⓓ	116	Ⓐ Ⓑ Ⓒ Ⓓ	126	Ⓐ Ⓑ Ⓒ Ⓓ	136	Ⓐ Ⓑ Ⓒ Ⓓ	146	Ⓐ Ⓑ Ⓒ Ⓓ
107	Ⓐ Ⓑ Ⓒ Ⓓ	117	Ⓐ Ⓑ Ⓒ Ⓓ	127	Ⓐ Ⓑ Ⓒ Ⓓ	137	Ⓐ Ⓑ Ⓒ Ⓓ		
108	Ⓐ Ⓑ Ⓒ Ⓓ	118	Ⓐ Ⓑ Ⓒ Ⓓ	128	Ⓐ Ⓑ Ⓒ Ⓓ	138	Ⓐ Ⓑ Ⓒ Ⓓ		
109	Ⓐ Ⓑ Ⓒ Ⓓ	119	Ⓐ Ⓑ Ⓒ Ⓓ	129	Ⓐ Ⓑ Ⓒ Ⓓ	139	Ⓐ Ⓑ Ⓒ Ⓓ		
110	Ⓐ Ⓑ Ⓒ Ⓓ	120	Ⓐ Ⓑ Ⓒ Ⓓ	130	Ⓐ Ⓑ Ⓒ Ⓓ	140	Ⓐ Ⓑ Ⓒ Ⓓ		

TEST ☐

Part 5 / **Part 6**

No.	ANSWER A B C D	No.	ANSWER A B C D	No.	ANSWER A B C D	No.	ANSWER A B C D	No.	ANSWER A B C D
101	Ⓐ Ⓑ Ⓒ Ⓓ	111	Ⓐ Ⓑ Ⓒ Ⓓ	121	Ⓐ Ⓑ Ⓒ Ⓓ	131	Ⓐ Ⓑ Ⓒ Ⓓ	141	Ⓐ Ⓑ Ⓒ Ⓓ
102	Ⓐ Ⓑ Ⓒ Ⓓ	112	Ⓐ Ⓑ Ⓒ Ⓓ	122	Ⓐ Ⓑ Ⓒ Ⓓ	132	Ⓐ Ⓑ Ⓒ Ⓓ	142	Ⓐ Ⓑ Ⓒ Ⓓ
103	Ⓐ Ⓑ Ⓒ Ⓓ	113	Ⓐ Ⓑ Ⓒ Ⓓ	123	Ⓐ Ⓑ Ⓒ Ⓓ	133	Ⓐ Ⓑ Ⓒ Ⓓ	143	Ⓐ Ⓑ Ⓒ Ⓓ
104	Ⓐ Ⓑ Ⓒ Ⓓ	114	Ⓐ Ⓑ Ⓒ Ⓓ	124	Ⓐ Ⓑ Ⓒ Ⓓ	134	Ⓐ Ⓑ Ⓒ Ⓓ	144	Ⓐ Ⓑ Ⓒ Ⓓ
105	Ⓐ Ⓑ Ⓒ Ⓓ	115	Ⓐ Ⓑ Ⓒ Ⓓ	125	Ⓐ Ⓑ Ⓒ Ⓓ	135	Ⓐ Ⓑ Ⓒ Ⓓ	145	Ⓐ Ⓑ Ⓒ Ⓓ
106	Ⓐ Ⓑ Ⓒ Ⓓ	116	Ⓐ Ⓑ Ⓒ Ⓓ	126	Ⓐ Ⓑ Ⓒ Ⓓ	136	Ⓐ Ⓑ Ⓒ Ⓓ	146	Ⓐ Ⓑ Ⓒ Ⓓ
107	Ⓐ Ⓑ Ⓒ Ⓓ	117	Ⓐ Ⓑ Ⓒ Ⓓ	127	Ⓐ Ⓑ Ⓒ Ⓓ	137	Ⓐ Ⓑ Ⓒ Ⓓ		
108	Ⓐ Ⓑ Ⓒ Ⓓ	118	Ⓐ Ⓑ Ⓒ Ⓓ	128	Ⓐ Ⓑ Ⓒ Ⓓ	138	Ⓐ Ⓑ Ⓒ Ⓓ		
109	Ⓐ Ⓑ Ⓒ Ⓓ	119	Ⓐ Ⓑ Ⓒ Ⓓ	129	Ⓐ Ⓑ Ⓒ Ⓓ	139	Ⓐ Ⓑ Ⓒ Ⓓ		
110	Ⓐ Ⓑ Ⓒ Ⓓ	120	Ⓐ Ⓑ Ⓒ Ⓓ	130	Ⓐ Ⓑ Ⓒ Ⓓ	140	Ⓐ Ⓑ Ⓒ Ⓓ		

TEST ☐

Part 5 / **Part 6**

No.	ANSWER A B C D	No.	ANSWER A B C D	No.	ANSWER A B C D	No.	ANSWER A B C D	No.	ANSWER A B C D
101	Ⓐ Ⓑ Ⓒ Ⓓ	111	Ⓐ Ⓑ Ⓒ Ⓓ	121	Ⓐ Ⓑ Ⓒ Ⓓ	131	Ⓐ Ⓑ Ⓒ Ⓓ	141	Ⓐ Ⓑ Ⓒ Ⓓ
102	Ⓐ Ⓑ Ⓒ Ⓓ	112	Ⓐ Ⓑ Ⓒ Ⓓ	122	Ⓐ Ⓑ Ⓒ Ⓓ	132	Ⓐ Ⓑ Ⓒ Ⓓ	142	Ⓐ Ⓑ Ⓒ Ⓓ
103	Ⓐ Ⓑ Ⓒ Ⓓ	113	Ⓐ Ⓑ Ⓒ Ⓓ	123	Ⓐ Ⓑ Ⓒ Ⓓ	133	Ⓐ Ⓑ Ⓒ Ⓓ	143	Ⓐ Ⓑ Ⓒ Ⓓ
104	Ⓐ Ⓑ Ⓒ Ⓓ	114	Ⓐ Ⓑ Ⓒ Ⓓ	124	Ⓐ Ⓑ Ⓒ Ⓓ	134	Ⓐ Ⓑ Ⓒ Ⓓ	144	Ⓐ Ⓑ Ⓒ Ⓓ
105	Ⓐ Ⓑ Ⓒ Ⓓ	115	Ⓐ Ⓑ Ⓒ Ⓓ	125	Ⓐ Ⓑ Ⓒ Ⓓ	135	Ⓐ Ⓑ Ⓒ Ⓓ	145	Ⓐ Ⓑ Ⓒ Ⓓ
106	Ⓐ Ⓑ Ⓒ Ⓓ	116	Ⓐ Ⓑ Ⓒ Ⓓ	126	Ⓐ Ⓑ Ⓒ Ⓓ	136	Ⓐ Ⓑ Ⓒ Ⓓ	146	Ⓐ Ⓑ Ⓒ Ⓓ
107	Ⓐ Ⓑ Ⓒ Ⓓ	117	Ⓐ Ⓑ Ⓒ Ⓓ	127	Ⓐ Ⓑ Ⓒ Ⓓ	137	Ⓐ Ⓑ Ⓒ Ⓓ		
108	Ⓐ Ⓑ Ⓒ Ⓓ	118	Ⓐ Ⓑ Ⓒ Ⓓ	128	Ⓐ Ⓑ Ⓒ Ⓓ	138	Ⓐ Ⓑ Ⓒ Ⓓ		
109	Ⓐ Ⓑ Ⓒ Ⓓ	119	Ⓐ Ⓑ Ⓒ Ⓓ	129	Ⓐ Ⓑ Ⓒ Ⓓ	139	Ⓐ Ⓑ Ⓒ Ⓓ		
110	Ⓐ Ⓑ Ⓒ Ⓓ	120	Ⓐ Ⓑ Ⓒ Ⓓ	130	Ⓐ Ⓑ Ⓒ Ⓓ	140	Ⓐ Ⓑ Ⓒ Ⓓ		

TEST ☐

著者紹介

株式会社メディアビーコン（Media Beacon）

▶1999年創業。語学教材に特化した教材制作会社。TOEIC、英検、TOEFLをはじめとする英語の資格試験から、子供英語、中学英語、高校英語、英会話、ビジネス英語まで、英語教材全般の制作を幅広く行う。特にTOEICの教材制作には定評があり、『TOEIC® テスト新公式問題集 Vol. 5』の編集制作ほか、TOEIC関連企画を多数担当している。出版物以外にも英語学習アプリ、英会話学校のコース設計から指導マニュアルの開発、大手進学塾の教材開発まで、多角的な教材制作が可能な数少ない制作会社。「語学の力で世界中の人々の幸せに貢献する」をモットーに、社員一同、学習者の笑顔を想いながら教材の研究開発を行っている。また、同時にTOEIC® L&Rテストのスコアアップを目指す方のための指導も行っている。

▶著書に『TOEIC® L&R TEST 990点獲得 最強 Part 7 模試』（ベレ出版）、『寝る前5分暗記ブックTOEIC® テスト単語＆フレーズ』、『寝る前5分暗記ブックTOEIC® テスト英文法』、『寝る前5分暗記ブック 英会話フレーズ集〈基礎編〉』、『寝る前5分暗記ブック 英会話フレーズ集〈海外旅行編〉』、『寝る前5分暗記ブック 英会話フレーズ集〈接客編〉』、『寝る前5分暗記ブック 英会話フレーズ集〈おもてなし編〉』（以上、学研プラス）、『いちばん最初のネイティブ英会話フレーズ2000』（西東社）がある。

YouTube「ビーコン イングリッシュ チャンネル」にてTOEIC学習者のために役立つ情報を配信中。
メディアビーコンの公式ラインにて、TOEICテストのスコアアップに役立つ情報を発信中。

◉──カバーデザイン　　　　竹内 雄二
◉──DTP・本文図版　　　　清水 康広
◉──音声　　　　　　　　　ナレーション・Chris Koprowski／時間・約105分
◉──校正、ネイティブチェック　株式会社ぶれす／株式会社オレンジバード

［音声DL付］TOEIC® L&R TEST 990点獲得 Part 5&6 難問模試

2021年10月25日	初版発行
2024年 9 月 1 日	第6刷発行

著者	**メディアビーコン**
発行者	内田 真介
発行・発売	ベレ出版
	〒162-0832　東京都新宿区岩戸町12 レベッカビル
	TEL.03-5225-4790 FAX.03-5225-4795
	ホームページ　https://www.beret.co.jp/
印刷	モリモト印刷株式会社
製本	根本製本株式会社

落丁本・乱丁本は小社編集部あてにお送りください。送料小社負担にてお取り替えします。
本書の無断複写は著作権法上での例外を除き禁じられています。購入者以外の第三者による本書のいかなる電子複製も一切認められておりません。

©MediaBeacon 2021. Printed in Japan

ISBN 978-4-86064-668-4 C2082　　　　　　　　　　編集担当　綿引ゆか

[音声 DL 付] TOEIC L&R TEST
990点獲得 最強 Part7模試

メディアビーコン 著

B5 変形／定価 2420 円（税込）■ 208 頁

ISBN978-4-86064-596-0 C2082

英文の意味はとれていながら正解の根拠を探すのに時間がかかってしまい、結果的に間違える、最後まで終わらないという悩みを解決。新テストでは拾い読みやテクニックだけで全問正解をするのが困難なため、精読が必須。その対策として本書では、長文を正確に素早く読むことができる実力つけるために、2 か月間計画的にトレーニングを行います。本番に近いクオリティの問題と、徹底して精読と速読の実力をつけるための解説と特訓で、Part7 全問正解を確実にします。速読トレーニング用音声付き。

[音声 DL 付] TOEIC L&R TEST
990 点獲得 Part 1-4 難問模試

メディアビーコン 著

A5 並製／定価 2640 円（税込）■ 320 頁

ISBN978-4-86064-693-6 C2082

実際のテストで数問出題される高難度の問題だけを集めた模試を 5 セット収録。難問ぞろいのリスニングパート模試で高所トレーニングすることで、本番で簡単にも感じてしまうほどの成果を上げることができます。難しさのポイントや上級者でも取りこぼしてしまう理由を解説し、なぜ間違えたのか、なぜ聞き逃してしまったのかを分析できるようにします。

[音声 DL 付] TOEIC L&R TEST
990点獲得 全パート難問模試

メディアビーコン 著

B5 変形／定価 3300 円（税込）■ 344 頁

ISBN978-4-86064-737-7 C2082

リスニングパートもリーディングパートもどんどん難化している TOEIC の試験。本書では、その中に混ざる難問よりさらに一段階難度を高めた難問だけをそろえた模試を 2 セット収録。満点をより確実に、1 問も取りこぼさないための高所トレーニングが可能に。また、QR コードですぐ見られる動画では本書にはない補足解説を聞くことができます。ダウンロード音声にはリスニングパートの音声のほか、音読トレーニング用にリーディングパートの速読み音声も付いています。

Part 5&6 模試

ベレ出版

TEST 1

101. Staying ------- by doing moderate exercise and eating a balanced diet can positively affect your mental well-being.

(A) fit
(B) fitting
(C) fitted
(D) fitness

102. The seminar packets were handed out to all the participants ------- in the first session while they were mailed to the absentees.

(A) presented
(B) present
(C) presents
(D) presentable

103. In the monthly sales meeting, everyone on David's team intensively ------- the forecast for the next quarter.

(A) talked
(B) discussed
(C) dealt
(D) looked

104. ------- refrain from taking pictures of paintings in the special exhibition room.

(A) Kind
(B) Kinder
(C) Kindly
(D) Kindness

105. In order to receive a reimbursement, ------- out the travel expense form and submit it online.

(A) fill
(B) come
(C) clear
(D) write

106. Mr. Hayes insisted that he ------- the meeting on Monday himself though he already had some other appointments.

(A) to attend
(B) will attend
(C) attends
(D) attend

107. As Beach Street is currently under construction, commuters to the downtown area have to ------- a detour.

(A) take
(B) have
(C) hold
(D) get

108. Working long hours would ------- affect not only the health of employees but also their work efficiency.

(A) advert
(B) adversity
(C) advertise
(D) adversely

109. Of the new features of the latest air conditioner from Oyson, filter self-cleaning is ------ most appealing to customers.

(A) what
(B) ones
(C) the one
(D) one of

110. As the executives of Qtec have seen ------- signs of economic recovery, they are quite optimistic about their business prospects.

(A) encouraged
(B) encourage
(C) encouragement
(D) encouraging

111. Ms. Wang found that she did not have enough time ------- the sales report due by the end of the month.

(A) finish
(B) to finish
(C) finished
(D) finishing

112. The new albums by Tom Brown were piled on the display table while ------ of his works were placed on the shelves.

(A) the others
(B) ones
(C) those
(D) all

GO ON TO THE NEXT PAGE

113. Passengers were asked to store their belongings in the overhead ------- or underneath the seat during the flight.

(A) aisle
(B) commission
(C) compartment
(D) elevation

114. The development team found out that the reason for the RZZ Air Conditioner prototype not working properly was ------- a combination of multiple factors.

(A) definite
(B) definition
(C) defining
(D) definitely

115. Workers in the factory are required to wear protective gear ------- the safety regulations.

(A) as long as
(B) in accordance with
(C) on behalf of
(D) in the event that

116. Greenhill County has set out a plan to reduce home waste by seven percent ------- five years.

(A) about
(B) to
(C) for
(D) within

117. There was the famous Dynok lighthouse at the tip of the Lizard peninsula ------- which the tour guides of Ocean Travels led a group of tourists.

(A) toward
(B) at
(C) on
(D) against

118. Ms. Davidson reviewed the figures carefully, especially ------- pertaining to expenses used for business trips.

(A) everyone
(B) others
(C) those
(D) another

119. Customers ------- fewer than 10 items in Willow Supermarket are able to use the express lane.

(A) purchasing
(B) purchase
(C) have purchased
(D) are purchased

120. Among the ------- new artists of the twentieth century, Fluer Brooks has painted more than 5,000 artworks during her lifetime.

(A) note
(B) notable
(C) noting
(D) notably

121. Every Bowden machine comes with a warranty of one year or 2000 hours of running time, ------ comes earlier.

(A) whichever
(B) either
(C) whoever
(D) each other

122. The Lumbar City East Branch and the Lumbar City Southeast Branch of Lindell Corporation will be ------- to form a stronger foundation by the end of March.

(A) subordinated
(B) consolidated
(C) jeopardized
(D) itemized

123. Some executives at Crank Motors ------- Mr. Gupta's suggestion that an alternative supplier should be found.

(A) objected
(B) talked
(C) agreed
(D) denied

124. ------- caustic comments by some renowned reviewers appeared, the new film by Stephen Williams found enormous success.

(A) Despite
(B) Due to
(C) Now that
(D) Although

125. A thorough investigation was conducted to ------- the situation and identify the cause of the overheating problem.

(A) defy
(B) clarify
(C) purify
(D) terrify

126. In the annual ceremony, Mr. Woodhouse and Mr. Jackson were acknowledged by the company president for their ------- to work and outstanding achievement.

(A) dedications
(B) dedicating
(C) dedication
(D) dedicated

127. E-mails offering a 20 percent discount for the first purchase were sent to ------- customers who responded to the survey.

(A) recurring
(B) foreseeable
(C) existing
(D) prospective

128. Only the employees who have signed the ------- agreement are allowed to access the exclusive area in Plum Inc.

(A) disclosure
(B) confidentiality
(C) mutuality
(D) volunteer

129. Adion Corporation has a plan to develop a shopping ------- in the empty lot where Orange City University once stood.

(A) complexity
(B) complexion
(C) complexly
(D) complex

130. The ultimate Eco-car recently released from Hanova boasts a substantial reduction in ------- gas emission and petrol consumption.

(A) exhaust
(B) exhausting
(C) exhausted
(D) exhaustible

Part 6

Questions 131-134 refer to the following article.

> The much _____ Oakland Hill Observatory will finally open at the end of
> 131.
> this month. _____. Designed by a famed architect, John Jones, the building
> 132.
> comprises four floors. The first floor has Oakland Hill Shop selling souvenirs.
> The second floor is an exhibition space featuring the works of Joanna
> Johnson, who has her ancestral roots in the city and is renowned for her
> avant-garde calligraphy style. It also has a _____ for those who want to try their
> 133.
> hands at calligraphy themselves on the next level. Sometimes, especially on
> weekends, the calligrapher herself will conduct a seminar. The top floor is
> the breathtaking observation deck with a café. The observatory is easily _____
> 134.
> from Oakland City Center, and is expected to become a new tourist attraction
> for the city.

131. (A) awaiting
(B) await
(C) awaits
(D) awaited

132. (A) This is a growing trend
among young people.
(B) Situated at 900 feet above
the bay, it overlooks the
whole bay area.
(C) There is an eating and
drinking establishment on the
first floor.
(D) It has been a popular site for
citizens to do workouts.

133. (A) reception
(B) garden
(C) workshop
(D) facilitation

134. (A) accessed
(B) accessible
(C) accessibility
(D) accessibly

Questions 135-138 refer to the following e-mail.

To: All employees
From: LindaCho@greatsoftware.co.au
Subject: Special Breakfast for Sky Project
Date: 4 May

To appreciate and encourage all our employees for their diligence and dedication to complete the Sky Project on time, a complimentary breakfast will be served from 8 A.M. to 10 A.M. every morning starting from next Monday, 10 May. Daily breakfast boxes will be prepared and delivered to our lounge by Yellow Flower Bakery, ----- for its nutritious organic sandwiches. The
135.
boxes will contain an assortment of sandwiches, fruit, dairy, and the like.
-----. Freshly brewed coffee, tea, and other various hot and cold beverages
136.
will also be available. You can enjoy free ----- to take to your office. Please
137.
bring your own cups for environmental sustainability. We hope this special breakfast ----- your minds and bodies as well as facilitate communication
138.
with your colleagues.

135. (A) acclaimed
(B) qualified
(C) indispensable
(D) motivated

136. (A) Be careful while handling cargo, for the contents are fragile.
(B) Of course, there will be vegetarian options.
(C) Customers can easily prepare meals themselves.
(D) During breaks between sessions, feel free to help yourself.

137. (A) refills
(B) coupons
(C) tickets
(D) boxes

138. (A) invigorate
(B) invigorated
(C) will invigorate
(D) have invigorated

Notice of Extended Office Hours

Thank you for being our valued clients. We would like to announce that we will extend our business hours. This change is to ----- your impending needs
139.
in a timely manner during the busiest time of the fiscal year. Starting from next Monday, January 25, we will be available for consultations from 7 A.M. to 7 P.M. on Mondays through Fridays until April 15. We believe this change will be ----- to you.
140.

Please do not hesitate to contact us if you have any questions or would like to make an appointment. Call us at 800-555-863, or e-mail us at customer-service@harumi.com. -----, you can just drop by our office at
141.
Kingstone Street. -----.
142.

Harumi Tax & Accounting

139. (A) comprehend
(B) stimulate
(C) associate
(D) accommodate

140. (A) beneficial
(B) tolerant
(C) optimistic
(D) negotiable

141. (A) Therefore
(B) Nevertheless
(C) Alternatively
(D) Namely

142. (A) We are always here to help you.
(B) Your cooperation is highly appreciated.
(C) We are looking forward to seeing you at the job interview.
(D) The shipping fee is subject to change.

Questions 143-146 refer to the following article.

A local home electronics giant, Mountfield Co. will invest approximately 2 million dollars in its Stamford assembly plants. Mountfield Co. announced Wednesday that two ------ outdated plants will be demolished and
143.
reconstructed to be one larger, state-of-the-art facility. ------. The Mayor,
144.
Steven Adomo commented that he welcomes this job creation opportunity as it will ------ the economic growth of the town. They are now in the process of
145.
------ the old plant, which is to be completed within the next month. The new
146.
plant is expected to be in operation in two years.

143. (A) existed
(B) exist
(C) existence
(D) existing

144. (A) The company intends to hire around 4,000 new employees.
(B) All manufacturing operations at the site will be suspended for a week.
(C) This foray into a new market led to further success for the company.
(D) The construction will not commence until December next year.

145. (A) foresee
(B) accelerate
(C) commemorate
(D) advocate

146. (A) dismantling
(B) refurbishing
(C) expediting
(D) endorsing

TEST 2

101. Parcel shipping prices may ------- according to size and preferred shipping method.

(A) depend
(B) update
(C) enlarge
(D) vary

102. During the third session of the Home Appliance Trade Show, Greg Woo demonstrated the features of the ZDD23 refrigerator -------.

(A) him
(B) he
(C) his
(D) himself

103. Corporate members are ------- from the entrance fee to Woods Botanical Garden and Museum as part of company benefits.

(A) different
(B) exempt
(C) overseen
(D) discarded

104. The copier by BP4 Machinery is currently out of ------- because of its popularity among Asian companies.

(A) print
(B) order
(C) place
(D) stock

105. When you purchase a ticket via KnowliTickets.com, you are ------- to use one of the 20 international airport lounges for free of charge.

(A) acknowledged
(B) guaranteed
(C) afforded
(D) entitled

106. Through decades of research, Dr. Collins has been one of the leading ------- on water purification.

(A) expert
(B) expertise
(C) expertly
(D) experts

107. A 10 percent discount will be applied to products ------- membership cards in either digital or paper form are presented.

(A) as long as
(B) instead of
(C) as with
(D) now that

108. According to Bestscares Dealers, car batteries are not covered under ------- warranty.

(A) secured
(B) associated
(C) extended
(D) solicited

109. In order to get a refund, goods will need to be returned by ------- service at your own expense.

(A) customer
(B) courier
(C) security
(D) network

110. ------- you make a purchase over $100, we offer you a $5 voucher to use on your next purchase.

(A) Whenever
(B) Whoever
(C) Which
(D) How

111. Due to its ------- to the airport, Sunnfield 22 was chosen as the ideal venue for the annual international convention for Animal Protection.

(A) transit
(B) proximity
(C) outlet
(D) amenity

112. Employees should submit receipts and a detailed itinerary to the accounting department ------- for travel expenses.

(A) will reimburse
(B) to be reimbursed
(C) reimburses
(D) to have reimbursed

GO ON TO THE NEXT PAGE

113. Concerns raised by our shareholders are high on the ------- for the operational meeting.

(A) panel
(B) input
(C) agenda
(D) council

114. ------- the sales in Europe would increase, the board members of Truth Shoppers agreed to open a new office in Germany.

(A) Assumption
(B) To assume
(C) Assuming
(D) Assumed

115. Although the ------- program has been introduced to our Yoga courses for three months, none of our current customers has shown up with their acquaintance.

(A) referral
(B) security
(C) education
(D) internship

116. Takeshi Sugawara worked as an engineer at a wholly-owned ------- in Singapore prior to his job at Sainge Holdings.

(A) subside
(B) subsidiary
(C) subsidence
(D) subsidiarily

117. During the press conference, the CEO of Lallala Motors avoided commenting on the plans for the automobile in -------.

(A) questioning
(B) question
(C) questionnaire
(D) questioned

118. Customers who bought Picbal Camera will be invited to the workshop where you can get ------- with the function of your new camera.

(A) sophisticated
(B) instructed
(C) acquainted
(D) granted

119. Eugene Park, consultant of Owlly Electronics, left ------- to pursue a career in logistics.

(A) voluntary
(B) volunteers
(C) voluntarily
(D) volunteering

120. ------- more than 25 years ago, Heastingsons continues to be one of the best-selling bookstores in London.

(A) To be founded
(B) Found
(C) Founding
(D) Founded

121. Shin Kim and Barbara Sanchez, who had completed their undergraduate courses together, were promoted to the regional manager and sales manager of the Nachos Times Co. -------.

(A) closely
(B) entirely
(C) respectively
(D) continuously

122. The personnel department ------- essential educational programs directed at newly hired assistants.

(A) administration
(B) administrative
(C) administrators
(D) administers

123. The marketing research report revealed that few of the visitors to Aderrs City Complex ------- a paper map upon arrival.

(A) requesting
(B) to request
(C) request
(D) requests

124. ------- its stores being located in large populated cities, Mottos Houseware provides delivery service to locals who live in remote areas.

(A) In the event of
(B) In that
(C) Even though
(D) Despite

125. At Sleepchucker Manufacturers, checking the factory equipment daily before work and ensuring them to be in good condition is ------- for the machine operators.

(A) motivated
(B) accounted
(C) mandatory
(D) tolerant

126. Conforming ------- ethical and legal standards is essential to keep a positive image of the company.

(A) on
(B) from
(C) both
(D) with

127. Please make a reservation ------- when you plan to use one of the meeting rooms.

(A) beforehand
(B) previously
(C) ultimately
(D) often

128. Activepower Publishers uploads all back issues it has published including its latest -------, *In The Sun*, on its Web page.

(A) periodical
(B) period
(C) periodically
(D) periodic

129. Regional managers are given the discretion to promote or give raises to ------- they think have contributed to company growth.

(A) those
(B) what
(C) other
(D) them

130. The Alali Fund defines the project topic very specifically, allowing only a ------- to be eligible for the program.

(A) nothing
(B) few
(C) little
(D) something

Part 6

Questions 131-134 refer to the following letter.

Bryce and Opdyke Building Supplies
737 Vandelay Road, Beaumont, IL 61384
Phone: 847-555-6565
www.bryceopdykehs.com
June 8

Paul O'Brien
82 Nutbush Street
Beaumont, IL 61384

Dear Mr. O'Brien:

Our order management software has alerted me that you were overcharged for an order last month. _____. I _____ calling you to discuss the matter this
$\underset{\text{131.}}{}$ $\underset{\text{132.}}{}$
morning. However, you were unavailable. As this is such a rare occurrence, we do not have an official policy in place to _____ the situation. We could
$\underset{\text{133.}}{}$
arrange a bank transfer for $270. _____, I can offer you a credit in that amount
$\underset{\text{134.}}{}$
toward your next bill. Please let me know how you would like to proceed.

Sincerely,

Kate Bishop
Customer Service — Bryce and Opdyke Building Supplies

131. (A) Unfortunately, your home address is the only contact information we have.
(B) I will calculate the exact amount and have it delivered to your office.
(C) The faulty products will be picked up by our driver this afternoon.
(D) An amendment you made to the order was not reflected in the bill.

132. (A) tried
(B) will try
(C) have been tried
(D) was tried

133. (A) determine
(B) offset
(C) rectify
(D) accumulate

134. (A) Therefore
(B) Otherwise
(C) Accordingly
(D) In contrast

GO ON TO THE NEXT PAGE

Questions 135-138 refer to the following memo.

To: Section Supervisors
From: Gloria Pyke, CEO
Date: March 23

Attention all Section Supervisors:

At yesterday's meeting, some of you mentioned that the yearly entertainment budget was insufficient. ------. However, such spending must be ------ to the
   135.   136.
business' financial performance. This morning I spoke with Mr. Townsend in the accounting department. ------ informed me that we can afford to offer each
                                      137.
section a 20 percent increase. How these ------ are used is completely at the
                                           138.
discretion of each section's supervisor. Nevertheless, I would advise that you plan any events after consulting with your section members.

Gloria Pyke
Pyke Holdings — CEO

135. (A) We are unable to do anything about this situation.
(B) I understand the importance of social events for employee morale.
(C) You must consult with me before making any entertainment plans.
(D) Only sections that voiced concern will receive any assistance.

136. (A) proportioning
(B) proportion
(C) proportional
(D) proportionally

137. (A) He
(B) They
(C) You
(D) It

138. (A) departments
(B) accommodations
(C) commissions
(D) funds

To: Wi Ying Wu <wyw@constantineinn.com>

From: Ralph Day <rday@dayplanningco.com>

Date: September 12

Subject: Lost item

Dear Ms. Wu,

Thank you for contacting me about the glasses found in the guest room ------ **139.** by members of my group on September 10. I have sent an e-mail to the people involved with the ------ **140.** Unfortunately, ------ **141.** have gotten back to me about the lost property. I suspect that the glasses may have been left in the room by a previous guest. If you believe that that is unlikely, you can send them to me at 12 Brookshire Road, Hornby. ------ **142.**

Finally, I would like to take this opportunity to thank the staff at Constantine Inn for their wonderful hospitality. You helped make the convention a resounding success.

Sincerely,

Ralph Day

---

139. (A) occupied
(B) occupation
(C) occupant
(D) occupying

140. (A) training
(B) interview
(C) contest
(D) conference

141. (A) few
(B) none
(C) some
(D) many

142. (A) I will forward them to the guests when they get back from their trip.
(B) We will be staying here until the construction work is over.
(C) I will keep them here in case someone suddenly remembers leaving them behind.
(D) Guests will be glad to know that they have been found.

Questions 143-146 refer to the following article.

Local Company Receives National Recognition

by Con Carpenter

10 September—A Strathpine company _____ with this year's Community
143.
Service Award from the Association for Ethical Business and Industry (AEBI).
Cleese Construction CEO, Tennyson Cleese, accepted the award _____ behalf
144.
of the entire company at a ceremony at the Pellegrino Hotel in Melbourne.
Cleese had been contracted to develop some land on Freeman Street for
a much-needed community center here in Strathpine. During a survey,
workers discovered a rare species of bird on the land. Cleese Construction
immediately alerted _____ groups. _____. With no other suitable locations
145.   146.
available, Cleese Construction donated some of its own land for the project.

143. (A) will be presented
(B) was presented
(C) presented
(D) has been presenting

144. (A) in
(B) for
(C) on
(D) to

145. (A) enthusiast
(B) gardening
(C) financial
(D) environmental

146. (A) The council was forced to halt
construction.
(B) This enabled the work to start
early.
(C) The Pellegrino Hotel was
relocated to a safe area.
(D) A local resident complained
to the council.

TEST 3

Part 5

101. ------- to this e-mail is our company leaflet which outlines the range of services we offer.

(A) Attachment
(B) Attach
(C) Attaching
(D) Attached

102. Anderson & Associates is seeking an experienced corporate attorney with ------- in license agreement and company merger.

(A) expert
(B) expertise
(C) most expert
(D) expertly

103. The customer support team of Printerstech Ltd. has drawn up ------- for dealing with the various issues that users report.

(A) guide
(B) guideline
(C) guiding
(D) guidelines

104. As a professional driver, it is important to drive with care so that all parcels can be delivered -------.

(A) complete
(B) intact
(C) neat
(D) usable

105. Ms. Richmond has been in ------- with New Tech for over a month about the matter concerning the new accounting software.

(A) corresponding
(B) corresponded
(C) correspondent
(D) correspondence

106. Enlarged ------- a decade ago, Hattingson Hotel accommodates the largest number of guests among all the hotels in the city.

(A) considerable
(B) considerate
(C) considerably
(D) considering

107. ------- his image projected on the large screen behind him, Moscow's new mayor delivered his opening address.

(A) While
(B) With
(C) As
(D) For

108. The customer survey conducted last month revealed that most of our clients agreed ------- our policy that ameliorates environmental friendliness.

(A) for
(B) with
(C) to
(D) as to

109. Mr. Huang encouraged every sales representative in his section to strive ------- the sales quota for the month.

(A) meets
(B) to meet
(C) meeting
(D) to be met

110. As soon as the chairperson -------, the weekly follow-up meeting started.

(A) would arrive
(B) arrived
(C) has arrived
(D) would have arrived

111. At the last phase of hiring process, the company manager Noriko Ishida herself interviews the applicants ------- her hectic schedule.

(A) unless
(B) except
(C) despite
(D) aside from

112. ------- the strong objection to the project by some executives, it was surprising that the CEO of Fine Tech endorsed it.

(A) Although
(B) Given
(C) Since
(D) Upon

TEST 1
TEST 2
TEST 3
TEST 4
TEST 5
TEST 6
TEST 7
TEST 8
TEST 9
TEST 10

GO ON TO THE NEXT PAGE

113. The newsletter reports Leaf Line Bank finally gave consent to ------- the building of the new factory in Devons.

(A) be financed
(B) finance
(C) financially
(D) financial

114. Just a few months into letting their staff work from home ------- the Internet, Campbill Technologies saw productivity increase by 30 percent.

(A) into
(B) over
(C) during
(D) of

115. This seminar on accounting software was planned to spread ------- uses in medium-sized businesses.

(A) its
(B) this
(C) which
(D) it

116. Taking account of the delivery schedule, the procurement manager opted for Moon Precision over ------- potential supplier.

(A) other
(B) the other
(C) the others
(D) those

117. Lomnie Partners provides express printing service ------- clients are able to receive their printed products on the same day.

(A) in which
(B) when
(C) that
(D) while

118. It has ------- to be decided who is going to be the head designer in L&M Design Studio.

(A) not
(B) else
(C) yet
(D) each

119. Truda's Cooking Recipes makes it possible to cook various dishes from around the world with ------- available ingredients.

(A) ready
(B) readily
(C) readier
(D) readiness

120. When purchasing a mobile phone from PT&T Communications, customers can pay for it in monthly -------.

(A) prospectus
(B) installments
(C) allowance
(D) vouchers

121. The first session of New Employee Training is about the importance of keeping your supervisor -------.

(A) woken
(B) tumbled
(C) identified
(D) informed

122. Alamo Grocery will be closed October 19 to 20 to take -------.

(A) merchandise
(B) product
(C) inventory
(D) shelf

123. To apply for the apprentice position of Managing Editor, you need to submit a ------- letter written by the former supervisor.

(A) recommends
(B) recommendation
(C) recommended
(D) recommending

124. Benfif Railway fares have remained ------- for 10 years, making it the most inexpensive means of public transportation in Chouperk.

(A) incompatible
(B) explicit
(C) inaugural
(D) unchanged

GO ON TO THE NEXT PAGE

125. The latest model of Kazama Motorcycle is ------- to the ones with higher prices in terms of quality.

(A) comparisons
(B) comparing
(C) compared
(D) comparable

126. ------- has qualified for the job so far, so we will keep posting the job advertisement next week.

(A) All
(B) No one
(C) Those who
(D) The one

127. Delegates from 20 different countries ------- in the International Marine Conservation Congress which is going to be held this summer.

(A) was assembled
(B) assemble
(C) will be assembled
(D) is assembling

128. Although visitors to the Universe and Astronomy Museum have to pay for the special exhibition, admission to the ------- exhibition is free.

(A) usual
(B) permanent
(C) common
(D) established

129. Due to the inclement weather forecast, Westwood Company's ------- scheduled for next week has been postponed.

(A) outing
(B) audit
(C) intermission
(D) patronage

130. A mechanic from Lindon Electronics Service inspected all screws to make sure that they were securely fastened, as they sometimes ------- themselves loose.

(A) play
(B) fix
(C) work
(D) hold

Part 6

Questions 131-134 refer to the following letter.

Mayor Robert Smith
120 Municipal Street
Mount Hawk, RB11923

Dear Mayor Smith,

I am sending this letter on behalf of our neighborhood to request more
streetlamps ----- on Gleenleaves Street. The street is dimly lit at night,
131.
posing a hazard to vehicles and pedestrians alike. More streetlights do help
to prevent accidents that might occur at night and ensure residents' safety.

They will also ----- the shops along the street which are now closed as soon
132.
as it gets dark. I believe more stores will remain open and people will enjoy
shopping after dark if the street is sufficiently illuminated.

A number of ----- in this neighborhood unanimously support me in this
133.

earnest petition. -----. However, in light of numerous residents using this
134.
street daily, please review this matter for the safety and happiness of your
citizens.

Thank you.
Sincerely,

Tom Sanchez

131. (A) installs
  (B) installing
  (C) installed
  (D) installation

133. (A) inhabitable
  (B) inhabitant
  (C) inhabitants
  (D) inhabit

132. (A) revitalize
  (B) demolish
  (C) decorate
  (D) transfer

134. (A) The shopping center is having a big sale tonight.
  (B) Actually, only a few people go through this Gleenleaves Street.
  (C) We understand that the city has a limited budget.
  (D) Many locals gathered at the night event.

Questions 135-138 refer to the following Web site.

Rockzland Park Cherry Festival

The blooming of the cherry trees around the park _____ a symbol of spring
135.
here in Rockzland for a long time. Around 3,000 cherry trees, planted over
four decades ago, now color the park with their pale pink and white blossoms.
Rockzland Park Cherry Festival will take place this weekend, April 4 and 5.
The festival _____ parades of floats, superb live performances by local artists,
136.
authentic Asian antiques and crafts, food stalls serving world cuisine, and
much more. _____.
137.

Free shuttle buses from Rockzland Station to the park will be operating for
the _____ of the event. For more information, please contact us at
138.
www. rockland.org.

---

135. (A) have been
(B) will be
(C) has been
(D) would be

136. (A) featuring
(B) features
(C) featured
(D) is featured

137. (A) Please note that we don't
provide any transportation.
(B) There is something for
everyone.
(C) It may be a little too early to
see the blossoms.
(D) The cafe adjacent to the
park is the best choice for
catering.

138. (A) record
(B) occupation
(C) duration
(D) accommodation

Questions 139-142 refer to the following article.

Cowphone plans a launch event for its newest phone at the upcoming Technology Trade Fair on October 20 in San Francisco. ------. Cowphone
139.
has been announcing the next year's model of their phones around this time every year.

Ms. Coward, the CEO of Cowphone, confirmed that the new phone, Cow 10, is considerably different from its predecessor, Cow 9. ------ its features,
140.
some electronics enthusiasts are expecting an innovative technology will be included in the phone. However, they need to wait until the event to see what the company will actually ------.
141.

The entire event ------ online worldwide.
142.

139. (A) A wide range of appliances has been on display.
(B) This is not a surprise at all.
(C) Participation to the event is limited to the press.
(D) The event may be cancelled this year.

140. (A) As of
(B) Following
(C) Owing to
(D) Concerning

141. (A) offer
(B) cost
(C) comply
(D) account

142. (A) was broadcasted
(B) will broadcast
(C) has broadcasted
(D) is broadcasted

TEST 1
TEST 2
TEST 3
TEST 4
TEST 5
TEST 6
TEST 7
TEST 8
TEST 9
TEST 10

Questions 143-146 refer to the following advertisement.

Need a vacation idea?

Pack your swimsuit and escape to Alma Bay Beach!

Located on the Alma Island, Alma Bay Beach is known for minimal crowd and total relaxation. You can just dive into the ocean _____ beautiful fish that
143.
you may have never seen before. Or you could savor fresh seafood in one of the many seaside restaurants. Get the best deals and personalized service from Alma Bay Beach Rentals. We have a wide selection of _____ ranging
144.
from oceanfront apartments to picturesque cottages. Just tell us your dates and budget to get a _____. Contact Alma Bay Beach Rentals at 541-555-8921.
145.
_____.
146.

---

143. (A) discovering
(B) is discovered
(C) to discover
(D) discovers

144. (A) properties
(B) invitations
(C) industries
(D) meals

145. (A) itinerary
(B) directory
(C) quote
(D) lease

146. (A) One-day Hiking towards the Alma Mountain is also an option.
(B) Our staff look forward to helping you find a relaxing place away from home.
(C) The spectacular view from the cliff is unbeatable.
(D) We hope your experience with our swimming gear would be satisfying.

TEST 4

101. Dawnbreaker Systems notified their employees in the East Asian Branch ------- the deadline to submit their self-assessment forms.

(A) to
(B) in
(C) for
(D) of

102. Candidates are strongly encouraged to show their character through the hiring process as we emphasize each employee's -------.

(A) success
(B) originality
(C) identification
(D) publicity

103. With 10 levels of dimming, the Yoko electric lamp provides perfect ------- for your room.

(A) lightly
(B) lighter
(C) lighting
(D) lighten

104. Lollitots.com offers hotel deals and tips for planning a vacation on a -------.

(A) visit
(B) budget
(C) level
(D) stopover

105. Skywalk Music Festival, originally started in Sydney, is now ------- in New York and Tokyo.

(A) organizer
(B) organize
(C) being organized
(D) organization

106. The number of available hotel rooms displayed on the Web site is updated ------- to reflect the latest changes.

(A) period
(B) periodical
(C) periodic
(D) periodically

107. ------- has been working at the company for more than 10 years is entitled to the special paid leave for two weeks.

(A) Whom
(B) Whichever
(C) Whoever
(D) Those

108. Grand Gulfiers, the nation's leading company in electronics, has cut spending ------- the board by 5 percent.

(A) across
(B) from
(C) opposite
(D) against

109. Should any questions regarding the product -------, please contact Customer Service at 650-555-7687.

(A) arises
(B) arise
(C) arose
(D) arisen

110. The Housie Factory's vision is to ------- to its clients' needs regardless of the size and price of the order.

(A) inform
(B) occur
(C) cater
(D) progress

111. Before being assigned to overseas branch offices, employees are required to take a two-week ------- course for learning local languages.

(A) intensively
(B) intensify
(C) intensity
(D) intensive

112. Due to such short notice, ------- could participate in the company beach-cleaning event last year.

(A) each
(B) many
(C) both
(D) few

113. Mr. Wu got the post of accounting ------- at MMMS Manufacturing.

(A) supervising
(B) supervision
(C) supervisor
(D) supervisory

114. This confidential database may be accessed and used ------- you comply with all terms and conditions listed below.

(A) so that
(B) provided that
(C) as well as
(D) due to

115. All ------- from the Earth Music Day event will be donated to the Green Conservation Fund.

(A) proceeding
(B) proceeds
(C) proceeded
(D) to proceed

116. At Casabe Cooking Studio, those who got referred by existing members are ------- from the admission fee.

(A) waived
(B) chargeable
(C) exempt
(D) financed

117. At the next weekly meeting, the project manager will introduce leading engineering ------- Mr. Adams to the team members.

(A) technical
(B) technician
(C) technically
(D) technique

118. The board of directors ------- the new budget for the advertising campaign of Grab-n-Run sports beverage.

(A) manufactured
(B) reinvested
(C) promoted
(D) endorsed

119. Due to the increase in online shopping sales, jobs in the transport industry are growing in -------.

(A) stock
(B) place
(C) order
(D) demand

120. Elevator preventive maintenance inspections are critical ------- ensuring compliance with building regulations.

(A) once
(B) in
(C) against
(D) since

121. ------- before there were no vegetarian options available in the area, visitors can now enjoy plant-based dishes at the Longate Café.

(A) Among
(B) Which
(C) Whereas
(D) Besides

122. Russells Greenways ------- the long-selling McJeff Greenies cookie brand in exchange for $100,000 last month.

(A) added
(B) combined
(C) merged
(D) acquired

123. The operating crew are strongly advised to have their safety instruction manual ------- hand.

(A) with
(B) on
(C) by
(D) as

124. Maud Grey Associates developed the Super 5570 aircraft so that it will be ------- for mass production.

(A) adapt
(B) adapting
(C) adaptable
(D) adaptively

TEST 1
TEST 2
TEST 3
TEST 4
TEST 5
TEST 6
TEST 7
TEST 8
TEST 9
TEST 10

125. Our summer culinary course will provide ------- that enable attendees to gain upward mobility in the kitchen.

(A) credentials
(B) creditably
(C) credible
(D) credit

126. The local newspaper reports the business partnership between Filters Communications and Jumboree Holdings is ------- beneficial to both companies.

(A) commonly
(B) preferably
(C) mutually
(D) separately

127. Resort areas in Los Angeles, a popular holiday destination, ------- in tourists from all over the world.

(A) abundance
(B) abundant
(C) abound
(D) abounds

128. ------- early next week, those who don't have ID may not enter the company building.

(A) In case
(B) Since
(C) As of
(D) Occasionally

129. All the buildings constructed by Yeller Housing ------- with steel beams with increased stability.

(A) is reinforced
(B) are reinforced
(C) reinforce
(D) to reinforce

130. The new model of the electric oven produced by Floppers Cookware is almost ------- to its predecessor.

(A) reverted
(B) independent
(C) averse
(D) identical

Part 6

TEST 1
TEST 2
TEST 3
TEST 4
TEST 5
TEST 6
TEST 7
TEST 8
TEST 9
TEST 10

Questions 131-134 refer to the following advertisement.

Clement Imagery

With more than 50 years in the industry, Clement Imagery is Durant's most ------ name in photography. We are best known for wedding photography. **131.** However, we ------ an excellent reputation for corporate work and nature **132.** photography, too. Speak with our helpful salespeople about our competitive rates and simple booking process.

------. We have many of our award-winning photographs on display. You can **133.** also take advantage of our end-of-year ------ sale. We have a variety of new **134.** and used cameras, tripods, and film stock for you to choose from.

234 Sully Road, East Brighton
TEL: 832-555-4394   E-mail: sales@clementphoto.com

131. (A) trusting
(B) trust
(C) trusts
(D) trusted

132. (A) were earning
(B) have earned
(C) had earned
(D) are earned

133. (A) Visit our gallery in East Brighton.
(B) We are looking for talented photographers.
(C) The annual photography contest is next month.
(D) Our illustrations are used in many publications.

134. (A) print
(B) frame
(C) equipment
(D) album

Sanders Café in Paddington is one of Dunhill's most trendy places to spend time. The owners have recently expanded the café by purchasing a neighboring building. _____. The food is a mixture of Italian and French cuisine that has a broad _____ to the citizens of Dunhill.
135.   **136.**

Prices are comparatively high. However, they are typical for Paddington, which is one of the city's most _____ areas. The café _____ special events
137.   **138.**
several times a week. On Thursday nights, they have screenings of student films from the local university, and on Saturdays, there is live musical entertainment. Despite the café's popularity, it is not usually necessary to have a reservation unless you are bringing a particularly large group.

135. (A) It is a brief walk from Sanders Café and offers the same menu.
(B) The newly opened section has individual dining rooms for private functions.
(C) The land was cheap as a result of the area's recent financial downturn.
(D) Despite the additional space, bookings are still required.

136. (A) appealingly
(B) appealing
(C) appeal
(D) appealed

137. (A) affluent
(B) secluded
(C) reasonable
(D) anticipated

138. (A) was hosting
(B) is hosted
(C) will host
(D) hosts

To: Syd Chang <schang@newduck.com>

From: Haley Montgomery <hmontgomery@serpentpublishing.com>

Date: 6 November

Subject: Your book

Dear Mr. Chang,

I am happy to inform you that the editor Ann Carter at *Summer Style* has read your latest book. ----- you were not aware, *Summer Style* is Australia's best
                                                    139.
selling interior decorating magazine. Ms. Carter has asked for an interview with you for an article. Positive press like this always leads to a huge increase in sales. I certainly encourage you to -----. The interview is to be held at the
                                                              140.
Summer Style offices here in Sydney. A writer from *Summer Style* is available on Monday, 10 August and Thursday, 13 August. Please let me know if you can attend. I will communicate your ----- to Ms. Carter. -----.
                                                   141.   **142.**

Sincerely,

Haley Montgomery

---

139. (A) In case
(B) As long as
(C) Unless
(D) Of course

140. (A) apply
(B) submit
(C) promote
(D) comply

141. (A) gratitude
(B) preference
(C) finding
(D) requirement

142. (A) Fortunately, you can have the interview in Melbourne.
(B) The article will be featured in a financial publication.
(C) Naturally, Serpent Publishing will cover your travel expenses.
(D) The article will be published before the book is released.

Questions 143-146 refer to the following memo.

To: Factory Managers

From: Miles Dunn

Date: July 7

Subject: Upgrades

Dear Managers,

We need help identifying some areas of inefficiency. ------, I have asked a
                                                     143.
team of engineers from Steele Robotics to come in and evaluate the plant.
The team will be here on Thursday and Friday next week. Please allow ------
                                                                      144.
full access to your sections. You will be able to recognize Steele Robotics
staff from the orange overalls and name badges. You should let your section
know ------ visitors and to answer any questions that may arise. I would also
     145.
like you to assure our staff that the advice we receive will not affect their
employment. ------.
            146.

Sincerely,

Miles

143. (A) Nevertheless
 (B) As though
 (C) Therefore
 (D) Indeed

144. (A) me
 (B) them
 (C) him
 (D) yourself

145. (A) expected
 (B) expects
 (C) is expecting
 (D) to expect

146. (A) We will retain our current workforce for the foreseeable future.
 (B) We will use the information to reduce our labor costs.
 (C) The team will be installing some more powerful lighting.
 (D) Anyone who cannot attend must notify management.

TEST 5

101. Cottbus Market, a flea market for antique chinaware, will be open on the third weekend of ------- month starting in June next year.

(A) most
(B) each
(C) all
(D) other

102. For decades, Lococoaters has been ------- on foreign factories to manufacture its petroleum products.

(A) dependent
(B) depend
(C) depended
(D) dependence

103. We are unable to process online applications submitted ------- noon and 2 P.M. on October 20 due to a server update.

(A) before
(B) between
(C) until
(D) by

104. The signature product of Zoominwall Furniture is the elegant dining table with a ------- top.

(A) removing
(B) removal
(C) removable
(D) removed

105. Happifood works with retailers and manufacturers in order to identify ways of increasing the beneficial use of ------- food.

(A) surplus
(B) interest
(C) rate
(D) merit

106. Planetarium visitors can either book in advance on the Web site ------- purchase tickets upon arrival.

(A) and
(B) or
(C) by
(D) until

107. Trippist.web provides ------- prices of gadgets that are produced in Asia, along with over 1,000 user reviews.

(A) state-of-the-art
(B) up-to-date
(C) part-time
(D) top-rated

108. Permission is needed to enter the manufacturing plant, ------- proper safety measures must be taken.

(A) without
(B) since
(C) so that
(D) in spite of

109. A study ------- last month provided insight into what was needed to improve working conditions and maximize productivity.

(A) was released
(B) released
(C) is being released
(D) releasing

110. At next month's exhibition, we are planning to ------- the brand-new model of our vacuum cleaner, whose features include a long-lasting battery.

(A) redeem
(B) observe
(C) accept
(D) display

111. This booklet, which is considered a must for businessmen, has been ------- great demand ever since its first edition.

(A) on
(B) for
(C) to
(D) in

112. The chairperson ------- up the Scientific Conference with a summary of the keynote presentations.

(A) gave
(B) drew
(C) wrapped
(D) signed

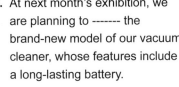

GO ON TO THE NEXT PAGE

113. Former Above and Beyond Recognition ------- include two of our coworkers in the Development Department.

(A) artifacts
(B) recipients
(C) orders
(D) policies

114. This map of the Hurraly Hotel shows ------- where the fire alarms are located.

(A) explicit
(B) explicitly
(C) explicitness
(D) explicative

115. ------- as a small group of locals selling handmade goods, the Knitsewers has grown to become one of the largest textile companies in the area.

(A) Original
(B) To originate
(C) Originate
(D) Originating

116. At the annual meeting, it was announced that Mark Tanaka, CEO of KGGI Motors, will step ------- and hand the position over to his son.

(A) up
(B) forward
(C) inside
(D) aside

117. Greills Corporate handles the majority of its product distribution through its -------, which guarantees prompt delivery.

(A) affiliation
(B) affiliated
(C) affiliate
(D) affiliating

118. The revenue office will thoroughly inquire ------- the company's financial dealings of the previous year.

(A) of
(B) for
(C) into
(D) from

119. Megamal Place announced the release of a limited edition of the Shoppers Card ------- customers to redeem up to two coupons per visit.

(A) enable
(B) have enabled
(C) enables
(D) enabling

120. We hope to achieve a sustainable society by providing ------- alternatives to petroleum-fueled vehicles.

(A) viable
(B) viability
(C) viably
(D) vibrancy

121. Consumers tend to be more involved ------- buying products that they believe can fill their own needs.

(A) by
(B) with
(C) to
(D) for

122. The leaders of each team require ------- evaluation sheets by their members at the end of every month.

(A) submit
(B) submitting
(C) to submit
(D) submitted

123. Daisytown Troupe's new theater will be ------- to the old city library, which was recently repurposed as a café and a community center.

(A) adjacent
(B) subsequent
(C) visible
(D) subordinate

124. The basic rates of our tours are ------- of all fees and expenses during the trip, such as meals and entrance fees.

(A) including
(B) inclusiveness
(C) inclusive
(D) include

TEST 1
TEST 2
TEST 3
TEST 4
TEST 5
TEST 6
TEST 7
TEST 8
TEST 9
TEST 10

GO ON TO THE NEXT PAGE

125. The Tallrocks Museum is located across from City Hall, ------- Genew Shopping Boulevard.

(A) among
(B) till
(C) where
(D) on

126. As the director was explaining the sales figures on the screen, brochures were ------- out to the audience.

(A) passed
(B) spread
(C) issued
(D) taken

127. No more than two employees are permitted at once in ------- of the clean rooms to ensure germ-free conditions.

(A) any
(B) all
(C) each
(D) those

128. The project team decided to ------- the Fruiteacal Drink to improve its taste and reduce the sweetness.

(A) dilute
(B) add
(C) dispose
(D) compare

129. Many of our top salespeople say successful closing depends on ------- you prepare for the appointment beforehand.

(A) how
(B) that
(C) it
(D) which

130. The City Committee's ------- suggestion about locating the Business District in the south of Longman City was met with opposition from the residents.

(A) initial
(B) initiative
(C) initiated
(D) initially

Part 6

TEST 1
TEST 2
TEST 3
TEST 4
TEST 5
TEST 6
TEST 7
TEST 8
TEST 9
TEST 10

Questions 131-134 refer to the following advertisement.

Shop at Short Thrifty This Summer

Do you have a limited budget, or are you interested in ----- ? At Short Thrifty,
we deal with a variety of used high quality -----. Shopping at our place is the
perfect solution if you are considering getting an electronic device to use in
your house at a cheaper price.

Aside from selling secondhand goods, we are also interested in buying things
that you want to get rid of. Simply come to our store with the ----- you wish
to sell, and we will tell you our purchase price. -----. For more information,
contact us at 767-555-0001.

131.
132.
133.
134.

---

131. (A) sustain
(B) sustaining
(C) sustainable
(D) sustainability

132. (A) stationery
(B) furniture
(C) appliances
(D) utensils

133. (A) notice
(B) article
(C) book
(D) information

134. (A) For larger equipment, we can visit your
house and give an estimate.
(B) Our goods all come with a one-year
warranty.
(C) We have served the Middle City area for
ten years.
(D) Shipping usually takes three to five
business days from the date of purchase.

To: All Employees
From: William Erikson
Date: 4 October
Subject: Details of the new company housing

Dear All,

As you know, we have ----- a contract with Unotres Holdings for the
135.
construction of our new company dormitory. The residence is located near
Brookside Station, a ten-minute-walk from the Main Center. -----. This is one
136.
of the buildings we offer in our housing subsidy program which is part of our
benefits -----.
137.

If you are considering moving into this dormitory, take part in one of our
briefing sessions starting this Friday. The sessions ----- approximately an
138.
hour. I have attached the schedule and outline of the presentation I will be
giving to this e-mail.

I kindly ask you to confirm your attendance by replying to
werikson@colbridge.com.

Yours Sincerely,

William Erikson
General Affairs Department, Colbridge Electronics

---

135. (A) terminated
(B) finished
(C) negotiated
(D) rejected

136. (A) The move-in date will be June 14.
(B) The building has long been a landmark
of our city.
(C) Some workers prefer to work from
home.
(D) Our factory produces precision
machine parts.

137. (A) package
(B) concert
(C) assessment
(D) fortune

138. (A) will last
(B) has lasted
(C) lasting
(D) is lasting

To: hanatanaka@esishyd.ga
From: info@doplhairsalon.com
Date: 17 November
Subject: Thank you

Dear Ms. Tanaka,

Thank you for your recent visit to Dopl Hair Salon. We would ------ feedback
                                                              139.
on your experience with us. Click on the link below to post a review on our
Web site.

doplhairsalonreviews.com

We are offering samples of ------ shampoo to customers who have submitted
                            140.
a review. You will receive an e-mail ------ your post has been authorized.
                                      141.
The e-mail will have an attachment with a questionnaire asking about the
condition of your hair. Please complete it and send it back to us. Within two
weeks, a free 50-milliliter bottle of shampoo tailored just for you will be sent
to your address. If you wish to continue using the shampoo, you will be able
to order the same formula in a larger bottle. ------.
                                              142.

Best Regards,

Dopl Hair Salon Crew

139. (A) acknowledge
    (B) appreciate
    (C) provide
    (D) maintain

140. (A) customized
    (B) relevant
    (C) successful
    (D) traditional

141. (A) besides
    (B) after
    (C) while
    (D) despite

142. (A) Do not miss this opportunity to try out one
       of our high-quality hair care products.
    (B) The staff is pleased with your positive
       comments about our service.
    (C) This maintenance service will take less
       than 10 minutes.
    (D) Our haircut prices include shampoo and
       blow-dry.

Questions 143-146 refer to the following letter.

Alina Shmitz
3702 Willis Avenue
Jacksonville, FL

Dear Ms. Shmitz,

Thank you very much for meeting with us to talk about the Web Developer position. ------ Smith & Paners, I am delighted to inform you that we have
143.
determined that you are the best candidate for this position. ------. We are
144.
sure that it will contribute to improving our business even more.

You ------ at the Information Center, located on the fifth floor of our main
145.
building. Nancy Fulmer from the Human Resources department is assigned
to assist you in the job training process. Reach out to ------ if you have
146.
any questions about it. We are looking forward to working with you from
September.

Respectfully yours,

Julian Walters
Human Resources Department
Smith & Paners

---

143. (A) Thanks to
(B) On behalf of
(C) To mention
(D) On account of

144. (A) The selection process consists of two phases, a pre-employment test and an interview.
(B) You can now send your résumé and other documents through our Web site.
(C) Our company needs more skilled employees in order to expand our business.
(D) We were especially impressed with your outstanding knowledge of programming languages.

145. (A) are working
(B) will be working
(C) had been working
(D) have worked

146. (A) me
(B) her
(C) them
(D) it

TEST 6

Part 5

101. The associate developers of a new application software ------- some of the tasks to expedite the process.

(A) outsources
(B) outsourcing
(C) to outsource
(D) outsource

102. The chief executive has shown a keen ------- in the team project to redesign the successful KITI-423 model.

(A) interesting
(B) interest
(C) interested
(D) interestingly

103. The sales of Nostaly Co. have been growing ------- in recent years due to the growth of the logistics marketplace.

(A) exponentially
(B) intentionally
(C) heavily
(D) hardly

104. Thomas Barks expressed the importance of an internal network server to maintain -------- client information.

(A) confidence
(B) confident
(C) confidently
(D) confidential

105. Although some flag carriers have increased the number of flights to Altame Airport, others have reduced -------.

(A) them
(B) theirs
(C) themselves
(D) those

106. When submitting a travel expense report, please detail any expenses ------- and attach receipts accordingly.

(A) incurring
(B) incurred
(C) will incur
(D) had incurred

107. ------- Joanne Lu appreciated her former workplace's offer, she declined the opportunity because she was already running her own business.

(A) While
(B) When
(C) For
(D) In spite of

108. Felix Gallardo credited his colleagues ------- their excellent achievements in the World Culinary Convention.

(A) beyond
(B) at
(C) with
(D) to

109. On the survey conducted last month, 75 percent of the people who read the ------- version of articles from The Daily Hutman have answered that they do so to consume the news quickly.

(A) editorial
(B) intelligent
(C) abridged
(D) emerging

110. Our customer service line responds 24 hours a day ------- you can be at ease knowing you can have help anytime.

(A) when
(B) so
(C) until
(D) because of

111. There are several hotels and cafeterias in the immediate ------- of Hattingson Station.

(A) vicinity
(B) centerpiece
(C) installment
(D) closure

112. The online article on ------- a famous movie director, Jason Sanchez had commented has been viewed more than 30,000 times.

(A) those
(B) it
(C) that
(D) which

113. The 50-year-old Barkinson Apartment ------- in favor of the construction of a library in its place.

(A) to demolish
(B) had demolished
(C) demolished
(D) was demolished

114. The manager showed his appreciation towards company workers by delivering his ------- address at the Joite Electrons anniversary ceremony.

(A) feasible
(B) upcoming
(C) private
(D) inaugural

115. The contract ------- states all residents of Alliene Court must notify the management office at least a month before moving out.

(A) clarification
(B) cleared
(C) clear
(D) clearly

116. I11 Furniture has explained the reason for their low ------- rate as a result of their employee benefits.

(A) outcome
(B) proposal
(C) personnel
(D) turnover

117. Tickets are ------- on the condition that they have the bearer's signature on them.

(A) valid
(B) validly
(C) validating
(D) validation

118. The Goatshe Project that had been under consideration for over 11 months was finally confirmed by a ------- vote at the board meeting.

(A) unique
(B) unanimous
(C) subtle
(D) prompt

119. To view the list of companies
------- into Electricity Vista
Cooperative, click on the link
below.

(A) consolidated
(B) consolidation
(C) consolidator
(D) consolidates

120. The salary offered for all
positions should be ------- with
the candidate's experience.

(A) equal
(B) acquired
(C) commensurate
(D) applicable

121. Currently looking for the
volunteers for community -------,
the founders of Fine Helpers
wants many local people to join.

(A) outreach
(B) outreached
(C) to outreach
(D) outreaches

122. The Asitno Castle was the only
medieval construction of Kiztsu
City that remained ------- to this
day.

(A) consecutive
(B) intact
(C) professional
(D) concise

123. Even though the Town Library is
usually open on weekdays, it will
be closed on September 5 in
------- of a national holiday.

(A) observance
(B) observatory
(C) observed
(D) observing

124. Goodrite Foods uses food
coloring derived from plants
------- artificial ones.

(A) or
(B) into
(C) instead of
(D) such as

GO ON TO THE NEXT PAGE

125. Board members of S&AT Holdings went on a two-day ------- in Florida to discuss the long-term goals of the company.

(A) retreat
(B) amendment
(C) delegation
(D) subsidiary

126. Made of water ------- materials, Hiking Pants is suitable for any outdoor occasion.

(A) repel
(B) repelled
(C) repellent
(D) repellently

127. Maintaining the security of the bureau's headquarters, ------- take turns patrolling the building area 24 hours a day.

(A) commuters
(B) faucets
(C) anecdotes
(D) custodians

128. ------- the fact that Kina Tsui had partnered with the Yoronie brand, product sales rose sharply.

(A) Owing to
(B) Besides
(C) According to
(D) During

129. Nick Lorenzini has written the ------- guide to New Zealand based on his 3-year stay in the country.

(A) definer
(B) definition
(C) definitive
(D) definitely

130. All vehicles and auto body parts displayed on this Web site are ------- offer and available for purchase.

(A) to
(B) in
(C) on
(D) by

Part 6

TEST 1
TEST 2
TEST 3
TEST 4
TEST 5
TEST 6
TEST 7
TEST 8
TEST 9
TEST 10

Questions 131-134 refer to the following Web page.

---

www.soapsgallery.com

Soaps Gallery is the best place for those who are enthusiastic about pottery. We exhibit more than 5,000 pieces dating back to prehistoric times. _____ **131.** people enjoy the intricate designs of Chinese ceramics. Visitors can also watch animated films in the theater room _____ **132.** the process of making pottery. _____ **133.** show what materials are used, and how the clay is formed into various shapes.

We also hold an hour-long pottery workshop at 1 P.M. on Sundays, where visitors can make their own plates. _____. **134.** We suggest checking our Web site prior to your visit.

---

131. (A) Almost
(B) Every
(C) Most
(D) Few

132. (A) to explain
(B) explaining
(C) explained
(D) will explain

133. (A) Both
(B) Each
(C) Another
(D) They

134. (A) We expect so many people to attend this annual event.
(B) Please note that the schedule is subject to change.
(C) Visit our Web site to learn about the facility reservation.
(D) Applicants must provide a recommendation letter from your former employer.

Questions 135-138 refer to the following advertisement.

Are you looking for a _____ for your next trip? Vanb Rentals has a large
135.
collection of vans, trucks, sedans, and even bicycles! You can rent one of
these from a minimum of one hour up to a month. _____. Enter the type of car
136.
you need, and how long you want to rent it for. Once you submit your driver's
license when you arrive, you are good to go. You do not _____ need to return
137.
your car to where you picked it up. All you have to do is to _____ it at one
138.
of our 30 shops in San Francisco. No more wasted time on your precious
vacation!

135. (A) vehicle
     (B) backpack
     (C) landmark
     (D) planner

136. (A) Upon reservation, you must hand in an
         inquiry in person.
     (B) Therefore, we need to hire more drivers
         now.
     (C) Give us a call when you have trouble
         with the travel details.
     (D) Booking can be done from our Web site.

137. (A) necessity
     (B) necessary
     (C) necessarily
     (D) necessaries

138. (A) acquire
     (B) board
     (C) leave
     (D) complete

TEST 1
TEST 2
TEST 3
TEST 4
TEST 5
TEST 6
TEST 7
TEST 8
TEST 9
TEST 10

Questions 139-142 refer to the following article.

Codd Solutions Inc., an emerging Internet provider, announced yesterday
that its high-speed service area has been expanded to the island areas, ------
139.
existing services in the metropolitan districts of Vancouver. Codd Solutions
Inc. is now providing its services in 600 cities in Canada, and will continue
to expand nationwide coverage areas by building out base stations. If Codd
Solutions Inc. achieves ------ coverage, it will become the first company
140.
to do so in the country. ------. According to President Julia Fernandez, this
141.
award was the result of the company's unwavering efforts to satisfy customer
needs. She thinks that their motto, "Customer First" was important for ------
142.
this.

---

139. (A) as far as
(B) concerning
(C) including
(D) in addition to

140. (A) full
(B) inadequate
(C) partial
(D) selective

141. (A) The new mobile device is most popular
among people in their 20s and 30s.
(B) Moreover, Codd Solutions Inc. has been
voted as the best Internet provider this
year.
(C) Codd Solutions Inc. plans to launch
another service in the following month.
(D) The new service will be available for users
traveling overseas.

142. (A) forcing
(B) locating
(C) achieving
(D) preparing

Questions 143-146 refer to the following notice.

To Birchston Apartment Residents

We are holding the monthly Birchston Charity flea market on February 29. The flea market is an opportunity to get rid of unwanted clothes. Last month's event attracted more than 500 people seeking cheap _____ and more
143.
people are expected to come this time. _____ this, the venue was changed
144.
to Middletones Square. Residents may bring up to 30 items of unused or used garments to the municipal parking lot. Upon _____, you can book a lot to
145.
use for selling your items. _____. Remember to put this on whenever you are
146.
on site as this will be your identification. Our support team will be happy to answer any questions at 980-555-0002.

Linda Nakamoto, Birchston Management

143. (A) books
(B) tools
(C) apparel
(D) materials

144. (A) Because of
(B) Except for
(C) Apart from
(D) On top of

145. (A) register
(B) registered
(C) to register
(D) registration

146. (A) Selling medical items is strictly prohibited.
(B) The staff will also lend you an ID badge.
(C) You are strongly advised to bring small change.
(D) If it rains, the date will be changed to the following day.

TEST 7

101. Tech Wore Phone has launched a new model of smartphone available ------- black, silver, and yellow.

(A) on
(B) at
(C) to
(D) in

102. ------- offered a senior manager position, Ms. Park had been employed at GS Motors just for two years.

(A) As much as
(B) In case
(C) Rather than
(D) When

103. Mr. Connell was given a commemorative ------- at his retirement party after 40 years of service to the company.

(A) plaque
(B) significance
(C) edge
(D) installment

104. ------- her career as a photographer, Ola Kane is a renowned environment activist.

(A) Nevertheless
(B) Instead of
(C) Depending on
(D) Aside from

105. A considerable number of citizens ------- participate in the Repulse Bay Beach Cleanup every year.

(A) concernedly
(B) concern
(C) concerned
(D) concerning

106. Packets of material for the marketing seminar were handed out to ------- of the participants at the reception.

(A) each
(B) every
(C) other
(D) whose

107. ------- you have experience in engineering, you are welcome to apply for the vacant position at Markey Factory.

(A) Whoever
(B) Whether
(C) If
(D) So

108. Yorktown Café, which is adjacent to City Hall, is where locals can spend time relaxing with their families or friends ------- a cup of coffee.

(A) besides
(B) on
(C) over
(D) for

109. Gold Life Accounting Firm ------- to consider relocating to another location due to the aging of its building.

(A) has made
(B) making
(C) to make
(D) was made

110. Recruits at ICA Consultants will be ------- clerical work for the first few weeks.

(A) mentioned
(B) inquired
(C) transmitted
(D) allocated

111. Employees will be encouraged to take the train to work during the ------- of the road in front of the office.

(A) wide
(B) width
(C) widening
(D) widely

112. The performance of the sales team since Serena Gene was inducted as its chief has been considered fairly -------.

(A) example
(B) exemplify
(C) exemplary
(D) examination

113. CloseClothes Company does market research and product development in ------- departments.

(A) separation
(B) separating
(C) separately
(D) separate

114. You need to check with the City Council before ------- signs on public facilities.

(A) putting up
(B) striving for
(C) conversing with
(D) filling out

115. Mr. Lewis revealed that the key to his success in an administrative position was to care about team members and to ------- their confidence.

(A) associate
(B) demolish
(C) bolster
(D) distract

116. ------- displayed on a shelf, *Happiness of Healthy Diet* has been a best-selling book this month.

(A) Respectively
(B) Prominently
(C) Subsequently
(D) Reluctantly

117. Larry's Antique Market has attracted ------- collectors both within and outside of the town.

(A) avid
(B) obscure
(C) present
(D) pivotal

118. Given that it ------- its target sales figures last quarter, the sales team will be rewarded at the company dinner next week.

(A) exceeded
(B) will exceed
(C) was exceeded
(D) exceeds

119. Use of the images on this Web site is permitted only to companies and individuals ------- in writing.

(A) having authorized
(B) authorization
(C) authorized
(D) authorizing

120. Chief editors have been given ------- to select writers for each article in the magazines.

(A) discretion
(B) opposition
(C) dominance
(D) service

121. In the event that the interview is rescheduled, you will be ------- shortly of the new date via e-mail.

(A) inputted
(B) written
(C) reported
(D) notified

122. In the workshop next month, you can learn a ------- approach to social media marketing based on practice.

(A) successfully
(B) success
(C) succeeded
(D) successful

123. BTC gift cards can be purchased and used at the ------- stores listed on our Web site.

(A) hygienic
(B) affiliate
(C) original
(D) decorative

124. We recently hired three experienced workers, two of ------- were assigned to Human Resources.

(A) who
(B) those
(C) whom
(D) which

125. The Spinee Dam ------- water which is then supplied to industrial facilities in the Harakoz metropolitan area.

(A) boosts
(B) stores
(C) locates
(D) assembles

126. ------- homeowners are holding back on selling as demand for properties keeps increasing.

(A) Almost
(B) Many
(C) Either
(D) Those of

127. Although Mr. Martin has worked for the advertisement team for just three years, he is drawing much attention due to his ------- performance.

(A) complimentary
(B) invalid
(C) superb
(D) likely

128. The latest movie directed by Aaron Brandt became popular ------- as early as its first week of release.

(A) keenly
(B) nationwide
(C) quarterly
(D) meanwhile

129. A special dinner at the five-star restaurant Diming Dinner ------- our one-day Hong Kong Tour.

(A) culminates
(B) inclines
(C) locates
(D) commits

130. Green Space Supermarket is having a campaign where customers buying two or more locally-grown onions will get ------- free of charge.

(A) few
(B) them
(C) it
(D) another

Part 6

TEST 1
TEST 2
TEST 3
TEST 4
TEST 5
TEST 6
TEST 7
TEST 8
TEST 9
TEST 10

Questions 131-134 refer to the following notice.

Our dining area is currently unavailable due to expansion work. Since our restaurant ----- as one of the "top places for dinner in Bridgewater" in
131.
the local newspaper last year, our guests have doubled. These days, we always have long waiting lines on weekends. In order to accommodate more customers, we ----- a renovation of the eating space.
132.

The dining room will be closed until July 25. -----, you can still enjoy some
133.
of our popular dishes at home. The list includes all-time favorites such as Mamma's Lasagna, Garlic Bread and Chicken Steak. For orders over $100, we offer free delivery to your door. You can either call 443-555-2121 or just drop in at our place. -----.
134.

Pastew Kitchen

131. (A) chose
(B) was chosen
(C) choosing
(D) chosen

132. (A) will undergo
(B) are undergoing
(C) have undergone
(D) underwent

133. (A) Moreover
(B) Nevertheless
(C) Unfortunately
(D) Additionally

134. (A) We will let you know the construction date as soon as possible.
(B) To apply for the part-time server job, send us an e-mail.
(C) The pizza oven has recently been refurbished.
(D) Keep in mind that some dishes might take longer to prepare.

Questions 135-138 refer to the following article.

MANCHESTER (14 June)- The Rossom Garden will be holding a festival this weekend to celebrate its fiftieth anniversary this year. ------ Ms. Barbara

135.

Delarosa is known for her love of roses since her youth. She wrote in her autobiography about her ------, "The roses are my children." Ten new varieties

136.

have since been created by her, ------ them the "Barosa." ------. During the

137.   138.

festival, there will be stands around the Garden selling various rose goods such as rose soap, jam, and fragrances. Visitors can enjoy over 100 kinds of roses in full bloom while strolling in the sun.

135. (A) Governor
(B) Interpreter
(C) Founder
(D) Chairperson

136. (A) passion
(B) observation
(C) offer
(D) criticism

137. (A) despite
(B) among
(C) and
(D) while

138. (A) A lot of people have visited the Rossom Garden.
(B) One of her children is taking care of the property.
(C) The book has been selling very well recently.
(D) Its petals are purple with a blue tint to them.

Questions 139-142 refer to the following e-mail.

To: minihara@bbu.com

From: crosenberg@edipub.com

Date: February 9

Subject: Comic Adaptation Request

Dear Ms. Hara,

I work at Editerione Publishers, and recently read your novel Burlesca serialized in the weekly magazine Goofdailer. Being an editor ----- , I was **139.** fascinated by the carefully structured plot and well written characters. Would you consider adapting your work for comics? Nowadays, comic books are popular among adults as well as the youth. As you have a very ----- writing **140.** style, I am confident that it will attract readers of all ages. Your vivid imagery ----- easily into visual media. Please inform us if you are interested in this **141.** offer, so that we can meet together to discuss the details further. ----- . **142.**

Sincerely,

Cristine Rosenberg

Chief Editor, Editerione Publishers

---

139. (A) yourself
(B) myself
(C) himself
(D) oneself

140. (A) describing
(B) described
(C) descriptive
(D) descriptively

141. (A) could be translated
(B) might have translated
(C) has been translated
(D) to be translated

142. (A) I hope that I have answered your question.
(B) Your payment needs to be done by credit card.
(C) We will send you an itinerary as soon as possible.
(D) I am looking forward to hearing from you.

Tired of buying drinking water from the store? We confidently recommend you try Triplet Water Dispenser! You will be able to enjoy cold or hot water any time of the year at your convenience. There is no need for you to do anything for installation. Once you apply for the service online, our staff will visit your house and ----- the equipment for you. Triplet Water comes in a
143.
24-liter bottle. When the ----- water reaches a certain level, an alert will be
144.
automatically sent to order a new bottle. Our staff will come to pick up empty water bottles in ----- for a new one. -----. We guarantee that you will never
145.   **146.**
run short of water again!

143. (A) set up
(B) take away
(C) look into
(D) pull out

144. (A) remained
(B) remaining
(C) remains
(D) remainder

145. (A) insurance
(B) quality
(C) brief
(D) exchange

146. (A) Send us back the bottles when you have finished drinking.
(B) Our support team would be happy to answer any problem you have with the laptop.
(C) Thank you for taking the time to take part in our survey.
(D) Ninety Seven percent of our customers have expressed satisfaction with our service.

TEST 8

101. All employees were reminded ------- the meeting to attend the ceremony to mark the company's twentieth anniversary.

(A) of
(B) when
(C) at
(D) though

102. The Superiron should not be used directly on garments made of polyester ------- synthetic fibers are susceptible to high heat.

(A) to
(B) since
(C) so
(D) without

103. According to the online survey, a few customers expressed ------- with the content of the Goodfood delivery subscription.

(A) satisfactorily
(B) satisfactory
(C) satisfaction
(D) satisfy

104. Please be advised that you should renew your membership in time in order not to ------- it invalid.

(A) ratify
(B) render
(C) issue
(D) incur

105. The ------- version of the budget proposal, approved by the department head, must be handed in by Friday.

(A) leading
(B) final
(C) meticulous
(D) blank

106. Mr. White expressed the appreciation ------- his sales team members to the marketing department for its providing information in a timely manner.

(A) in
(B) for
(C) to
(D) of

107. The Groudile Restaurant decides ------- dishes will be on the recommendation menu based on the home-grown vegetables available each day.

(A) those
(B) its
(C) what
(D) how

108. Our restaurant will appear on the cover of the June issue of *HealthLives* magazine, which features ------- dishes for vegetarians.

(A) palatable
(B) tenacious
(C) fruitful
(D) discreet

109. A couple of weeks ------- the busiest season of the year, Qroad Inc. has been providing its employees with complimentary meals to help them stay in shape.

(A) into
(B) for
(C) on
(D) since

110. Palmer Consultations specializes in increasing product sales ------- effective branding techniques and promotion strategies.

(A) because
(B) through
(C) despite
(D) yet

111. Of the popular programs at GML Radio, BB's Music and Cooking Channel is ------- running the longest.

(A) what
(B) other than
(C) the one
(D) aside from

112. Riverdale Hill branch will conduct a poll next month and choose its head -------.

(A) from within
(B) in addition
(C) in case
(D) so far

113. Whenever a delay in shipment occurs, clients ------- quickly of it via e-mail.

(A) information
(B) inform
(C) are informed
(D) informal

114. Library visitors can have ------- to the materials in the stack room when filling out paperwork.

(A) accessibly
(B) accessory
(C) accessing
(D) access

115. Mr. Brown has been looking for a venue where he can ------- a farewell party for Ms. Cooper, who is going to be transferred to a different branch.

(A) accommodate
(B) post
(C) admonish
(D) throw

116. Cubic Cream will be ------- several of its current ice cream choices, which will be replaced with new ones based on customer requests.

(A) accessing
(B) specializing
(C) discontinuing
(D) combining

117. Pour the cake batter into a square pan and ------- out the surface with a spatula.

(A) spill
(B) even
(C) take
(D) fill

118. ------ to the Kidman's Marketing Company Awards this year were the largest ever in the history of the awards.

(A) Submitting
(B) Submissive
(C) Submit
(D) Submissions

119. It is advisable that employees ------- from using photocopiers on the second floor during regular maintenance work.

(A) refraining
(B) refrained
(C) to refrain
(D) refrain

120. To be a successful candidate, your achievements and business results, as well as your potential for growth, are important -------.

(A) opportunities
(B) qualities
(C) cases
(D) varieties

121. The keynote speakers for the conference ------- at the airport by 11 A.M. will be picked up by event organizer Patrick Cho.

(A) will arrive
(B) arrived
(C) has arrived
(D) arriving

122. An environmentalist group, Green Movement, submitted a petition to plant more trees along High Street with thousands of ------- to the Greenhill Council.

(A) signed
(B) significance
(C) signs
(D) signatures

123. ------- Mukidire Corporation is now a leading company in logistics, it started as a small moving business 20 years ago.

(A) Although
(B) However
(C) Provided
(D) Despite

124. Among the ------- of Aromam Group, only Boisens Partners had early fund-raising success.

(A) subsidiaries
(B) developments
(C) traders
(D) occupations

TEST 1
TEST 2
TEST 3
TEST 4
TEST 5
TEST 6
TEST 7
TEST 8
TEST 9
TEST 10

125. Before making the decision to sell her property, Tomoe Mazowita first ------- advice from experts on how to make it appealing to potential buyers.

(A) charged
(B) facilitated
(C) dealt
(D) sought

126. The participants in the seminar will be provided with a recorded video of the lecture online in case they absent ------- from it.

(A) their own
(B) them
(C) theirs
(D) themselves

127. ------- the payroll office to have sufficient time to distribute paychecks, please submit time sheets on schedule.

(A) So that
(B) In order for
(C) Such as
(D) In case of

128. Singsingle Ltd. ------- a new scheme, seeing that the previous plan was not producing desirable results.

(A) devised
(B) varied
(C) convinced
(D) notified

129. The Supliwatch is made of a light compound metal ------- to water and shock.

(A) resisting
(B) resistant
(C) resist
(D) resistance

130. The Landied Center is available for ------- use such as a venue for events and exhibitions.

(A) general
(B) generally
(C) generalize
(D) generalizing

Questions 131-134 refer to the following article.

Passing the tradition on to the next generation

Granvillehane's is the oldest candle making studio in Quebec. The studio takes pride in its handmade candles _____ ingredients are organic beeswax and
131.
honey. This makes the candles popular among consumers interested in natural products. The current owner is Ms. Loreen Granville, who _____ in France to
132.
learn about foreign techniques. Ms. Granville returned to her hometown to take over her father's business last month. She has expressed her passionate feelings towards the art. "I want more people to get to know our candles. They will _____ be as fascinated as I am." Aside from making traditional candles,
133.
Granvillehane's is experimenting with new styles and designs. _____. It will be
134.
available until May 1.

131. (A) that
(B) whose
(C) what
(D) which

132. (A) studies
(B) will study
(C) is studying
(D) studied

133. (A) certainly
(B) nevertheless
(C) otherwise
(D) unfortunately

134. (A) It has recently started a service where customers can get their faces carved on candles.
(B) Their old motifs include butterflies and flowers, which have been popular for 100 years.
(C) The factory is planning to use cheap materials to make up for the increasing running costs.
(D) Candles had been used to provide light and warmth in the past.

Questions 135-138 refer to the following instructions.

The Yippi Tent is suitable for all weather conditions and is easy to put together. Before taking it with you on your trip, make sure that there are no missing parts. Our package _____ of three sections, two rods, and a storage bag. _____
135. **136.**
the contents at the place where you want to set up your tent. _____. Unfold
137.
the fabric and place it on the ground, front side facing up. Be careful not to assemble your tent inside out _____ it might cause damage to the fabric.
138.
Carefully slide the rods through the pockets with the matching numbers. Before storing, wipe off any dirt on the outside.

---

135. (A) consistent
    (B) consisted
    (C) consists
    (D) consistently

136. (A) Attach
    (B) Fill
    (C) Acquire
    (D) Empty

137. (A) Confirm that the ground you work on is clear of bumps or twigs.
    (B) This product is made of lightweight and waterproof material.
    (C) Only certified technicians are allowed to operate the equipment.
    (D) Enter your passcode to gain access to the attached document.

138. (A) like
    (B) in
    (C) since
    (D) of

Questions 139-142 refer to the following notice.

The D75 Locomotive has served as a means of transportation in Brisbane City for 30 years. More than 100 million people has used this train so far. Because of ___139.___, the train bodies will be replaced with new ones. ___140.___, all electronic display boards on our railcars will be in full color, and the gap between the platform and the vehicles will be minimized. ___141.___. Passengers will be able to choose from a variety of channels to enjoy on them during their journeys. The ___142.___ process will begin on January 3, and is scheduled to be completed by the end of the month.

139. (A) oversight
(B) detour
(C) aging
(D) outage

140. (A) Overall
(B) As a result
(C) Internationally
(D) In the meantime

141. (A) They will even feature an individual monitor on the back of each seat.
(B) Railway staff will continue to be stationed in booths located beside the gates.
(C) The updated timetable can be found on our Web site.
(D) Also, free network service will be available for everyone.

142. (A) converted
(B) convert
(C) convertible
(D) conversion

Questions 143-146 refer to the following e-mail.

To: mribeiro@dayrp.com
From: ffriis@ffwebdes.com
Date: April 22
Subject: Your company Web site design
Attachment: ∅ draft design

Dear Mr. Ribeiro,

I ------- to inform you about the draft design for your Web site. You have
  143.
expressed the importance of using blue and green in the background ------
                                                                     144.
with the colors in your company logo. However, as you are running a ------
                                                                     145.
business, I would suggest using warmer colors instead. This is because red,
orange or brown appeal to viewers as appetizing. Of course, the logo will
appear prominently on the top of the screen, as well as at the bottom of each
page. ------.
       146.

I have attached some images so that you can get an idea of what the finished
product will look like. I am open to any requests.

Cordially,

Felix Friis
FFriis Web Design

143. (A) write
(B) wrote
(C) am writing
(D) have written

144. (A) to correspond
(B) is corresponding
(C) corresponded
(D) correspondence

145. (A) travel
(B) catering
(C) construction
(D) accounting

146. (A) A Web site is a good way to promote your company to potential buyers.
(B) When you click on the link, you will automatically be logged in.
(C) Express delivery costs an additional 1,000 yen.
(D) By placing it in two locations, there is no way you can miss it.

TEST 9

Part 5

101. Considering the availability of the attendees, the meeting date was ------- set to January 9.

(A) conveniently
(B) occasionally
(C) marginally
(D) intensely

102. At Gooseat Airlines, business class passengers ------- to choose their meals from 10 options.

(A) entitle
(B) entitled
(C) are entitled
(D) have entitled

103. The Sugadin training machine is recommended for those who ------- to put on upper body muscle.

(A) wants
(B) want
(C) are wanted
(D) have been wanted

104. Swizzana offers factory workers and their families ------- in the Troppus area.

(A) outreach
(B) galas
(C) memorabilia
(D) housing

105. ------- in mergers and acquisitions as well as intellectual properties, Dessent Law Firm has 200 clients overall.

(A) To be specialized
(B) Specializes
(C) Specializing
(D) Specialization

106. Ms. Nikita Owen was ------- mentioned at the annual banquet for her proposal of the successful Welknort application.

(A) repeatedly
(B) absolutely
(C) mutually
(D) patiently

107. ------- next Monday, uniforms at Laga Burgers will be abolished.

(A) Effecting
(B) Effected
(C) Effectively
(D) Effective

108. Given sufficient explanation, the stockholders ------- on the new merger of Myakka and Thondd's.

(A) agreed
(B) agreeing
(C) agreement
(D) agreeably

109. Express trains from the city center to Terminal 1 ------- from this platform.

(A) depart
(B) departing
(C) departs
(D) to depart

110. Feedback to the interns will be provided ------- via e-mail in two weeks.

(A) voluntarily
(B) periodically
(C) significantly
(D) individually

111. Nicties Times requires their journalists to report accurate facts from a reliable ------- of information.

(A) pattern
(B) source
(C) assurance
(D) assistance

112. The rental agreement for the property on O'Kahn Road will be concluded when the full ------- has been paid by the end of the month.

(A) installment
(B) allowance
(C) deposit
(D) ventilation

113. All electrical appliances should be run and thoroughly inspected by expert ------- prior to being sold.

(A) technical
(B) technically
(C) technique
(D) technicians

114. Seikkohl Hotel is known for its gallery exhibiting sculptures created by ------- Tracey Nygard.

(A) founder
(B) foundation
(C) found
(D) founded

115. Tuimon's has an ------- workshop focusing on the goals of the event to ensure volunteer participation.

(A) introduce
(B) introducing
(C) introductory
(D) introduction

116. Drivers were compelled to take a detour due to the road ------- in urban Masstome.

(A) testimony
(B) congestion
(C) purveyor
(D) proficiency

117. Many volunteered to work at the new office in San Diego, since the company will cover the housing costs of ------- employees.

(A) transferring
(B) registering
(C) encouraging
(D) expediting

118. Mr. Shen Wan ------- from the other candidates because of his achievements in food science.

(A) handed in
(B) stood out
(C) got by
(D) looked for

119. Gigancard users are required to access the Web site and update their personal details ------- as soon as possible.

(A) them
(B) they
(C) themselves
(D) their own

120. Joan Kimura ------- the spectators gathered for the show, *Night of Light*, as one of the executive producers.

(A) addressed
(B) talked
(C) insulated
(D) collaborated

121. Statistics show that ------- assistance is a key element to improve the productivity of any organization.

(A) conspicuous
(B) mature
(C) aspiring
(D) reciprocal

122. Among the three speakers, questions ------- to Mr. Parker were the largest in number.

(A) address
(B) addressed
(C) addressing
(D) addressable

123. Roll the cookie dough ------- small round pieces and place them on the baking tray.

(A) for
(B) on
(C) about
(D) into

124. The generous compensation and flexible work hours offered to Plumflis' staff is one of the reasons it has become the most ------- employer for designers.

(A) durable
(B) complicated
(C) attractive
(D) comprehensive

TEST 1
TEST 2
TEST 3
TEST 4
TEST 5
TEST 6
TEST 7
TEST 8
TEST 9
TEST 10

125. All products are sent to our regional warehouses from our manufacturing facilities ------- being sorted and shipped to customers.

(A) before
(B) among
(C) during
(D) with

126. ------- it is advertised through social media, Moonfit Theme Park will experience a sharp rise in its turnout.

(A) Unless
(B) Once
(C) Although
(D) Whether

127. Dry the surface of your Foberri leather wallet ------- room temperature after cleaning.

(A) throughout
(B) at
(C) within
(D) along

128. Pinte Cosmetics ------- a scented lip balm series inspired by Holat Cupcakes next week, featuring some of their popular choices.

(A) released
(B) to release
(C) is releasing
(D) were released

129. Mr. Davidson distributed brochures of the office circulation system to seminar participants, ------- are IT engineers from various companies.

(A) of which
(B) which they
(C) anything but
(D) most of whom

130. The Bettuce Museum is handing out bookmarks as gifts to visitors in order ------- arrival.

(A) to
(B) between
(C) of
(D) and

Part 6

TEST 1
TEST 2
TEST 3
TEST 4
TEST 5
TEST 6
TEST 7
TEST 8
TEST 9
TEST 10

Questions 131-134 refer to the following letter.

Dear Customer,

This letter is ----- you that it has been one year since your last visit. We
131.
recommend that all adults have regular checkups in order to keep their teeth
in good shape. According to the survey conducted by the Dental Association,
approximately 80 percent of the population have ----- with their oral condition.
132.
Even though they are minor, it is important to consult a professional.

-----. Clients have told us that the telephone line was always busy, so we
133.
wanted to make a change. Visit www.veekinedentalclinic.com to make an
appointment, or you can still call us during business hours. We hope this
----- is convenient for you.
134.

Best Regards,

Veekine Dental Clinic

---

131. (A) inform
    (B) information
    (C) to inform
    (D) informed

132. (A) issued
    (B) issuable
    (C) issues
    (D) issuer

133. (A) Many visitors have taken private lessons.
    (B) Our reservation Web site is now available.
    (C) You may get advice from a certified consultant.
    (D) Please subscribe to enjoy our great discounts.

134. (A) location
    (B) permission
    (C) addition
    (D) alternation

Questions 135-138 refer to the following article.

MELBOURNE (19 December) – Techfuzies and Otnocom have announced today the ----- merger of their business operations. This merger is expected to bring a unified solution for mobile phones and communications to the enterprise market. Techfuzies will acquire Otnocom's assets and customer contracts. The business will operate under the Techfuzies brand. -----.
135.   **136.**

The CEO of Otnocom commented about this decision. "It is a difficult -----, but I am confident that we can cooperate together and provide value to our clients. I ----- with the manager of Techfuzies about the details." According to him, the merger will be finalized next year.
137.

138.

135. (A) planned
(B) planning
(C) plan
(D) having planned

136. (A) It is known for its outstanding customer care service.
(B) The new mobile device will come with a three-year warranty.
(C) However, most staff will continue to be employed in the same departments as their current workplace.
(D) No matter what business you are in, it is important to know the needs of the customer.

137. (A) conflict
(B) period
(C) move
(D) promotion

138. (A) have been negotiated
(B) was negotiated
(C) would have negotiated
(D) am negotiating

Review: Sinrome Suites

Last summer I went to Boston on a business trip, and I decided to stay at Sinrome Suites. I had a meeting with some of my clients there, so I really needed to be _____ close proximity to the business district. _____. As I had a
139.   140.
lot of material samples to bring with me, a helping hand was necessary.

I received excellent service during my stay. The staff kindly let me use their meeting room with microphones and projectors. It was convenient to have these _____ to rehearse my presentations.
141.

One thing I noticed was the complication of the _____ process. The Web
142.
site had problems with its user interface, so it took a full hour to finalize my reservation. If they could improve this, I would certainly be returning to Sinrome Suites.

139. (A) for
(B) with
(C) at
(D) in

140. (A) The area is very busy throughout the day.
(B) Another factor was the free shuttle service they offered.
(C) This new attempt was proved to be very successful.
(D) It is scheduled to take place in one of the concert halls.

141. (A) packages
(B) applications
(C) facilities
(D) substitutes

142. (A) construction
(B) checkout
(C) booking
(D) cleaning

Questions 143-146 refer to the following advertisement.

Dissanery provides a large collection of sturdy furniture. ----- our chairs and
143.
tables can be on the high end for some people, they last for decades if used
appropriately. Customers can choose from our pre-made designs in our
catalog. You are able to see some pictures of our products online. -----.
144.
We suggest you come to one of our showrooms. That's ----- you could
145.
get more detailed advice by our skilled consultants who are eager to learn
what your preferences are. If you want to save time, you can complete the
questionnaire online -----. Let your ideas come to life at Dissanery!
146.

143. (A) Although
(B) Despite
(C) Since
(D) Therefore

144. (A) The key to taking a good photograph is to
consider the arrangement of elements within
the frame.
(B) Otherwise, select a material and tailor it
according to your taste.
(C) Free delivery service is available to locations
within the city.
(D) Your registration online will be confirmed
within the day of your initial account sign-up.

145. (A) who
(B) how
(C) what
(D) why

146. (A) daily
(B) sometimes
(C) carefully
(D) beforehand

TEST 10

101. After his dedication over the years, Mr. Thomas finally ------- to become the branch manager.

(A) gave up
(B) managed
(C) finished
(D) enabled

102. Peppirks.com offers free shipping on the next purchase ------- a customer reports a late delivery.

(A) wherever
(B) whatever
(C) whenever
(D) whichever

103. In order to ------- them, some of the oldest books are located in the closed stacks that only librarians can gain access to.

(A) advocate
(B) preserve
(C) measure
(D) upgrade

104. The success of the launch event for the Frutpood office chair taking place at Coomzen Hall was highly -------.

(A) anticipating
(B) anticipation
(C) to anticipate
(D) anticipated

105. ------- Seoch Real Estate is a start-up company specializing in renting corporate properties, they have been able to afford expensive advertising campaigns.

(A) Despite
(B) Although
(C) When
(D) Regarding

106. The guidebook advertises the Sanstyaca Square as a place where tourists can enjoy local food ------- by light music.

(A) accompaniment
(B) accompanying
(C) accompanied
(D) to accompany

107. Mauritz Breggren has ------- been in charge of financial services in Kasign Holdings for three years.

(A) approximately
(B) familiarly
(C) permanently
(D) solely

108. Those working at Eloz Artisans are craftspeople who ------- at making silver accessories.

(A) excel
(B) subordinate
(C) encompass
(D) deteriorate

109. Free Dorphines, the internationally famous football club, ------- its players as professionals in the club policy and the importance of discipline.

(A) introduces
(B) integrates
(C) indoctrinates
(D) inclines

110. Aria Kane will share useful tactics ------- how to improve customer satisfaction in the next session.

(A) in
(B) by
(C) on
(D) against

111. Keesk Associates has introduced a ventilation system that enables air to circulate ------- throughout the office.

(A) even
(B) evened
(C) more even
(D) evenly

112. Every year, the internship program at Marky Design Production has had a surplus of applicants, ------- are amateur designers and photographers.

(A) most of whom
(B) depending on
(C) all of them
(D) in progress

113. The three-year contract with the corporate ------- expires on May 11.

(A) programming
(B) program
(C) programmer
(D) programmable

114. Always ------- the senior manager's address on the mailing list when contacting clients by e-mail.

(A) inclusive
(B) inclusion
(C) including
(D) include

115. The Lilatche Pen can be attached to any metal ------- by its built-in magnet.

(A) surface
(B) surfaced
(C) to surface
(D) being surfaced

116. The Kiukambe Tunnel walls are covered with paintings of birds and plants that ------- New Zealand.

(A) symbolizes
(B) symbolize
(C) were symbolized
(D) symbolizing

117. Mr. Olvera is known for his outstanding accomplishments, ------- in the field of computing sciences.

(A) keenly
(B) discreetly
(C) optimally
(D) especially

118. ------- contributing your article to *Azaledo Culture*, the manuscript should meet the minimum word count, making it no less than 600 words.

(A) When
(B) Where
(C) Who
(D) Which

119. Workers who have purchased equipment for business use should inform the finance department at the end of ------ month.

(A) only
(B) all
(C) each
(D) full

120. Hapol Industries strives for the realization of a sustainable society by donating three percent of its ------- to local communities.

(A) fluctuation
(B) surplus
(C) care
(D) conservation

121. The city committee confirmed ------- to acquire several tracts of land from landowners to extend the Kudong Highway to Tuikkoy City.

(A) planning
(B) plans
(C) to plan
(D) planned

122. Orronge ------- gardening supplies to both professional and self-taught gardeners.

(A) sells
(B) sale
(C) selling
(D) seller

123. The health plan of Limemorre Insurance ------- medical expenses for a total of 1,000 euros per day.

(A) spends
(B) costs
(C) proceeds
(D) covers

124. Plastic trays should be rinsed and disposed of in the containers ------- the store.

(A) without
(B) after
(C) behind
(D) like

125. When a flight has been canceled due to weather conditions, the full fare will be returned to your ------- bank account.

(A) dominant
(B) following
(C) registered
(D) former

126. Install the latest software onto your device as soon as possible when it is not ------- updated.

(A) automatically
(B) prominently
(C) adversely
(D) conclusively

127. The Ecardo umbrella has been popular for its ------- and stainless spokes.

(A) explicit
(B) feasible
(C) nutritious
(D) durable

128. At Procken Theater, there will be a fifteen-minute break ------- acts.

(A) because
(B) between
(C) during
(D) while

129. According to the marketing consultant, more than 70 percent of the customers ------- the Buxblosso light have seen the advertisement on television.

(A) purchasing
(B) purchased
(C) will purchase
(D) have purchased

130. Mr. Xiao Chen has provided consultations ------- to Tankolini Electronics for 12 years.

(A) he
(B) his
(C) him
(D) himself

Part 6

TEST 1
TEST 2
TEST 3
TEST 4
TEST 5
TEST 6
TEST 7
TEST 8
TEST 9
TEST 10

Questions 131-134 refer to the following notice.

Attention Lioness Mall visitors: North Parking Area is to be closed next week

On Sunday, July 7, North Parking Area will be closed all day. ------. Visitors
                                                                131.
may use one of the public parking lots on ------ side of the Kook Boulevard
                                           132.
instead. It takes approximately five minutes from Lioness Mall by an
underground passage. A large sign ------ in front of each parking lot to guide
                                  133.
drivers. Shoppers purchasing over $100 get four hours of free parking. The
receipt can be ------ for a free parking ticket at the service counter on the
               134.
ground floor. See the information board for more details.

---

131. (A) You can help by bringing your own
             shopping bag.
         (B) Carts need to be stored in the designated
             space.
         (C) It is visible from the Central Bus Terminal.
         (D) This is because the gates need repairing.

132. (A) each
         (B) other
         (C) the other
         (D) another

133. (A) placed
         (B) was placed
         (C) will be placed
         (D) placing

134. (A) filled
         (B) exchanged
         (C) installed
         (D) accompanied

Questions 135-138 refer to the following Web page.

Welcome to the Web site of Zineden Agency. For 30 years, we have helped tourists discover the natural beauty of the Netherlands. There are a variety of tours you can enjoy throughout the year. -----, a lot of people visit our place
135.
from around the world.

We offer either private tours or group tours of varying sizes. These are led by ----- attendants fluent in English. All staff have been showing visitors around
136.
for more than 10 years, and are conversational locals, both men and women, who are familiar with the geography and history of this country. Feel free to ask questions ----- you have one.
137.

-----. You can stroll along the canal, get on a cruise, or view the beautiful
138.
scenery. Click on the link below to see more of our tours.

www.zinedenagency.com

---

135. (A) Alternatively
(B) Otherwise
(C) Similarly
(D) Therefore

136. (A) distinct
(B) female
(C) proficient
(D) elaborate

137. (A) whenever
(B) so that
(C) whatever
(D) what if

138. (A) It is not necessary to apply for a visa before booking your flight.
(B) There are many restaurants that serve authentic Dutch cuisine.
(C) Please leave a comment so that we can improve in the future.
(D) We recommend the One-day City Tour to travelers visiting for the first time.

TEST 1
TEST 2
TEST 3
TEST 4
TEST 5
TEST 6
TEST 7
TEST 8
TEST 9
TEST 10

9 August

Ms. Yvonne Hertz

6 Whitchurch Road

Elton, TS21 9WE

Dear Ms. Hertz,

I appreciate your _____ the Pinkiewater Juice Advertising Campaign. More
139.
than one million people participated in this online campaign. We are now
pleased to tell you that your slogan "Pick a Pinkie!" has been chosen as
first prize. _____. This phrase will certainly help our beverage appeal to more
140.
customers.

We have enclosed a special card as a prize. If you tap it on one of our
vending machines, you can get a free Pinkiewater bottle! _____ can be used
141.
up to 100 times. We hope you enjoy this gift.

Thank you for _____ with us.
142.

Yours respectfully,

Elaine Gilley

Marketing Manager, Kirspri Corporation

---

139. (A) applying
(B) entering
(C) organizing
(D) participating

140. (A) The winner will be used in our TV
commercial starting in November.
(B) Survey results showed that half of the
customers did not know about this product.
(C) Pinkiewater Juice is sweetened with cane
sugar, and preservative free.
(D) You are required to take three more courses
to complete the program.

141. (A) One
(B) They
(C) Some
(D) This

142. (A) meeting
(B) agreeing
(C) collaborating
(D) investigating

Questions 143-146 refer to the following article.

A New Leader of Seoul's Prominent Real Estate Business

Kevin Cooper at Indie Real Estate is a familiar name to business entrepreneurs. Ten years ----- he started his career at the company, he has
143.
been promoted to Chief Sales Officer.

Mr. Cooper has shared his philosophy with us. "Market trends change day by day. I always check multiple newspapers and find out what the clients' needs are in person." He also ----- the necessity of being close to his colleagues,
144.
saying, "Great ideas emerge from small conversations."

-----. Furthermore, he has officially stated that he is now planning to create
145.
a department which sells properties to individual clients as well. His -----
146.
attitude towards the continuous growth of the company is seen as a positive example to most business people.

143. (A) for
(B) after
(C) until
(D) before

144. (A) meets
(B) stresses
(C) oversees
(D) interacts

145. (A) Seoul has been one of the busiest cities in the world.
(B) The rental application for this property is available on their Web site.
(C) The company has the largest market share in commercial real estate.
(D) Customers have been able to compare prices by means of specialized search engines.

146. (A) assertive
(B) initiative
(C) personal
(D) temporary